BIBLIOTHÈQUE NOUVELLE
à 1 franc le volume
(HORS DE FRANCE : 1 FRANC 25 CENTIMES LE VOLUME)

GEORGE SAND

LA

DANIELLA

TOME PREMIER

PARIS
LIBRAIRIE NOUVELLE
BOULEVARD DES ITALIENS, 15, EN FACE DE LA MAISON DORÉE
1857

LA DANIELLA

Paris. — IMP. DE LA LIBRAIRIE NOUVELLE. — A. Delcambre, 15, rue Breda.

GEORGE SAND

LA
DANIELLA

TOME PREMIER

PARIS
LIBRAIRIE NOUVELLE
BOULEVARD DES ITALIENS, 15, EN FACE DE LA MAISON DORÉE

La traduction et la reproduction sont réservées

1857

LA DANIELLA

INTRODUCTION.

I

Ce que nous allons transcrire sera, pour le lecteur, un roman et un voyage, soit un voyage pendant un roman, soit un roman durant un voyage. Pour nous, c'est une histoire réelle, car c'est le récit, écrit par lui-même, d'une demi-année de la vie d'un de nos amis : année pleine d'émotions, qui mit en relief et en activité toutes les facultés de son âme et toute l'individualité de son caractère.

Jusque-là Jean Valreg (c'est le pseudonyme qu'il a choisi lui-même) n'était connu ni de lui ni des autres. Il avait eu l'existence la plus sage et la plus calme qu'il soit possible d'avoir, au temps où nous vivons. Des circonstances inattendues et romanesques développèrent tout à coup en lui une passion et une volonté dont ses amis ne le croyaient pas susceptible. C'est par cet imprévu de ses idées et de sa conduite que son récit, sous forme de journal, offre quelque intérêt. Ses impressions de voyage ne présentent rien de bien nouveau ; elles n'ont que le mérite d'une sincérité absolue et d'une certaine indépendance d'esprit. Mais nous devons nous abstenir de toute réflexion préliminaire sur son travail : ce serait le déflorer. Nous nous bornerons à quelques détails sur l'auteur lui-même, tel que nous le connaissions avant qu'il se révélât, par son propre récit, d'une manière complète.

J. V. (soit Jean Valreg, puisqu'il a pris ce nom qui conserve les initiales du sien) est le fils d'un de nos plus anciens amis, mort, il y a une douzaine d'années, au fond de notre province. Valreg père était avocat. C'était un honnête homme et un homme aimable. Son instruction était sérieuse et sa conscience délicate ; mais, comme beaucoup de nos concitoyens du Berry, il manquait d'activité. Il laissa pour toute fortune, à ses deux enfants, vingt mille francs à partager.

En province, c'est de quoi vivre sans rien faire. Partout, c'est de quoi acquérir l'éducation nécessaire à une profession libérale, ou fonder un petit commerce. Les amis de monsieur Valreg n'avaient donc pas à se préoccuper du sort de ses enfants, qui, d'ailleurs, ne restaient pas sans protection. Leur mère était morte jeune ; mais ils avaient des oncles et des tantes, honnêtes gens aussi et pleins de sollicitude pour eux.

Pour ma part, je les avais entièrement perdus de vue depuis longtemps, lorsqu'un matin on m'annonça monsieur Jean Valreg.

Je vis entrer un garçon d'une vingtaine d'années, dont la taille et la figure n'avaient, au premier abord, rien de remarquable. Il était timide, mais plutôt réservé que gauche, et, voulant le mettre à l'aise, j'y parvins très-vite en m'abstenant de l'examiner, et en me bornant à le questionner.

— Je me souviens de vous avoir vu souvent quand vous

étiez un enfant, lui dis-je; est-ce que vous vous souvenez de moi?

— C'est parce que je m'en souviens très-bien, répondit-il, que je me permets de venir vous voir.

— Vous me faites plaisir : j'aimais beaucoup et j'estimais infiniment votre père.

— *Ton père!* reprit-il avec un abandon qui me gagna le cœur tout de suite. Autrefois, vous me disiez *tu*, et je suis encore un enfant.

— Soit! ton pauvre père t'a quitté bien jeune! Par qui as-tu été élevé depuis?

— Je n'ai pas été élevé du tout. Deux tantes se disputèrent ma sœur...

— Qui est mariée, sans doute?

— Hélas, non! Elle est morte. Je suis seul au monde depuis l'âge de douze ans, car c'est être seul que d'être élevé par un prêtre.

— Par un prêtre? ah! oui, je me souviens, ton père avait un frère curé de campagne; je l'ai vu deux ou trois fois : il m'a paru être un excellent homme. Ne t'a-t-il pas élevé avec tendresse?

— Physiquement, oui; moralement, le mieux qu'il a pu, prêchant d'exemple; mais intellectuellement, d'aucune façon. Absorbé par ses devoirs personnels, ayant, sur toutes choses, et même sur la religion et la charité, des tendances toutes positives, comme on pouvait les attendre d'un homme qui avait quitté la charrue pour le séminaire, il m'a recommandé le travail sans me diriger vers aucun travail, et j'ai passé dix ans près de lui sans recevoir d'autre instruction que celle des livres qu'il m'a plu de lire.

— Avais-tu de bons livres, au moins?

— Oui. Mon père lui ayant confié par testament sa bibliothèque pour m'être transmise à ma majorité, j'ai pu lire quelques bons ouvrages, et, bien que tous ne fussent pas orthodoxes, jamais ce bon curé ne s'est avisé de se placer entre moi et ce qu'il considérait comme ma propriété.

— Comment se fait-il qu'il ne t'ait pas mis au collége?

— Élevé par mon père, qui avait résolu de m'instruire lui-même et qui m'avait donné les seules notions d'études classiques que j'aie reçues, j'éprouvais pour le collége une antipathie que mon bon oncle ne voulut pas même essayer de vaincre. Il disait, je m'en souviens, en me prenant chez lui, que ce serait autant d'épargné sur mon petit avoir, et que je serais bien aise, c'était son mot, de retrouver mon revenu capitalisé à ma majorité. D'ailleurs, ajoutait-il, puisque l'idée de mon frère était de l'élever à la maison, je dois me conformer à son désir, et je sais bien assez de latin pour lui enseigner ce qu'il en faut savoir. Mon brave oncle avait cette intention; mais le temps lui manqua toujours, et quand il rentrait, fatigué de ses courses, j'avoue que je ne le tourmentais pas pour me donner des leçons. Il s'assoupissait après souper dans son fauteuil, pendant que je lisais, à l'autre bout de la cheminée, Platon, Leibnitz ou Rousseau; quelquefois Walter Scott ou Shakspeare, ou encore Byron ou Goëthe, sans qu'il me demandât quel livre j'avais entre les mains. Me voyant tranquille, recueilli, et studieux à ma manière, heureux et sans mauvaises passions, il s'est imaginé que cette absence de vices et de travers était son ouvrage, et que n'être ni méchant, ni importun, ni nuisible, suffisait pour être agréable à Dieu et aux hommes.

— De telle sorte que tu penses n'avoir aucune grande qualité, aucune grande faculté développée, faute d'une direction éclairée ou d'une sollicitude assidue?

— Cela est certain, répondit le jeune garçon avec une singulière tranquillité. Pourtant, je serais un misérable ingrat si je me plaignais de mon oncle. Il a fait pour moi tout ce qu'il s'est avisé de faire et ce qu'il a jugé le meilleur. Sa vieille servante a eu des soins si maternels pour ma santé, ma propreté, mon bien-être; elle et lui ont si bien assuré le charme de mes loisirs, en prévenant tous mes besoins; une telle habitude de silence, d'ordre et de douceur régnait autour de moi lorsque mon oncle s'absentait pour les soins de son ministère, qu'il n'aurait pas eu de motifs pour s'inquiéter de moi. Chaque jour, songeant au triple dépôt qui lui était confié, ma vie, mon âme et ma bourse, il me faisait trois questions : Tu n'es pas malade? Tu ne perds pas ton temps? Tu n'as pas besoin de quelque argent? Et comme je répondais invariablement *non* à ces trois interrogations, il s'endormait tranquille.

— Ainsi, repris-je, tu ne te plains de personne; mais tout à l'heure tu avais sur les lèvres, comme par réticence, une sorte de plainte contre toi-même.

— Je ne suis ni content ni mécontent de ce que je suis. N'ayant été poussé dans aucune direction, je ne peux pas valoir grand'chose, et si je me suis permis de vous parler de moi, c'est qu'il faut bien que je m'excuse de la visite que j'ai osé vous faire.

— Ta visite m'est agréable, ton nom m'est cher, et tu m'intéresses par toi-même, bien que je ne pénètre pas encore beaucoup ton caractère et tes idées.

— C'est qu'il n'y a rien à pénétrer du tout, dit le jeune homme avec un sourire plutôt enjoué que mélancolique. Je suis un être tout à fait nul et insignifiant, je le sais, car, depuis quelque temps, je commençais à me lasser de mon bonheur et à reconnaître que je n'y avais aucun droit; voilà pourquoi, dès que l'heure de ma majorité a sonné, j'ai demandé à mon oncle la permission d'aller voir Paris, et, lui faisant part de mes projets, j'ai obtenu son assentiment.

— Et quels sont tes projets ? Peut-on t'aider à les réaliser ?

— Je l'ignore. Je ne sais si l'on peut être utile à ceux qui ne sont bons à rien ; et il est possible que je sois de ceux-là. Dans ce cas, vous pouvez me renvoyer planter mes choux, puisque, par malheur, je possède assez de choux pour en vivre.

— Pourquoi par malheur ?

— Parce que j'ai hérité de la part de ma pauvre petite sœur, et que me voilà, depuis quelques jours de majorité, à la tête de vingt mille francs.

En parlant ainsi avec simplicité et résignation, Valreg se détourna, et je crus voir qu'il cachait une grosse larme venue tout à coup au souvenir de sa jeune sœur.

— Tu l'aimais beaucoup ? lui dis-je.

— Plus que tout au monde, répondit-il. J'étais son protecteur ; je me figurais être son père, parce que j'avais quatre ans de plus qu'elle. Elle était jolie, intelligente, et elle m'adorait. Elle demeurait à trois lieues du presbytère de mon oncle, et, tous les dimanches, on me permettait d'aller la voir. Un jour, je trouvai un cercueil sur la porte de sa maison. Elle était morte sans que j'eusse appris qu'elle était malade. Dans nos campagnes sans chemins et sans mouvement, vous savez, trois lieues, c'est une distance. Cet événement eut beaucoup d'influence sur ma vie et sur mon caractère, déjà ébranlé par la mort de mon père. Je perdis toute gaieté. Je ne fus pas consolé ou fortifié par une tendresse délicate ou intelligente. Mon oncle me disait qu'il était ridicule de pleurer, parce que notre Juliette était au ciel et plus à envier qu'à plaindre. Je n'en doutais pas ; mais cela ne m'enseignait pas le moyen de vivre sans affection, sans intérêt et sans but. Bref, je restai longtemps taciturne et accablé, et, j'ai beau faire, je me sens toujours mélancolique et porté à l'indolence.

— Cette indolence est-elle le résultat de tes réflexions sur le néant de la vie, ou un état de langueur physique? Je te trouve pâle, et tu parais plus âgé que tu ne l'es. Es-tu d'une bonne santé?

— Je n'ai jamais été malade, et j'ai physiquement de l'activité. Je suis un marcheur infatigable; j'aimerais peut-être les voyages; mais mon malheur est de ne pas bien savoir ce que j'aime, car je ne me connais point, et je suis paresseux à m'interroger.

— Tu me parlais cependant de tes projets : donc tu n'as pas quitté ta province et tu n'es pas venu à Paris sans avoir quelque désir ou quelque résolution d'utiliser ta vie?

— Utiliser ma vie! dit le jeune homme après un moment de silence; oui, voilà bien le fond de ma pensée. J'ai besoin que vous me disiez qu'un homme n'a pas le droit de vivre pour lui seul. C'est pour que vous me disiez cela que je suis ici ; et quand vous me l'aurez bien fait comprendre et sentir, je chercherai à quoi je suis propre, si toutefois je suis propre à quelque chose.

— Voilà ce qu'il ne faut jamais révoquer en doute. Si tu es bien pénétré de l'idée du devoir, tu dois te dire qu'il n'y a d'incapables que ceux qui veulent l'être.

Nous causâmes ensemble une demi-heure, et je trouvai en lui une grande docilité de cœur et d'esprit. Je le regardais avec attention, et je remarquais la délicate et pénétrante beauté de sa figure. Plutôt petit que grand, brun jusqu'à en être jaune, un peu trop inculte de chevelure, et déjà pourvu d'une moustache très noire, il offrait, au premier aspect, quelque chose de sombre, de négligé ou de maladif; mais un doux sourire illuminait parfois cette figure bilieuse, et des éclairs de vive sensibilité donnaient à ses yeux, un peu petits et enfoncés, un rayonnement extraordinaire. Ce n'étaient là ni le sourire, ni le regard d'une jeunesse avortée et infructueuse. Il y avait, dans la simplicité de son élocution, une netteté douce et comme une habitude de distinction qui ne sentaient pas trop le village. Enfin, bien qu'en effet il ne sût peut-être rien, il n'était étranger à rien, et me paraissait apte et prompt à tout comprendre.

— Vous avez raison, me dit-il en me quittant; mieux vaudrait le suicide réel que le suicide de l'âme par nonchalance et par poltronnerie. Je manque d'un grand désir de vivre, mais je ne suis pourtant pas dégoûté maladivement de la vie, et je sens que, ne voulant pas m'en débarrasser, je dois l'utiliser selon mes forces. Le scepticisme du siècle était venu me blesser jusqu'au fond de nos campagnes. Je m'étais dit, qu'entre l'ambition des vanités de la vie et le mépris de toute activité, il n'y avait peut-être plus de milieu pour les enfants de ce temps-ci. Vous me dites qu'il y en a encore. Eh bien, je chercherai, je réfléchirai, et quand, avec cette espérance, je me serai de nouveau consulté, je reviendrai vous voir.

Il passa cependant six mois à Paris sans prendre aucun parti et sans vouloir me reparler de lui-même. Il venait souvent chez nous, il était de la famille; il nous aimait et nous l'aimions, car nous avions promptement découvert en lui des qualités essentielles, une grande droiture, de la discrétion et de la fierté, de la délicatesse dans tous les sentiments et dans toutes les idées, enfin quelque chose de calme, de sage et de pur, je ne dirai pas au-dessus de son âge, car cet âge devrait être, dans les conditions normales de la vie, une sereine éclosion de ce que nous avons de meilleur dans l'âme, mais au-dessus de ce que l'on pouvait attendre d'un enfant livré de si bonne heure à sa propre impulsion.

Ce qui me frappait particulièrement chez Jean Valreg, c'était une modestie sérieuse et réelle. Cette première jeunesse est presque toujours présomptueuse par instinct ou par réflexion. Elle a des ambitions égoïstes ou généreuses qui lui font illusion sur ses propres forces. Chez notre jeune ami, je remarquais une défiance de lui-même qui ne prenait pas sa source, comme je l'avais craint d'abord, dans une apathie de tempérament, mais bien dans une candeur de bon sens et de bon goût.

Je ne pourrais pourtant pas dire que ce charmant garçon répondît parfaitement au désir que j'avais de le bien diriger. Il restait mélancolique et indécis. Cette manière d'être donnait un grand attrait à son commerce. Sa personnalité ne se mettant jamais en travers de celle des autres, il se laissait doucement entraîner, en apparence, à leur gaieté ou à leur raison ; mais je voyais bien qu'il gardait, par devers lui, une appréciation un peu triste et désillusionnée des hommes et des choses, et je le trouvais trop jeune pour s'abandonner au désenchantement avant que l'expérience lui eût donné le droit de le faire. Je le plaignais de n'être ni amoureux, ni enthousiaste, ni ambitieux. Il me semblait qu'il avait trop de jugement et pas assez d'émotion, et j'étais tenté de lui conseiller quelque folie, plutôt que de le voir rester ainsi en dehors de toutes choses, et comme qui dirait en dehors de lui-même.

Enfin, il se décida à me reparler de son avenir ; et comme il était d'ordinaire très peu expansif sur son propre compte, j'eus à refaire connaissance avec lui dans une seconde explication directe, bien que je l'eusse vu très-souvent depuis la première.

Dans ce court espace de quelques mois, il s'était fait en lui certains changements extérieurs qui semblaient révéler des modifications intérieures plus importantes. Il s'était promptement mis à l'unisson de la société parisienne par sa toilette plus soignée et ses manières plus aisées. Il s'était habillé et coiffé comme tout le monde ; et cela soit dit en passant, le rendait très joli garçon, sa figure ayant déjà par elle-même un charme remarquable. Il avait pris de l'usage et de l'aisance. Son air et son langage annonçaient une grande facilité à effacer les angles de son individualité au contact des choses extérieures. Je m'attendais donc à le trouver un peu rattaché à ces choses, et je fus étonné d'apprendre de lui qu'il s'en était, au contraire, détaché davantage.

II

— Non, me dit-il ; je ne saurais m'enivrer de ce qui enivre la jeunesse de mon temps ; et si je ne découvre pas quelque chose qui me réveille et me passionne, je n'aurai pas de jeunesse. Ne me croyez pas lâche pour cela ; mettez-vous à ma place, et vous me jugerez avec indulgence. Vous appartenez à une génération éclose au souffle d'idées généreuses. Quand vous aviez l'âge que j'ai maintenant, vous viviez d'un souffle d'avenir social, d'un rêve de progrès immédiat et rapide qu'à la révolution de juillet, vous crûtes prêt à voir réaliser. Vos idées furent refoulées, persécutées, vos espérances déjouées par le fait ; mais elles ne furent point étouffées pour cela, et la lutte continua jusqu'en février 1848, moment de vertige où une explosion nouvelle vous fit retrouver la jeunesse et la foi. Tout ce qui s'est passé depuis n'a pu vous les faire perdre. Vous et vos amis, vous avez pris l'habitude de croire et d'attendre ; vous serez toujours jeunes, puisque vous l'êtes encore à cinquante ans. On peut dire que le pli en est pris, et que votre expérience du passé vous donne le droit de compter sur l'avenir.

« Mais nous, enfants de vingt ans, notre émotion a suivi la marche contraire. Notre esprit a ouvert ses ailes, pour la première fois, au soleil de la république ; et tout aussitôt les ailes sont tombées, le soleil s'est voilé. J'avais treize ans, moi, quand on me dit : Le passé n'existe plus, une nouvelle ère commence ; la liberté n'est pas un vain mot, les hommes sont mûrs pour ce beau rêve ; tu vas avoir l'existence noble et digne que tes pères n'avaient fait qu'entrevoir ; tu es plus que l'*égal,* tu es le *frère* de tous tes semblables.

— Est-ce ton oncle le curé qui te parlait de la sorte?

— Non, certes. Mon oncle le curé, qui n'avait pas peur pour sa vie (c'est un homme brave et résolu), avait peur pour son petit avoir, pour son traitement, pour son champ, pour son mobilier, pour son cheval. Il avait horreur du changement, et, sans avoir ni ennemis ni persécuteurs, il rêvait avec effroi le retour de 93.

»Quant à moi, je lisais les journaux, les proclamations, et j'entendais parler. Je buvais l'espérance par tous mes sens, par tous mes pores, et j'eus deux ou trois mois d'enfance enthousiaste qui furent ma seule, ma véritable jeunesse.

»Puis vinrent les journées de juin, qui apportèrent l'épouvante et la colère jusqu'au fond de nos campagnes. Les paysans voyaient des bandits et des incendiaires dans tous les passants ; on leur courait sus, et mon pauvre oncle, si humain et si charitable, avait peur des mendiants et leur fermait sa porte. Je compris que la haine avait dévoré les semences de fraternité avant qu'elles eussent eu le temps de germer ; mon âme se resserra, et mon cœur contristé n'eut plus d'illusions. Tout se résuma pour moi dans ce mot : Les hommes n'étaient pas mûrs ! Alors je tâchai de vivre avec cette pensée morne et lourde : « La vérité sociale n'est pas révélée. Les sociétés en sont encore à vouloir inaugurer son règne par la force, et chaque nouvelle expérience démontre que la force matérielle est un élément sans durée et qui passe d'un camp à l'autre comme une graine emportée par le vent. La vraie force, la foi, n'est pas née... elle ne naîtra peut-être pas de mon temps. Ma jeunesse ne verra que des jours mauvais, mon âge mûr, que des temps de positivisme. Pourquoi donc, hélas! ai-je fait un beau rêve et salué une aurore qui ne devait pas avoir de lendemain? Mieux eût valu vivre si loin de ces choses que le bruit n'en fût pas venu jusqu'à moi ; mieux eût valu naître et mourir dans la pesante somnolence de ces gens de campagne qu'un changement quelconque trouble pendant un instant, et qui retombent avec joie dans les liens de l'habitude, sous le joug du passé. »

« Telle fut la rêverie douloureuse de mes années d'adolescence, augmentée des douleurs particulières que je vous ai racontées.

» Aujourd'hui, j'arrive dans une société rapidement transformée par des événements imprévus, poussée en avant d'une part, rejetée en arrière de l'autre, aux prises avec des fascinations étranges, avec une pensée énigmatique à bien des égards, comme le sera toujours une pensée individuelle imposée aux masses. Je ne songe point ici à vous parler politique : les inductions qui s'appuient sur des éventualités de fait sont les plus vaines de toutes. Je me borne à chercher, dans l'avenir, une situation morale quelconque, à laquelle je puisse me rattacher, et, en regardant celle qui m'environne, je ne trouve pas ma place dans ces intérêts nouveaux qui captivent l'attention et la volonté des hommes de mon temps.

— Voyons, lui dis-je, j'ai très bien compris tout ce qui t'a rendu triste comme te voilà. Cette tristesse, loin de me sembler coupable, me donne une meilleure opinion de toi ; mais il est temps d'en sortir, je ne dirai pas par un effort de ta volonté (il n'y a pas de volonté possible sans un but arrêté), mais par un plus grand examen de cette société actuelle que tu ne connais pas assez pour avoir le droit d'en désespérer.

— Je n'en désespère pas, répondit-il ; mais je la connais ou je la devine assez, je vous jure, pour être certain qu'il faut y vivre enivré ou désenchanté. Ce milieu paisible, raisonnable, patient ; ces humbles et bonnes existences d'autrefois, que me retrace le souvenir de ma propre enfance dans la famille bourgeoise ; cette honnête et honorable médiocrité où l'on pouvait se tenir sans grands efforts et sans grands combats, n'existent plus. Les idées ont été trop loin pour que la vie de ménage ou de clocher soit supportable. Il y a dix ans, je me le rappelle bien, on avait encore un esprit d'association dans les sentiments, des volontés en commun, des désirs ou des regrets dont on pouvait s'entretenir à plusieurs. Rien de semblable depuis que chaque parti social ou politique s'est subdivisé en nuances infinies. Cette fièvre de discussion qui a débordé les premiers jours de la république, n'a pas eu le temps d'éclaircir des problèmes qui portaient la lumière dans leurs flancs, mais qui, faute d'aboutir, ont laissé des ténèbres derrière eux, pour la plupart des hommes de cette génération. Quelques esprits d'élite travaillent toujours à élucider les grandes questions de la vie morale et intellectuelle ; mais les masses n'éprouvent que le dégoût et la lassitude de tout travail de réflexion. On n'ose plus parler de rien de ce qui est au-delà de l'horizon des intérêts matériels, et cela, non pas tant à cause des polices ombrageuses, que par crainte de la discussion amère ou oiseuse, de l'ennui ou de la mésintelligence que soulèvent maintenant ces problèmes. La mort se fait presque au sein même des familles les mieux unies ; on évite d'approfondir les questions sérieuses, par crainte de se blesser les uns les autres. On n'existe donc plus qu'à la surface, et pour quiconque sent le besoin de l'expansion et de la confiance, quelque chose de lourd comme le plomb et de froid comme la glace est répandu dans l'atmosphère, à quelque étage de la société que l'on se place pour respirer.

— Cela est certain; mais l'humanité ne meurt pas, et quand sa vie semble s'éteindre d'un côté, elle se réveille de l'autre. Cette société, engourdie quant à la discussion de ses intérêts moraux, est en grand travail sur d'autres points. Elle cherche, dans la science appliquée à l'industrie, le *royaume de la terre,* et elle est en train de le conquérir.

— Voilà ce dont je me plains précisément! Elle ne se soucie plus du royaume du ciel, c'est-à-dire de la vie de sentiment. Elle a des entrailles de fer et de cuivre comme une machine. La grande parole, l'*homme ne vit pas seulement de pain,* est vide de sens pour elle et pour la jeune génération, qu'elle élève dans le matérialisme des intérêts et l'athéisme du cœur. Pour moi, qui suis né contemplatif, je me sens isolé, perdu, dépouillé au sein de ce travail, où je n'ai rien à recueillir; car je n'ai pas tous ces besoins de bien-être que tant de millions de bras s'acharnent à satisfaire. Je n'ai ni plus faim ni plus soif qu'il ne convient à un homme ordinaire, et je ne vois pas la nécessité d'augmenter ma fortune pour jouir d'un luxe dont je ne saurais absolument que faire. Je demanderais tout simplement un peu d'aise morale et de jouissance intellectuelle, un peu d'amour et d'honneur; et ce sont là des choses dont le genre humain n'a plus l'air de se soucier. Croyez-vous donc que tous ces grands frais de savoir, d'invention et d'activité par lesquels le présent montre sa richesse et manifeste sa puissance, le rendront plus heureux et plus fort? Moi, j'en doute. Je ne vois pas la vraie civilisation dans le progrès des machines et dans la découverte des procédés. Le jour où j'apprendrais que toute chaumière est devenue un palais, je plaindrais la race humaine si ce palais n'abritait que des cœurs de pierre.

— Tu as raison et tu as tort. Si tu prends le palais rempli de vices et de lâchetés pour le but du travail humain, je suis de ton avis; mais si tu vois le bien-être général comme un chemin nécessaire pour arriver à la santé intellectuelle et à l'éclosion des grandes vérités morales, tu ne maudiras plus cette fièvre de progrès matériel qui tend à délivrer l'homme des antiques servitudes de l'ignorance et de la misère. Pour être sage, tu devrais conclure ceci : Que les idées ne peuvent pas plus se passer des faits que les faits des idées. L'idéal serait sans doute de faire marcher simultanément les moyens et le but; mais nous n'en sommes pas là, et tu te plains d'être né cent ans trop tôt. J'avoue que j'ai eu souvent envie de m'en plaindre aussi pour mon compte; mais ce sont là des désespoirs trop sublimes dont nous n'avons pas le droit d'entretenir nos semblables, sous peine d'être fort ridicules.

— J'en conviens, dit Jean Valreg après avoir un peu rêvé. Je suis un plus grand ambitieux que ces vulgaires ambitieux que j'accuse. Mais il faut conclure. Je ne me sens pas né industriel, je n'entends rien aux affaires. Les sciences exactes ne m'attirent pas. Je n'ai pas été à même de faire des études classiques. Je suis un rêveur, donc je suis un artiste ou un poëte. C'est de ma vocation que je veux vous parler; car, vous le voyez, je suis fixé.

« J'ignore si j'ai des dispositions pour un art quelconque; il y en a un pour lequel j'ai de l'amour. C'est la peinture. Je vous raconterai plus tard comment ce goût m'est venu, si cela vous intéresse. Mais cela ne prouvera rien ; je n'ai peut-être pas la moindre aptitude, et, dans tous les cas, je suis d'une ignorance primitive, absolue. Je vais essayer d'apprendre ce qui peut être enseigné. J'irai dans l'atelier de quelque maître. Je me ferai d'abord esclave du métier, et quand j'en tiendrai un peu les procédés, je lâcherai la bride à mes instincts. Alors, vous me jugerez, et si j'ai quelque talent, je ferai des efforts pour en avoir davantage. Sinon, j'accepterai ma nullité avec une résignation complète, et peut-être avec une certaine joie.

— Aie! m'écriai-je, voici le fond de paresse ou d'apathie qui reparaît.

— Vous croyez?

— Oui! pourquoi se réjouir d'être nul?

— Parce qu'il me semble que le talent impose des devoirs immenses, et que j'aurais plutôt le goût des humbles devoirs. C'est si peu la paresse qui me conseille, que si je trouvais à m'employer honorablement au service d'une grande intelligence, je me sentirais fort heureux d'avoir à jouir de sa gloire sans en porter le fardeau. Avoir tout juste assez d'âme pour savourer la grandeur des autres, pour la sentir vivre au dedans de soi, sans être forcé par la nature à la manifester avec éclat, c'est un état délicieux que j'ambitionne; c'est mon rêve de douce médiocrité que je caresse : la médiocrité de condition, avec l'élévation du cœur et de la pensée, l'expansion dans l'intimité, la foi à quelque chose d'immortel et à quelqu'un de vivant. Suis-je donc si coupable à vos yeux, de vouloir apprendre pour comprendre, et de ne rien désirer de plus?

— A la bonne heure! Essaie! Je ne crois pas que cette modestie t'empêche d'acquérir du talent, si tu dois en avoir. Il faudra pourtant songer à apprendre assez pour faire au moins de cette peinture un petit métier, car avec tes 1,000 francs de rente...

— Douze cents francs! Mon revenu, capitalisé depuis dix ans par mon oncle, a porté mon revenu à ce chiffre respectable de cent francs par mois. Mais je me suis bien aperçu, depuis que je vis à Paris, que, par le temps qui court, il est impossible de mener avec cela la vie de loisir et de liberté. Il faudrait le double et beaucoup d'ordre. La question est d'acquérir l'un et de me procurer l'autre, non pas pour mener cette vie de fils de famille que je ne convoite pas, mais pour payer le matériel de mon apprentissage, qui est dispendieux, je le sais.

— Que feras-tu donc, je ne dis pas pour avoir une rigoureuse économie, cela dépend de toi, mais pour gagner cent francs par mois en sus de ta rente, sans renoncer à la peinture, qui, pendant trois ou quatre ans au moins, ne te rapportera rien et te coûtera beaucoup?

— Je ne sais pas, je chercherai! Si j'ai besoin de votre conseil et de votre recommandation, je viendrai vous les demander. »

Deux mois après, Jean Valreg était violon dans l'orchestre d'un petit théâtre lyrique. Il était bon musicien et jouait assez bien pour faire convenablement sa partie. Il ne s'était jamais vanté de ce talent, que nous ne lui supposions pas.

— J'ai pris ce parti sans consulter personne, me dit-il ; on eût essayé de m'en détourner ; et vous-même...

— Je t'eusse dit ce qui doit être vrai : c'est qu'avec les répétitions du matin et les représentations du soir, il ne te reste guère de temps pour étudier la peinture. Mais peut-être as-tu renoncé à la peinture, peut-être préfères-tu maintenant la musique?

— Non, dit-il, je préfère toujours la peinture.

— Mais où diable avais-tu appris la musique ?

— Cela s'apprend tout seul, avec de la patience! J'en ai beaucoup!

— Pourquoi ne pas te perfectionner dans cet art-là, puisque tu as un si bon commencement?

— La musique met trop 'individu en vue du public. Perdu dans mon orchestre, je n'attirerai jamais l'attention de personne; mais le jour où je serais un virtuose distingué, il faudrait me produire et me montrer; cela me gênerait. Il me faut un état qui me laisse libre de ma personne. Si je fais de la mauvaise peinture, on ne me sifflera pas pour cela. Si j'en fais d'excellente, on·ne m'applaudira pas quand je passerai dans la rue; tandis que le virtuose est toujours sur un pilori ou sur un piédestal. C'est une situation hors nature, et qu'il faut avoir acceptée de la destinée comme une fatalité, ou de la Providence comme un devoir, pour n'y pas devenir fou.

— Enfin, tu as du temps de reste pour aller à l'atelier?
— Peu, mais j'en ai. Mon apprentissage durera plus longtemps que si j'avais toutes mes heures disponibles; mais il est possible maintenant; tandis que, sans cette ressource de mon violon, il ne l'était pas du tout. J'aurais pu, il est vrai, disposer de mon capital, sauf à n'avoir pas un morceau de pain et pas de talent dans trois ou quatre ans d'ici; mais si je parlais à mon oncle de lui retirer la gestion de cette belle fortune, il me donnerait sa malédiction et me croirait perdu. J'aurai donc de l'ordre bon gré mal gré; c'est-à-dire que je me contenterai de manger mon superbe revenu. Donc, tout est bien ainsi. L'état que je fais ne m'ennuie pas trop. Je râcle mon violon tous les soirs comme une machine bien graissée, tout en pensant à autre chose. Je suis l'amant d'une petite comparse assez jolie, bête comme une oie et tout à fait dépourvue de cœur. C'est si facile d'avoir affaire à des femmes de cette espèce, que je ne m'inquiète pas d'être trahi ou abandonné par celle-là. J'en retrouverais une autre le lendemain qui ne vaudrait ni plus ni moins. Ma vie est occupée, et si elle est un peu assujettie, je m'en console en me disant que je travaille pour con-

quérir ma liberté. C'est quelquefois un peu pénible, et il n'est pas bien certain que je n'eusse pas pris le chemin le plus sûr et le plus court en m'établissant dans mon village, et en épousant quelque belle dindonnière qui m'eût doucement abruti en me faisant porter des habits rapiécés et des marmots à joues pendantes. Mais j'ai voulu vivre par l'esprit, et je n'ai pas le droit de me plaindre. »

Je fis un voyage, et, au bout de deux ans, je retrouvai Jean Valreg à Paris dans une situation analogue. Il s'était lassé de l'orchestre, mais il avait trouvé des écritures à faire chez lui, le soir, et des leçons de musique à donner dans une pension, deux fois par semaine. Il gagnait donc toujours une centaine de francs par mois, et continuait à étudier la peinture. Il était toujours mis avec une propreté scrupuleuse et un certain goût. Il avait toujours ces excellentes manières et cet air de parfaite distinction qu'il avait pris on ne sait où, dans sa propre nature apparemment; mais il était plus pâle qu'autrefois et paraissait plus mélancolique.

— Voyons, lui dis-je, tu m'as écrit plusieurs lettres pour me demander de mes nouvelles, et je t'en remercie, mais sans jamais me parler de toi, et je m'en plains. Tu me dis aujourd'hui que tu as réussi à te maintenir dans ton travail, dans tes idées et dans ta conduite. Mais tu as quelque chose comme vingt-trois ans, et avec cette persévérance dont tu viens de faire preuve, tu dois avoir acquis quelque talent. Il faut que j'aille chez toi voir ta peinture.

— Non, non! s'écria-t-il, pas encore! Je n'ai aucun talent, aucune individualité; j'ai voulu procéder logiquement et me munir, avant tout, d'un certain savoir. Je tiens maintenant le nécessaire, et je vais essayer de me trouver, de me découvrir moi-même. Mais, pour cela, il faut une tout autre vie que celle que je mène, et qui est horrible, je ne vous le cacherai plus; si horrible pour moi, si antipathique à ma nature, si contraire à ma santé, que, sachant votre amitié pour moi, je n'ai pas voulu vous écrire l'état de souffrance où, depuis deux ans, mon cœur et mon âme sont plongés. Je pars, je vais passer un mois chez mon oncle et ensuite un ou deux ans en Italie.

— Ah! ah! tu as donc le préjugé de l'Italie, toi? Tu crois que l'on y devient artiste plus qu'ailleurs?

— Non, je n'ai pas ce préjugé-là. On ne devient artiste nulle part quand on ne doit pas l'être; mais on m'a tant parlé du ciel de Rome, que je veux m'y réchauffer de l'humidité de Paris, où je tourne au champignon. Et puis, Rome, c'est le monde ancien qu'il faut connaître; c'est la voie de l'humanité dans le passé; c'est comme un vieux livre qu'il faut avoir lu pour comprendre l'histoire de l'art; et vous savez que je suis logique. Il est possible qu'après cela je retourne dans mon village épouser la dindonnière, accessible à tout propriétaire de ma mince étoffe. Je dois donc me maintenir dans ce milieu: faire tout mon possible pour devenir un homme distingué, et, en même temps, tout mon possible pour accepter sans fiel et sans abattement le plus humble rôle dans la vie. Rester dans cet équilibre ne me coûte pas trop, car je suis tiraillé alternativement par deux tendances très-opposées: soif d'idéal et soif de repos. Je vais voir laquelle l'emportera, et, quoi qu'il arrive, je vous en ferai part.

— Attends un peu, lui dis-je, comme il prenait son chapeau pour s'en aller. Si tu échouais dans la peinture, ne tenterais-tu pas quelque autre carrière? La musique...

— Oh! non. Jamais la musique! Pour l'aimer, il faudra que je l'oublie longtemps; mais plutôt que d'en vivre, j'aimerais mieux mourir: je vous ai dit pourquoi.

— Il faut pourtant que tu sois artiste, puisque tu as la haine des choses positives, et que tu n'as pas fait d'études classiques. Il m'est venu une idée en lisant tes lettres, c'est que tu pourrais bien avoir quelque talent de rédaction.

— Être homme de lettres, moi? Non ! je n'ai fait qu'entrevoir et deviner le monde et la vie sociale. Rédiger n'est pas écrire, il faut penser, et je suis un homme de rêverie ou un homme d'action; je ne suis pas un homme de réflexion. Je conclus trop vite, et d'ailleurs je ne sais conclure que par rapport à moi-même. La littérature doit être l'enseignement direct ou indirect d'un idéal. Songez donc que je n'ai pas trouvé le mien!

— N'importe! veux-tu me faire une promesse sérieuse?

— Vous avez le droit d'exiger tout ce qui dépend de ma volonté!

— Eh bien, tu feras pour moi, pour moi seul, si tu veux, car je te promets le secret, si tu l'exiges, une relation détaillée de ton voyage, de tes impressions, quelles qu'elles soient, et même de tes aventures, s'il t'arrive des aventures. Et cela pendant un an, sans lacune de plus de huit jours.

— Je vois pourquoi vous me demandez cela. Vous voulez me forcer à m'examiner dans le détail de la vie et à me rendre compte de ma propre existence.

— Précisément. Je trouve que, sous l'empire de certaines résolutions prises à des intervalles assez éloignés et rigidement observées, tu oublies de vivre, et tu restes dans une attente perpétuelle qui te prive des petits bonheurs de la jeunesse. En te rendant mieux compte de tes vrais besoins et de tes légitimes aspirations, tu arriveras insensiblement à des formules plus sages.

— Vous me trouvez donc fou?

— C'est l'être toujours que de ne l'être jamais un peu.

— Je ferai ce que vous m'ordonnerez. Cela me sera peut-être bon; mais si, à force de caresser mes propres pensées, j'allais devenir plus fou que vous ne souhaitez?

— Je t'indique à la fois l'excitant et le calmant : la réflexion !

Je lui offris de faciliter son voyage par cette assistance de père à enfant qu'il pouvait accepter de moi. Il refusa, m'embrassa et partit.

Huit jours après, je reçus de lui une assez longue lettre, qui était comme la préface de son journal, et que je transcrirai presque littéralement, ainsi que la suite de ce travail sur lui-même, auquel je l'avais décidé à se livrer.

III

Journal de Jean Valreg.

Commune de Mers, 10 février 185..

Me voici à mon poste, je commence : non pas encore une relation de ce qui m'arrive, car je suis bien sûr qu'ici rien ne m'arrivera qui mérite d'être rapporté, mais un résumé de certaines choses de ma vie que je n'ai pas su vous dire quand vous me les demandiez.

D'abord, vous vouliez savoir pourquoi, n'ayant jamais été rudoyé ou maltraité en aucune façon, j'avais ce caractère réservé, cette aversion à parler de moi aux autres, cette difficulté à m'occuper moi-même de moi-même. Je n'en savais rien. Je m'en rends peut-être compte maintenant.

Mon oncle l'abbé Valreg n'est pas du tout spirituel ni méchant, ce qui ne l'empêche pas d'être excessivement railleur. C'est une nature excellente, rude et enjouée. Il est si positif que tout ce qui échappe à son appréciation étroite et rapide lui est sujet de doute et de persiflage. Il a pris ce tour d'esprit non seulement en lui-même, mais encore dans l'habitude de vivre avec la Marion, sa vieille et fidèle gouvernante, la meilleure des femmes dans ses actions, la plus dédaigneuse et la plus malveillante dans ses paroles. Il n'est pas de dévouement dont elle ne soit capable envers les gens les moins dignes d'intérêt de la paroisse; mais, en revanche, il n'en est pas, parmi les plus dignes, qu'elle ne déchire à belles dents sitôt qu'elle prend son tricot ou sa quenouille pour faire la *causette* du soir avec monsieur l'abbé, lequel, moitié riant, moitié dormant, l'écoute avec complaisance, et s'entretient ainsi en belle santé et en belle humeur aux dépens du prochain.

Ceci est fort inoffensif, car, avec leur grand esprit de conduite, ces deux braves personnages ne confient leurs médisances et leurs dédains à personne du dehors. Mais j'y ai été initié si longtemps, que certainement quelque chose a dû en rejaillir sur moi et m'habituer, à mon insu, à une méfiance instinctive dans mes relations.

Pourtant je n'ai pas à me reprocher d'avoir partagé cette malveillance générale. Au contraire, il me semble que je m'en défendais; mais je me persuadais peut-être insensiblement que j'en méritais ma part, et que, si l'abbé Valreg me l'épargnait, c'est uniquement parce que j'étais son parent et son enfant d'adoption. Quant à ses moqueries, étant placé sous sa main pour lui servir de but, j'en étais incessamment criblé. C'était avec une intention paternelle et affectueuse, je n'en saurais douter, mais c'était de la moquerie quand même. Bon régime, certes, pour tuer tout germe de sottise et de vanité, mais régime excessif par sa persistance, et qui devait me conduire jusqu'au détachement trop absolu de moi-même.

Pour vous donner une idée, une fois pour toutes, des façons ironiques de mon oncle, il faut que je vous raconte mon arrivée ici, avant-hier soir.

Comme aucune diligence, aucune patache ne dessert notre village, je vins à pied, à la nuit tombante, par un temps doux et des chemins affreux.

— Ah! ah! s'écria mon oncle dès qu'il me vit, c'est fort heureux! Hé, Marion! C'est lui! c'est mon coquin de neveu! Fais-le souper, tu l'embrasseras après; il a plus faim de soupe que de caresses. Assieds-toi, chauffe-toi les pieds, mon garçon. Je te trouve une fichue mine. Il paraît que tu ne gagnes pas déjà si bien ta vie, là-bas, car tu as fait maigre chère, ça se voit. Ah çà! il paraît que tu t'en vas en Italie pour détrôner Raphaël et... et les autres fameux barbouilleurs dont je ne sais plus les noms! Ça me flatte de penser que je vas avoir un homme célèbre dans ma famille; mais ça n'augmentera guère ton patrimoine, car il y a le vieux proverbe : *gueux comme un peintre!* Tu es donc toujours toqué? Allons, soit. Pourvu que tu restes honnête homme! Mais ne mange pas tout ton bien avant que je sois mort, et ne fais pas de dettes, car je ne te laisserai pas la rançon d'un roi. D'ailleurs, je t'avertis que je veux m'en aller le plus tard possible, et, si j'en juge par ta figure, je me porte mieux que toi. Prends garde que je ne t'enterre!

Après beaucoup de quolibets de ce genre, l'abbé Valreg me fit plusieurs questions, dont il n'écouta pas ou ne comprit pas les réponses, ce qui lui servit de texte pour me railler de nouveau. « L'Italie! dit-il, tu crois donc que les arbres y poussent les racines en l'air, et que les hommes y marchent la tête en bas? Voilà une bêtise, d'aller hors de chez soi étudier la nature, comme si partout les hommes n'étaient pas aussi bêtes et les choses de ce monde aussi laides! Quand j'étais jeune, mes supérieurs, sous prétexte

que j'étais fort et en état de voyager, voulaient me persuader d'être missionnaire. Moi, je leur disais : « Bah ! bah ! il n'y
» a pas besoin d'aller chez les Chinois pour trouver des ma-
» gots, et dans les îles de la mer du Sud pour rencontrer
» des sauvages ! »

Quand j'eus soupé, et, bon gré mal gré, mangé plus que ma faim (la Marion se dépitant quand je ne faisais pas assez d'honneur à ses mets), mon oncle voulut voir quelque preuve de mon travail à Paris et de mes progrès en peinture. Tu crois, sans doute, que ce serait *margaritas ante porcos*, dit-il gaiement ; tu te trompes. Pour juger ce qui est fait pour les yeux, il ne faut que des yeux. Allons, déballe ! Je veux voir les chefs-d'œuvre de mon futur grand homme.

Il me fallut ouvrir ma malle et la retourner dans tous les sens pour lui prouver que je n'avais qu'un très-mince et très-portatif attirail de peintre en voyage, et pas le plus petit croquis à lui montrer.

Il en fut très-mortifié. « Ça n'est pas aimable de ta part, s'écria-t-il. Tu devais bien penser que je m'intéresserais à tes grands talents, et je commence à croire que tu n'as rien fait qui vaille dans ton Paris. S'il en était autrement, tu te serais appliqué pour m'apporter au moins une jolie image coloriée par toi. Tu avais des dispositions, cela est sûr ; mais je parierais que tu n'as songé qu'à flâner, là-bas ! »

A force de retourner mon bagage, la Marion finit par découvrir une figure d'académie qui m'avait servi à envelopper un paquet de crayons. Comme c'était déchiré et chiffonné, que les pieds et la tête manquaient, elle ne comprit pas tout de suite ce qu'elle examinait ; puis, tout à coup, jetant un cri d'horreur et d'indignation, elle s'enfuit en se recommandant à tous les saints.

— Fi ! dit mon oncle, en regardant cette nudité qui avait

épouvanté la Marion, est-ce là un état? Quoi! vous passez votre temps à copier des personnes toutes nues? C'est une occupation bien dégoûtante, et à quoi ça peut-il servir? D'ailleurs, ça me paraît bien grossièrement fait! J'aimais beaucoup mieux les jolis petits bonshommes que tu inventais autrefois. C'était plus soigné, et c'était plus décent. Les habillements de la campagne étaient parfaitement imités, et tout le monde pouvait regarder ça!

— Mais, parlons raison, ajouta-t-il en jetant au feu mon académie. Comment t'es-tu comporté dans cette grande Babylone? As-tu fait des dettes?

— Non, mon oncle! — Si fait, conte-moi ça. — Je vous jure que non : j'aurais trop craint de vous effrayer et de vous affliger; mais à l'avenir, si voulez bien vous laisser convaincre de certaines vérités positives, il est possible...

— Tu me trompes, tu es endetté!

— Non, sur l'honneur!

— Mais tu as le projet...

— Je n'ai aucun projet. Seulement, j'ai à vous dire que je suis las d'un système d'économie qui va forcément jusqu'à l'avarice, et qui, si j'avais le malheur d'en prendre le goût, me conduirait à l'égoïsme le plus stupide. Je comprends les privations qu'on s'impose en vue des autres ; mais celles qui n'ont d'autre but que notre propre bien-être dans l'avenir sont étroites et déraisonnables. Jusqu'ici, ma parcimonie a été pour moi une question d'honneur. Vous m'aviez fait jurer que je ne dépasserais pas mon revenu, et, enfant que j'étais, je m'étais laissé arracher ce serment sans prévoir, sans savoir qu'avec cent francs par mois on ne vit pas à Paris, ou que, si l'on y vit, c'est à la condition de ne jamais s'intéresser à un être plus pauvre que soi, et de s'absorber dans une prévoyance sordide. Je n'ai pas pu vivre ainsi : j'ai travaillé pour doubler mon revenu, mais j'ai travaillé de la manière la plus abrutissante et la plus antipathique, ce qui ne m'a pas empêché d'être forcé de me priver de mille jouissances morales ou intellectuelles qui eussent développé mon cœur et mon esprit.

« Enfin, malgré tout, j'ai résolu le problème d'apprendre ce que je voulais apprendre, sans manquer, dans ma manière d'être, à aucune bienséance, et sans négliger trop les occasions de voir de temps en temps une société d'élite où il m'a été permis de pénétrer sans choquer les regards de personne. A présent, je m'en vais dans un pays où l'on peut être pauvre et s'instruire, comme artiste, sans trop souffrir, à ce que l'on m'a dit; mais, avant de me séparer de vous une seconde fois, mon bon et cher oncle, je viens vous dire que je reprends ma parole, et que je ne m'engage nullement à respecter mon patrimoine, si mes besoins d'artiste et mes sentiments d'honnête homme m'obligent à l'entamer. »

A la suite de cette déclaration nécessaire, il y eut une discussion assez vive entre l'abbé Valreg et moi. Il était outré de me voir dans des idées si nouvelles pour lui, qui n'a jamais songé à me demander compte d'aucune idée. Mais quand il m'eut dit tout ce que lui suggérait sa conviction, mélange assez singulier d'égoïsme et de charité, qui consiste à faire la part des autres et la sienne propre, sans jamais se laisser aller à aucun entraînement pour eux ou pour soi-même, il prit bravement son parti, et, incapable de s'affecter de quelque chose au point de perdre une heure de sommeil, il se calma en disant : « Allons, c'est assez se tourmenter pour un jour; nous penserons à cela demain. »

En ce moment, l'horloge de l'église sonnait neuf heures, et mon oncle s'assoupit aussitôt comme autrefois, avec cette régularité de fonctions digestives qui appartient aux tempéraments vigoureux. La Marion rentra, rangea la salle, enleva la table, causant tout haut avec moi, faisant claquer ses sabots sans précaution sur le plancher sonore. Quand tout fut en ordre, elle cria dans l'oreille de son maître, qui, habitué à ce vacarme, ouvrit tranquillement les yeux sans tressaillir : Allons, monsieur l'abbé, on s'en va ! bonne nuit ! c'est l'heure de faire vos prières et de vous mettre au lit.

Elle me conduisit à la chambre que j'ai habitée pendant la moitié de ma vie, veilla à ce que je ne manquasse de rien, m'embrassa encore une fois, et monta, à grand bruit, à l'étage supérieur. Un quart d'heure après, tout dormait au presbytère, y compris votre serviteur, fatigué par les rudes chemins du pays et les durs raisonnements de l'abbé Valreg.

Le lendemain, c'est-à-dire hier, mon oncle voulut, à l'heure du souper, reprendre la discussion; je vins à bout de reculer toute explication jusque vers neuf heures moins un quart, et je compte l'amener ainsi, avec un quart d'heure de dispute chaque soir, à s'habituer, sans secousse trop vive, à ma diabolique résolution.

Vous allez croire comme lui, peut-être, que j'ai quelque folie en tête, quelque projet de Sardanapale à l'endroit de mon capital de vingt mille francs. Il n'en est rien pourtant. Je n'ai d'autre projet que celui d'aller devant moi, et de ne pas me sentir esclave d'une situation consacrée par un serment.

13 février.

Mon oncle réalise mes prévisions. Il s'habitue à mes volontés d'indépendance, et se rassure un peu en me voyant raisonnable d'ailleurs. Puisque j'étais en train de récapituler mon passé pour vous, il faut que je continue et que je vous raconte comment m'est venu ce goût de la peinture sur lequel je n'ai pas osé vous donner les explications que vous me demandiez.

Ici, ma jeunesse se passait dans la solitude au sein de la nature. Je ne faisais que lire et rêver. Tout à coup j'eus vaguement la conscience d'une jouissance infiniment plus douce qui s'emparait de moi. C'était celle de *voir*, bien plus soutenue, bien plus facile en moi que celle de *penser*. Les premières révélations de cette jouissance me vinrent un jour au coucher du soleil, dans une prairie bordée de grands arbres, où les masses de lumière chaude et d'ombre transparente prirent tout à coup un aspect enchanté. J'avais environ seize ans. Je me demandai pourquoi cet endroit, que j'avais parcouru cent fois avec indifférence ou préoccupation, était, ce jour-là et dans ce moment-là, inondé d'un charme si étrange et si nouveau pour moi.

Je fus quelques jours sans m'en rendre compte. Occupé jusqu'à midi au presbytère par quelques *devoirs,* c'est-à-dire quelques thèmes ou extraits que mon oncle me donnait régulièrement chaque matin, et que, régulièrement chaque soir, il oubliait d'examiner, je ne pouvais voir l'effet du soleil levant. Je cherchais tout le long du jour, en lisant dans la prairie, à bâtons rompus, le prestige qui m'avait ébloui. Je ne le retrouvais qu'au moment où l'astre s'abaissait vers la cime des collines, et quand les grandes ombres veloutées des masses de végétation rayaient l'or de la prairie étincelante. C'est l'heure que les peintres appellent l'heure de l'*effet*. Elle me faisait battre le cœur comme l'arrivée d'une personne aimée ou d'un événement extraordinaire. Dans ce moment-là, tout devenait beau sans que je pusse dire pourquoi ; les moindres accidents de terrain, la moindre pierre moussue, et même les détails prosaïques du paysage, le linge étendu sur une corde à la porte de la chaumière, les poules grattant le fumier, la baraque de branches et de terre battue, la barrière de bois brut et mal agencé qui, clouée d'un arbre à l'autre, séparait le pré de la chenevière.

— Qu'y a-t-il de si étonnant dans tout cela? me demandais-je ; et d'où vient que seul j'en suis frappé? Les gens qui passent ou qui travaillent à la campagne n'y font point d'attention, et mon oncle lui-même, qui est le plus instruit de ceux que je vois, ne m'a jamais parlé d'un pareil phénomène. Est-ce un état de la nature extérieure ou un état de mon âme? est-ce une transfiguration des choses autour de moi ou une simple hallucination de mon cerveau?

Cette heure d'extase garda son mystère pendant quelques jours, parce que c'était, dans la saison, l'heure à laquelle soupait mon oncle, et il était fort sévère quant à la régularité des habitudes de sa maison. Une journée de mon absence ne le tourmentait pas ; une minute d'attente devant ma place vide à table le contrariait sérieusement. Il était si bon, d'ailleurs, que je ne craignais rien tant que de lui déplaire. Aussi, dès que le timbre lointain de l'horloge de l'église, et certain vol de pigeons dans la direction du colombier, me marquaient le moment précis où la Marion mettait le couvert, il me fallait m'arracher à ma contemplation et interrompre ma jouissance à demi savourée. Elle me poursuivait alors comme un rêve, et, tout en coupant le gigot ou le jambon en menues tranches pour obéir aux prescriptions de l'abbé Valreg, je voyais passer devant mes yeux des files de buissons aux contours dorés, et des combinaisons de paysages empourprés par les reflets d'un ciel ardent comme la braise.

Mais ces jours d'automne raccourcissant très-vite, j'eus bientôt le loisir auquel j'aspirais, et je pus suivre, avec ce sentiment de la beauté des choses qui s'était éveillé en moi comme un sens nouveau, les admirables dégradations du jour et la succession d'aspects étranges ou sublimes que prenait la campagne. J'étais comme enivré à chaque observation nouvelle, et, bien que nourri de livres poétiques, il ne me venait pas à la pensée de chercher dans les mots le côté descriptif de ma vision. Je trouvais les mots insuffisants, les peintures écrites vagues ou inexactes. Les plus grands poëtes me paraissaient chercher dans la parole un équivalent qui ne saurait s'y trouver. Le plus hardi, le plus pittoresque de tous les modernes, Victor Hugo, ne me suffisait même plus.

C'est à cela que je sentis que la manifestation de mon ivresse intérieure ne serait jamais littéraire. Mon imagination était pauvre ou paresseuse, puisque les plus puissants écrivains ne m'avaient jamais fait pressentir ce que mes yeux seuls venaient de me révéler.

Je fus pourtant bien longtemps avant d'oser me dire que je pouvais être peintre ; et même encore aujourd'hui, j'ignore si ces premières émotions furent les vrais symptômes d'une vocation déterminée ; mais, à coup sûr, elles furent l'appel d'un goût prédominant et insatiable.

J'avais quelque chose comme dix-neuf ans, lorsque, durant mes longues veillées de l'hiver, l'idée, ou plutôt le besoin, me vint de me remettre sous les yeux, tant bien que mal, les splendeurs de l'été. Je pris un crayon et je dessinai, admirant naïvement cet essai barbare, et, cette fois, dominé par mon imagination qui me faisait voir autre chose que ce que ma main pouvait exécuter. Le lendemain, je reconnus ma folie et brûlai mon barbouillage ; mais je recommençai, et cela dura ainsi plusieurs mois. Tous les soirs, j'étais charmé de mon ébauche ; tous les matins je la détruisais, craignant de m'habituer à la laideur de mon propre ouvrage. Et pourtant les heures de la veillée s'envolaient comme des minutes dans cette mystérieuse élaboration. L'idée me vint enfin d'essayer de copier la nature. Je copiai tout avec une bonne foi sans pareille; je comptais presque les feuilles des branches; je voulais ne rien laisser à l'interprétation, et je perdais, dans le détail, la notion de l'ensemble, sans rendre même le détail, car tout détail est un ensemble par lui-même.

Un jour, mon oncle m'emmena dans un château où je vis enfin de la peinture des maîtres anciens et nouveaux. Mon instinct me poussait vers le paysage. Je restai absorbé devant un Ruysdaël. Je ne le compris pas d'abord. Peu à peu la lumière se fit, et je m'avisai que c'était là une science de toute la vie. Je résolus, dès que je serais indépendant, d'employer ma vie, à moi, selon mes forces, à écrire, avec de la couleur sur de la toile, le rêve de mon âme.

On me prêta de bons dessins; mon oncle me permit même l'achat d'une boîte d'aquarelle. Il ne s'inquiéta pas de ma monomanie; mais quand, parvenu à ma majorité, je lui révélai ma pensée, je le vis bouleversé. Je m'y attendais. Je résistai avec douceur à ses remontrances. Je savais son respect pour la liberté d'autrui, son aversion pour les paroles inutiles, et ce fonds d'insouciance ou d'optimisme qui part d'une grande candeur et d'une sincère bonté.

Vous me demanderez maintenant pourquoi, aux premiers jours de notre connaissance, je vous ai fait mystère d'une chose aussi simple que ma prédilection pour cet art : la raison est tout aussi simple que le fait; vous m'eussiez demandé à voir mes essais ; je les savais détestables, bien qu'ils eussent fait l'admiration de la Marion et du maître d'école de mon village. Vous m'auriez dit que j'étais insensé, ou, si vous ne me l'eussiez pas dit, je l'aurais lu dans vos yeux. Or, je n'ai pas en moi-même une foi assez robuste pour lutter contre les critiques de l'amitié. Celles du premier venu me sont indifférentes. Les vôtres m'eussent fait douter doublement, et c'est bien assez d'avoir à douter seul.

A mon âge, c'est-à-dire à l'âge que j'avais alors, et négligé comme je l'avais été, on ne sait pas défendre sa conviction. On la sent, on manque d'expressions et de preuves pour la formuler et la maintenir. On l'aime parce que, révélation ou chimère, elle vous a rendu heureux; on la garde en soi avec terreur, comme le secret d'un premier amour. C'est une fleur précieuse qu'un souffle de dédain, un sourire de raillerie peut flétrir.

Cette crainte est encore en moi, elle est encore fondée, et, si je n'ai pas voulu vous faire juge de mes essais, ne croyez pas que ce soit par excès de vanité. Non! Je me suis examiné sous ce rapport-là; je me suis tâté le cœur et la tête avec impartialité. J'ai reconnu que si je ne suis pas un sage, du moins je ne suis pas un fou. Il faudrait l'être pour me persuader que j'ai déjà du talent; et ce qui me rassure, c'est que je suis bien certain de n'en point avoir encore. Ce que j'aime dans mon secret, ce n'est donc pas moi, c'est l'art en lui-même et pour lui-même. C'est mon espérance, que je veux garder encore vierge de toute atteinte, de toute réflexion, de tout regard. Il me semble qu'avec tant de respect pour mon idéal, je ne cours pas le risque de m'égarer, et que le jour où je vous dirai: Voilà ce que je sais faire pour exprimer ma pensée,—j'aurai véritablement conscience d'un succès relatif à mes forces; je ne dis pas à mes aspirations; ceci, je crois, ne peut jamais être atteint par personne.

IV

Marseille, le 12 mars 185..

Me voilà en route, mon ami. J'ai fini par calmer mon oncle et par emporter sa bénédiction et ma liberté. Vous aviez sans doute raison de me dire que la patience n'est pas le génie, mais je suis tenté de croire que c'est la vertu, car ce n'est qu'à force de patience que j'ai amené mon père adoptif à ne pas souffrir de ma résolution. J'étais décidé à ne point le quitter sans avoir atteint ce résultat. Je devais cela à son affection, à ses bontés pour moi.

Je pense partir demain pour Gênes. Le passage des Alpes serait, m'a-t-on dit, assez pénible à un piéton en cette saison de bourrasques. C'est ce qui m'a décidé à prendre la voie de Marseille; mais, à vrai dire, la mer n'est pas beaucoup plus praticable en cette saison. Le ciel est noir et le mistral souffle avec furie. Il s'est apaisé un peu ce soir, et on espère que le *Castor,* vapeur génois très-bon marcheur, pourra sortir du port.

J'étais déjà venu à Marseille, dans mon enfance, avec mon père. Il était, comme vous savez, d'origine provençale, et nous avions ici un vieux parent. Ce parent est mort aussi, et je n'ai plus personne ici que je me soucie de voir. J'ai très-bien reconnu les masses principales de la ville et des plans qui l'environnent. Je me rappelais avoir dîné avec mon père dans une baraque sur les rochers; on appelle cet endroit la Réserve, et l'on y mange un certain coquillage très-recherché des indigènes, bien qu'assez coriace, qui parque naturellement en ce seul endroit du rivage. La baraque a brûlé; à la place s'élève un élégant pavillon qui va, dit-on, disparaître aussi pour faire place à des constructions nouvelles.

J'ai poussé plus loin ma promenade. Courbé en deux par un vent terrible, j'ai vu la mer bien belle, plus belle que je ne me la rappelais. Enfant, elle m'avait terrifié; aujourd'hui, sa grandeur m'a ébloui. Pourtant, c'est une chose formidablement triste que cette masse d'eau fouettée par la tempête. Aucune image n'exprime plus énergiquement la pensée d'un immense désespoir sous les coups d'une torture acharnée. Mais c'est un désespoir tout physique. L'âme humaine ne s'identifie que par la pensée des naufrages à cette tourmente du géant. C'est en vain qu'il mugit, qu'il se tord, qu'il se déchire en lambeaux sur le flanc des rochers, les inondant de larmes furieuses et leur crachant des montagnes d'écume enragée : c'est un monstre aveugle, et ce petit point noir là-bas, cette pauvre barque qui se débat contre l'orage, porte, dans le moindre atome des êtres qui la guident, la vraie force, c'est-à-dire la volonté.

La nature est terrible sur cette petite planète où nous sommes. Il est donc bon que l'homme soit hardi. Certes, j'ai compris aujourd'hui ma frayeur d'enfant devant ce bruit, cette agitation, cette immensité ! Je n'avais vu jusqu'alors que des blés et des foins courbés par les rafales de nos plaines tempérées. Mon père fut obligé de me prendre dans ses bras. J'avais tout aussi peur ainsi ; ce n'était pas d'être emporté ou englouti que je tremblais contre son sein : c'était un vertige moral. Il me semblait que mon souffle était arraché de ma poitrine et que mon âme tournoyait éperdue sur ces abîmes. J'ai eu un peu de la même sensation, cette fois-ci, mais plutôt agréable que pénible. L'idée de la destruction se dresse devant l'enfant comme un spectre effroyable. Devant l'homme, habitué à la lutte, ce spectre appelle plus qu'il ne menace, et le vertige est presque une volupté.

J'ai eu un étrange plaisir à voir entrer, dans cette passe difficile de l'ancien port, quelques petits bâtiments plus ou moins en péril, selon leur construction, leur pilote et la force de la lame. Tous s'en sont bien tirés. Un petit chasse-marée, d'apparence assez fragile, m'a intéressé particulièrement. C'était le moment de tourner pour entrer dans la rade, le moment critique ! La vague, sur laquelle il bondissait comme un oiseau des tempêtes, le prenait alors en flanc. Il s'est couché si à plat que ses vergues effleuraient la crête des flots ; mais aussitôt il s'est relevé, agile, élastique comme un arc bien tendu. Il a franchi légèrement une vraie montagne bouillonnante, et il s'est trouvé dans les eaux calmes, fier comme un cygne qui reprend possession de son nid. Rien ne trahissait l'épouvante dans les mouvements du petit équipage, et j'étais fier, pour ma part, comme si j'eusse été de la partie. Oui, l'homme doit être intrépide, et le spectacle le plus attrayant, c'est, on le conçoit bien, le déploiement des forces humaines. Les tempêtes et les océans ne sont rien : l'âme universelle émanée de Dieu a son foyer le plus pur en nous, qui méprisons la mort, et ce n'est pas la terre et la mer seulement qu'il faut peindre, n'est-ce pas, mon ami, c'est l'homme et sa vie !

Puis un navire plus lourd est arrivé. Son entrée a demandé plus de cérémonies. Dans ces crises où le sort de l'équipage dépend de la manœuvre, on entend des cris à bord ; mais c'est le commandement de l'intelligence ou de l'expérience, et cette voix-là domine à bon droit les rugissements de la mer.

Le tout était bizarrement accompagné du son clair et strident d'une petite harpe, partant d'assez près de moi. Tandis que flots et navires s'étreignaient dans la lutte, sur l'esplanade d'une baraque servant de cabaret, dansaient des filles et des marins endimanchés. Un artiste de grand chemin, un bohême harpiste, chevelu, déguenillé, jouait, avec une verve saccadée et diabolique, une sorte de tarentelle à mouvement détraqué, sur lequel polkaient avec fureur des créatures avinées. Le contraste était curieux, je vous jure, et résumait toute l'audace insouciante et aventureuse de l'homme de mer.

Arrivés le matin d'un voyage au long-cours, bronzés par

de terribles soleils et de terribles tempêtes, ces marins, rasés de frais et chaussés d'escarpins brillants, valsaient avec des filles en robe de soie, pirouettant dans sept étages de falbalas gonflés par le vent. Il faisait un froid atroce, un ciel de plomb. La vague, déferlant jusque sur les planches vermoulues de la terrasse, semblait, à chaque instant, devoir emporter baraque et orgie. Le navire, approchant comme malgré lui, semblait devoir échouer sur le bal. Personne n'y songeait, si ce n'est moi. Le harpiste eût, je crois, marqué le rhythme au milieu des affres de la mort, et le rire échevelé des lionnes de guinguette se fût perdu sans transition dans le râle de l'agonie.

J'ai dîné seul dans un autre cabaret plus tranquille, et j'ai vu, avec la chute du jour, l'apaisement rapide de la bourasque. Le vent est devenu tout à coup tiède, et quand l'obscurité a tout envahi, je suis resté sans lumière dans le petit recoin où l'on m'avait oublié.

Pendant que je me reposais, en me laissant aller à ma rêverie, une conversation, établie de l'autre côté d'une mince cloison, allait son train, sans m'inspirer aucun intérêt. Pourtant, je fus frappé de ces paroles prononcées distinctement par un Anglais, s'exprimant avec facilité dans notre langue : « Croyez-vous donc que cela serve à quelque chose d'avoir de la volonté ? »

Cette réflexion s'adaptait si bien à mes pensées du moment, que je ne pus m'empêcher de prêter l'oreille, et alors j'entendis, après quelques paroles banales échangées entre les deux interlocuteurs et interrompues par le petit bruit de leurs couteaux sur les assiettes, le récit que je vais vous transcrire et qui m'a paru renfermer une grande moralité.

— Bah! j'avais dix-neuf ans (c'est l'Anglais qui parlait) quand on me dit que j'étais en âge d'épouser miss Harriet. Moi, je me trouvais trop jeune et j'étais effrayé d'entrer dans le grand monde que je ne connaissais pas et que je n'étais pas bien pressé de connaître. J'étais un cadet de famille ; j'avais très-peu de quoi vivre. J'avais déjà fait avec vous ce voyage aux Antilles. Je n'aimais pas précisément la marine ; mais j'avais le goût de l'indépendance et de la locomotion. Miss Harriet m'avait pris en amitié, Dieu sait pourquoi ! J'avais un beau nom, soit ; mais pas d'usage, pas de talent, et pas grand esprit, comme vous savez ! mais elle était sentimentale, amoureuse de ma pauvreté et un peu monomane, je suppose. Des souvenirs d'enfance, une pitié que je ne lui demandais pas, un point d'honneur excentrique, le ciel vous préserve, mon cher, des femmes excentriques ! l'orgueil d'enrichir un pauvre parent... Dieu me damne si je sais quoi ; enfin elle était folle de moi et mourait de consomption si nous n'étions pas mariés au plus vite. J'avais juré que je ferais le voyage de Ceylan avant de me mettre la corde au cou.

— Pourquoi Ceylan ? demanda le Français.

— Je ne m'en souviens pas, reprit le narrateur. C'était mon idée, ma volonté. La volonté d'un homme devrait être sacrée. Mais miss Harriet était jolie, très jolie même, et je devins amoureux en la voyant si éprise de moi. Bref, nous fûmes mariés avec deux cent mille livres de rente, et c'est de ce jour-là que commence mon infortune...

— Diantre ! mylord ! fit l'autre en frappant sur la table ; vous avez deux cent mille livres de rente ?

— Non, reprit l'Anglais avec un soupir qui fit vibrer son verre. J'en ai à présent huit cent mille ! ma femme a hérité !

— Eh bien, de quoi diable vous plaignez-vous ?

— Je me plains d'avoir huit cent mille livres de rente. Cela m'a créé des devoirs, des obligations, une foule de liens qui ne convenaient pas à mon caractère, à mon éducation, à mes goûts. J'aime à faire ma volonté, mais je ne suis pas méchant, et, n'ayant jamais pu vivre à ma guise, depuis que je suis marié, riche et considéré, j'ai toujours été très malheureux.

— Comment donc ça ?

— Vous allez voir. Ma femme, dès le lendemain du mariage, me fit homme du monde. Je n'étais pas né pour ça. Je m'ennuyais dans la grandeur; j'aimais mieux la compagnie des gens simples. J'aurais voulu parler marine et voyages; il me fallait parler politique et littérature. Ma femme était bas-bleu. Elle lisait Shakespeare, moi je lisais Paul de Kock. Elle aimait les grands chevaux; je n'aimais que les poneys. Elle faisait de la musique savante; moi je préférais la trompe de chasse. Elle ne recevait que des gens de la plus haute classe; moi, je m'en allais volontiers causer avec mes gardes. Je me plaisais quelquefois au détail de la ferme; elle ne trouvait rien d'assez luxueux et d'assez confortable pour la vie de château. Elle avait toujours froid quand j'avais chaud, et chaud quand j'avais froid. Elle voulait toujours aller en Italie quand je voulais aller en Russie, et réciproquement; être sur terre quand j'aurais voulu être sur mer, et *vice versâ*; et de tout ainsi!

— La belle affaire! s'écria le Français en riant. C'est là le mariage! Un peu plus, un peu moins, c'est toujours la même histoire. C'est ennuyeux pour les pauvres gens qui n'ont pas le moyen de faire deux ménages; mais quand on est mylord...

— Quand on est mylord, on n'est pas pour cela un homme sans principes, repartit l'Anglais d'un ton qui révéla tout à coup une certaine supériorité de caractère; si j'avais abandonné mylady, elle aurait eu le droit de se plaindre et peut-être celui de manquer à ses devoirs. Je n'ai pas voulu faire de ma femme une femme délaissée. Je voyais bien (et je l'ai vu très-vite) qu'elle ne me trouvait plus ni beau, ni aimable, ni intéressant. Elle avait bien assez à rougir en elle-même de m'avoir aimé si follement. Ça, je n'y pouvais rien ; mais je n'ai pas voulu qu'elle fût humiliée dans le monde, et je ne l'ai pas quittée. Je ne l'ai jamais quittée, ce qui l'ennuie bien, et moi aussi !

L'Anglais soupira, le Français se mit à rire.

— Ne riez pas ! reprit mylord d'un ton sévère : je suis malheureux, très-malheureux ! Ce qu'il y a de pire, c'est que mylady, douce comme un agneau avec tout le monde, est un tyran avec moi. Elle croit que sa fortune a payé le droit de m'opprimer. Je n'ai pas eu le bonheur de la rendre mère, et, pour cela aussi, je suis humilié dans son cœur. Et, encore un fléau !.. ; elle est jalouse de moi. Arrangez cela ! Elle ne m'aime plus du tout, et nous ne sommes plus d'un âge à nous permette ce ridicule. Eh bien, elle m'accuse de mauvaises mœurs, moi qui, pour ne pas lui donner prise sur ma conscience, ai dépensé tant de volonté à me sevrer de tout plaisir illicite ! Vous voyez, je ne bois même pas ! Et quand je vais rentrer à l'hôtel, elle va me dire que je suis ivre. Je suis là avec vous, un ancien camarade, parlant raison et philosophie : elle m'accuse, en ce moment-ci, j'en suis sûr, de faire quelque débauche en mauvaise compagnie... Et si elle nous voyait ici, tête à tête, dînant avec sobriété, elle trouverait encore moyen de s'indigner. Elle dirait que le choix de ce petit restaurant de planches sur les roches est *shocking,* et que nous devrions être dans le pavillon le plus élégant de la *réserve...* Comme si les *clovis* et les moules fraîches n'étaient pas aussi bons ici ! Je déteste le comfort, moi ! Tout ce qui ressemble au luxe me rappelle ma femme. Heureusement elle s'est imaginé de prendre avec elle une nièce très-belle, pour aller en Italie, et comme elle craint que je ne la trouve pas laide... oh ! mon Dieu, cela suffirait pour amener l'orage ! elle me laisse un peu plus de liberté depuis quelque temps. C'est à cela que je dois le plaisir d'être avec vous. Voulez-vous venir fumer un cigare? Allons au vent, pour que mes habits ne sentent pas le tabac ! »

Ils sont sortis, et moi je suis rentré dans la ville, à tâtons, par les sentiers coupés dans la roche. La mer n'avait plus que des plaintes harmonieuses, et cette harmonie dans les ténèbres avait un charme étrange. Mais je voulais vous écrire, et me voilà relisant vos lettres, vous serrant la main, et vous disant que vous êtes le meilleur des amis, mon meilleur ami, à moi !

V

Mercredi 14.

Le mistral a recommencé hier et cette nuit. Le *Castor* ne veut pas sortir du port. J'ai pris le parti de faire de longues promenades pour remplir ces deux journées, et je vous écris au crayon sur une feuille de mon album, des hauteurs de Saint-Joseph. Je suis à quelques heures de marche de la ville ; et, tandis que le froid y fait rage, je me baigne ici dans les rayons d'un vrai soleil d'Italie. Je viens de traverser une immense vallée et d'atteindre le pied des collines qui la ferment. Elles ne sont pas assez élevées pour l'abriter ; mais, dans leurs plis étroits, on trouve tout à coup une chaleur ardente et une végétation africaine. Pour vous qui vivez avec les fleurs, je remarque les plantes que je foule. Elles sont toutes aromatiques ; c'est le thym, le romarin, la lavande et la sauge qui dominent. Les courts gazons sont jonchés de petits soucis d'un or pâle et d'une senteur de térébenthine.

Cette région-ci est admirable, et je comprends que la Provence soit si vantée. Ses formes sont étranges, austères, parfois grandioses. Elles attestent des efforts géologiques d'une grande puissance. En certains endroits, ce sont des crêtes déchiquetées qui sortent brusquement du sol et qui dressent d'immenses lignes de fortifications naturelles, quelquefois triples, sur la lisière des plateaux. Ces traînées de roches calcaires, aussi blanches que le plus beau marbre de Carare, dont elles sont, je crois, cousines germaines, ressemblent à des vagues soudainement cristallisées, et quelques-unes sont penchées comme si elles pliaient encore sous le vent. Ailleurs, sur une étendue de plusieurs milles, les collines sont des escaliers naturels où la terre végétale est soutenue par des strates de pierre d'une régularité inouïe. On pourrait fort bien s'imaginer que chacune de ces collines était surmontée d'un palais magique, et que ces degrés gigantesques ont été taillés par la main des fées pour je ne sais quels êtres en proportion avec la nature primitive. Ce sont les gradins des amphithéâtres de quelque race de Titans... Mais la science dit holà à la fantaisie, et se charge d'expliquer ces craquements formidables, ces exhaussements subits, ces soulèvements et ces écroulements, tous ces vomissements d'entrailles qui rayent la surface terrestre d'accidents incompréhensibles. Elle voit tout cela d'un œil aussi tranquille que nous les gerçures d'une pomme ou les rugosités d'une coque de noix.

J'ai souvent pensé, avec les poëtes, que la science de ces faits était le bourreau de la poésie. Resté ignorant, j'avoue que je regrette parfois de savoir même l'infiniment peu que je sais. Mais hier et aujourd'hui, j'ai compris que j'avais tort. Les peintres ne doivent pas être si poëtes que cela. La science regarde et mesure l'immensité. Le peintre doit-il être autre chose qu'un œil qui voit? Or, pour voir, il faut comprendre.

Je connais, depuis hier, un peintre qui s'en va à Rome et avec qui je voyagerai probablement. Nous étions partis ensemble ce matin, pour la promenade, mais il s'est arrêté au bout d'une heure, pour dessiner un petit coin qui lui plaisait. Je sais que, devant la vaste nature, le paysagiste ne peut que choisir le petit coin approprié aux convenances de son métier; mais, avant de s'en emparer, n'est-il pas nécessaire de comprendre l'ensemble, la charpente de ce grand corps qui, dans chaque contrée, a une physionomie, une âme particulière? Le petit coin peut-il nous révéler quelque chose, tant que l'ensemble ne nous a encore rien dit? Il y a là, je crois, plus que des accidents de lignes et des effets de lumière. Il y a des formes, une couleur générale dont il me semble que j'aurais besoin de m'imprégner. Si je m'écoutais, je resterais quelque temps ici; mais l'Italie! c'est mon rêve, et, puisqu'il m'appelle, il faut le suivre.

Voici pourtant sous mes yeux et autour de moi un pays splendide. Je me rappelle ces paroles de Michelet à l'oiseau qui émigre: « *Là, derrière un rocher,* dit-il en parlant de la Provence, *tu trouverais, je t'assure, un hiver d'Asie ou d'Afrique.* » C'est vrai. La terre ici est saine et sèche. Après ces pluies et ces brumes de notre hiver de Paris, je suis tout étonné d'être couché sur l'herbe et de voir, dans le chemin, les troupeaux soulever des flots de poussière. Les pins maritimes se balancent sur ma tête dans une brise qui sent l'été. L'immense vallée qui me sépare de la mer est comme une rade de fleurs et de pâle verdure. Ce ne sont qu'amandiers blancs, abribotiers rosés, pêchers roses, et les oliviers au ton indécis flottant comme des nuages au milieu de toute cette hâtive floraison. Marseille, comme une reine des rivages, est là-bas assise au bord des flots bleus. La mer paraît encore méchante, car, malgré le chaud et le calme qui m'enveloppent ici, je vois bien les masses d'écume que le mistral fouette autour des âpres rochers du golfe, et même je distingue la rayure des lames, bien plus gigantesques encore que, de près, on ne se l'imagine, puisque à la distance de plusieurs lieues, j'en suis le dessin et j'en saisis le mouvement.

15 mars.

Me voilà enfin sur le *Castor*, en vue des côtes d'Italie. La journée a été claire et fraîche à bord. Les rivages escarpés sont toujours magnifiques. Ce soir, le vent est tombé, la brume a envahi les horizons. Trois goëlands, qui nous suivaient au coucher du soleil et s'obstinaient à vouloir percher sur la banderolle de fumée noire que notre vapeur lance à intervalles égaux, se sont enfin décidés à nous quitter après des cris d'adieu d'une douceur étrange. Le phare de Nice perce le brouillard. Presque personne n'est malade. Pour moi, je n'aurai jamais le plus petit malaise en mer, je sens cela. J'ai un coin pour vous écrire, et je vais vous raconter les incidents de la journée.

D'abord, mon camarade le peintre, qui me prend pour un petit amateur paresseux, et par qui je trouve assez commode d'être piloté et protégé, m'a tenu compagnie tout le temps, et ne m'a pas fait grâce d'un terme du métier, en me montrant le ciel, la vague et les masses de rochers au milieu desquels le steamer nous promène. Il était tout étonné que je n'eusse aucune notion de l'argot des peintres, qu'il lui plaît d'appeler la langue de l'art. Car il faut vous avouer, que, pour passer le temps, je me suis amusé à feindre la plus complète ignorance des us, coutumes et locutions de l'atelier. Il était bien près de me mépriser. Cependant la docilité que j'ai mise à l'écouter l'a un peu mieux disposé en ma faveur. Il m'a montré ensuite ses croquis de Marseille. C'est habilement fait; il y a ce qu'il appelle *de la patte,* une *fière patte*; mais cela n'est pas plus l'endroit dont je l'ai vu charmé, que tout autre endroit du monde. Les formes y sont, le sentiment n'y est pas. J'ai essayé de le lui faire entendre. A mon tour, je lui parlais une langue qu'il ne comprenait point et qui n'avait pas, comme son argot d'atelier, le mérite d'être amusante.

C'est, du reste, un aimable garçon que ce Brumières. Il a une trentaine d'années, quelques petites ressources qui lui permettent de refaire le voyage de Rome, bien que ses études soient ce qu'il appelle terminées; une jolie figure, de la gaîté qui ressemble à de l'esprit, et un très-agréable caractère.

Comme nous causions de l'itinéraire de notre voyage, un *monsieur des troisièmes,* c'est-à-dire un prolétaire voyageant au dernier prix, et qui avait une attitude dantesque, comme s'il se fût agi de naviguer sur l'Achéron, se mêla de notre conversation et nous conseilla de ne pas perdre notre temps à Gênes, ville pour laquelle il affichait un profond mépris.

La figure de cet homme ne m'était pas inconnue. — Où donc vous ai-je vu? lui demandai-je. — Il y a deux jours, Excellence, répondit-il en assez bon français. Je jouais de la harpe à la *Réserve...* — Ah! c'est vous? Eh bien, où est-elle donc, votre harpe? — Elle n'est plus! Ils se sont pris de vin, colletés, battus. Dans la bagarre, ma pauvre harpe a eu le ventre écrasé sous une table. Et Dieu sait qu'elle était lourde : il y avait six hommes dessus! Quand ils ont été dessous, il n'y a pas eu moyen de faire entendre qu'ils m'avaient détruit mon gagne-pain. Ce n'est pas qu'ils soient méchants ; non, certainement : à jeun, le marin est une bonne pâte d'homme. Mais le rhum, *mossiou !* Que voulez-vous faire contre cela ? Ils m'auraient tué ! J'ai laissé là ma harpe, et je vais tâcher de faire quelque autre métier. Aussi bien, j'en avais assez de la musique et de la France. Je suis un Romain, moi, excellence. » Et, là-dessus, il se redressa de sa hauteur de quatre pieds et demi, taille d'enfant qui ne l'empêche pas de posséder une barbe de sapeur et une chevelure à l'avenant. « Je suis un Romain, poursuivit-il avec emphase, et j'ai besoin de me retrouver sur les Sept-Collines.

— C'est bien vu, lui dit Brumières, les Sept-Collines doivent avoir besoin de toi ! Mais quel métier y faisais-tu, et à quoi vas-tu consacrer tes précieux jours ?

— Je ne faisais rien ! répondit-il, et je compte ne rien faire, aussitôt que j'aurai amassé quelques sous pour passer l'année.

— Tu n'as donc rien épargné dans ta vie errante ?

— Pas même de quoi payer mon passage sur le *Castor;* mais *ils* me connaissent et ne me parleront pas d'argent avant Civita-Vecchia.

— Mais alors...

— Alors, à la garde de Dieu ! répondit-il avec philosophie. Peut-être vos excellences me donneront-elles un petit secours...

— Ah ! tu mendies ? s'écria Brumières ; tu es bien Romain, nous n'en pouvons plus douter. Tiens, voilà mon aumône. Fais le tour de l'établissement.

— Rien ne presse ! peu à peu ! reprit le Bohémien en me tendant une main, tandis que, de l'autre, il mettait les cinquante centimes de Brumières dans sa poche.

— Si c'est là le type romain... dis-je à mon compagnon, quand le harpiste se fut éloigné.

— C'est le type abâtardi ; et pourtant cet homme dégénéré est encore très-beau ; que vous en semble?

Il ne me semblait pas du tout. Cette énorme barbe grossissant encore le volume d'une tête trop grosse pour le corps grêle et court ; ce nez de polichinelle surmonté de gros sourcils ombrageant des yeux trop fendus ; cette bouche de sot emportant violemment le menton dans tous ses mouvements, me faisaient l'effet d'une caricature de médaille antique ; mais mon ami Brumières paraît habitué à ces laideurs-là, et j'ai remarqué que toutes les figures qui me semblaient grotesques avaient de l'attrait pour lui, pourvu qu'elles eussent ce qu'il appelle de la race.

Au milieu du nombreux personnel qui encombre le *Castor*, nous nous sommes pourtant trouvés d'accord sur la beauté d'une femme. C'est un personnage assez mystérieux qui a, je crois, troublé la cervelle de mon camarade. Il veut que ce soit une princesse grecque ; soit. D'abord, nous l'avions prise pour une femme de chambre élégante, parce qu'elle était venue, au milieu du déjeuner chercher quelques mets qu'elle a emportés elle-même dans sa chambre ; mais nous l'avons vue ensuite assise sur le pont, donnant des ordres en italien à une vraie suivante. Puis, une dame âgée est apparue à ses côtés, celle sans doute qui était malade, une tante ou une mère, et elles ont parlé anglais comme si elles n'eussent fait autre chose de leur vie.

Brumières ne persiste pas moins à croire Grecque la belle personne qui captive son attention. C'est, en effet, un type oriental : les cils sont d'une longueur et d'une finesse inouïes ; les yeux, longs et doux, ont une forme tout à fait inusitée chez nous ; le front est élevé, avec des cheveux plantés bas ; la taille est d'une élégance et d'un mouvement magnifiques ; enfin, c'est, à coup sûr, une des plus belles femmes, sinon la plus belle femme que j'aie jamais vue.

Je reprends mon bavardage après deux heures d'interruption. C'est un singulier être, à mon sens, que ce Brumières. Il se prétend positivement amoureux, et ce que je vous racontais de lui en plaisanterie, il faut peut-être le prendre au sérieux maintenant. Il a causé avec *sa princesse*, c'est ainsi qu'il persiste à l'appeler. Il prétend qu'elle est romanesque, étrange, délicieuse. Elle était revenue seule sur le pont et s'est laissé parler des étoiles (que l'on n'aperçoit pas), de la phosphorescence de la mer, qui est, en effet, superbe en ce moment-ci; des merveilles de Rome, qu'elle connaît mieux que Brumières lui-même, ce qui, selon lui, n'est pas peu dire : enfin, elle va à Rome sans s'arrêter, et mon cerveau brûlé, qui devait s'arrêter à Gênes, ne veut plus s'arrêter nulle part. Au moment où il devenait trop curieux, la princesse a eu froid, et s'en est allée rejoindre sa vieille parente, ou sa maîtresse, car rien ne prouve encore qu'elle ne soit pas lectrice ou dame de compagnie.

L'enthousiasme subit du jeune peintre nous a entraînés à parler de l'amour, et ses théories me semblent violentes à digérer. Comme je montrais quelque doute à l'endroit de la qualité de la dame, il s'est presque fâché, assurant qu'il connaissait le monde, les femmes particulièrement, et que celle-ci appartenait à la plus haute aristocratie. — Soit, lui disais-je, vous vous y connaissez certainement mieux que moi ; mais quand, par miracle, vous vous tromperiez, qu'importe que votre héroïne soit riche ou pauvre, noble ou bourgeoise ? Ce n'est pas de son rang et de sa fortune que vous seriez amoureux, j'imagine ; ce serait d'elle-même. Le peintre ne demande pas au cadre ce qu'il doit penser de la peinture.

—Eh! eh! m'a-t-il répondu, le cadre, quand il est beau, n'est pas une vaine présomption pour la valeur de l'image.

Bien certainement, on peut aimer une femme sans argent et sans aïeux ; cela m'est arrivé aussi bien qu'à vous probablement, aussi bien qu'à tout le monde ; mais quand une femme intelligente et belle joint à ses charmes l'attrait des biens et des grandeurs, elle est complète parce qu'elle vit dans son milieu naturel, dans une atmosphère de poésie faite pour elle.

— Je vous accorde cela pour la vue. Il devait être beau de regarder passer Desdemona traînant sa robe brodée d'or et de perles sur les tapis d'Orient du palais ducal. Cléopâtre, couchée sur les coussins de pourpre de sa galère, me ferait certainement ouvrir les yeux, et, si j'avais vu pareille chose, je passerais peut-être ma vie à m'en souvenir ; mais, pour souhaiter d'être l'époux de Desdemona ou l'amant de Cléopâtre, je croirais utile d'être Othello le victorieux ou Antoine le magnifique. Tel que je suis, sans nom, sans richesse et sans gloire, je me tiendrais à distance de ces divinités pour lesquelles il faut des héros, ou de ces diablesses auxquelles il faut des millions. Donc, que votre héroïne soit une reine ou une aventurière, regardez-vous vous-même, ou regardez dans votre poche avant de monter sur le piédestal d'où l'idole plongera toujours sur vous.

— Ainsi, mon cher, reprit-il, vous raisonnez avec l'amour ? Vous croyez qu'il suffit de se dire : « Je ne dois pas désirer cette femme, » pour n'y plus songer ? Ce serait bien facile ! Ou vous êtes singulièrement blasé, ou vous ne savez ce que c'est qu'une passion qui vous envahit. Et d'ailleurs, ajouta-t-il après avoir attendu vainement ma réponse, il n'y a pas de rang et de richesse qui tiennent ! Non, il n'y a pas même d'intelligence, de fierté ou de pruderie qui défende un femme contre la volonté d'un homme. Je vous accorde que nous voilà très-laids, avec nos paletots et nos guêtres de voyageurs, avec nos poches mal garnies, nos noms roturiers, nos célébrités d'artiste, dont personne encore ne se doute. Pour arriver à faire les aimables sur un pied d'égalité avec des Cléopâtre ou des Desdemona, il nous faudrait d'autres habits, d'autres séductions, d'autres museaux, peut-être, car je vois bien que c'est notre état ou notre apparence d'inégalité qui vous choque ; mais c'est trop de modestie... ou trop d'orgueil! Je me moque de tout ça, moi. Je vaux ce que je vaux, et si je parviens à me faire aimer jamais d'une merveille de beauté, de luxe et d'esprit, je me dirai que je le méritais et qu'elle ne pouvait pas faire un meilleur choix, puisque avec rien j'ai su conquérir celle qui avait tout. J'y ai souvent pensé ; j'ai frisé de grandes aventures, et vous verrez que j'en attraperai une belle, un jour ou l'autre. Ces choses-là arrivent toujours à qui s'y croit destiné, jamais à qui doute de soi-même. »

Là-dessus, nous nous sommes souhaité le bonsoir, et, enveloppé de son manteau râpé, le bon jeune homme s'est endormi sur un banc, dans sa confiance et dans son bonheur, dans sa raison peut-être! Ce qui me choque et m'étourdit dans cette estime de soi que rien ne justifie, c'est peut-être là, tout de bon, le moyen grossier, mais toujours sûr, de réaliser ses rêves. Mais où diable va-t-on chercher de pareils rêves?

VI

Passé Gênes, 16 mars, onze heures du soir.

Toujours à bord du *Castor !* Mais j'ai passé une magnifique journée. Ce matin, je me suis éveillé à six heures, après avoir un peu dormi, bien malgré moi, car c'est un vrai plaisir, pour qui n'en a pas l'habitude, d'entendre, de voir et de sentir le flot, même dans les ténèbres. Je dis *voir*, parce que les sillages phosphorescents dessinent mille arabesques changeantes autour des flancs du navire. On s'hébête à regarder cela ; il me semble que je ne m'en lasserais jamais.

Je m'étais assoupi ayant froid, je me suis éveillé ayant chaud. Le soleil brillait déjà, le soleil d'Italie ! C'est lui que j'ai salué le premier, et ensuite j'ai été libre de saluer le *gigante*. Vous connaissez par les gravures et par le daguerréotype cette riante entrée du port de Gênes, cette colonnade des jardins du palais Doria, et cette statue colossale (qui n'est pas celle d'André), qui, de la colline où elle se tient depuis si longtemps sur ses grosses jambes, semble, d'un air bonhomme, vous souhaiter la bienvenue. Je vous ferai donc grâce de cette description. Le premier aspect de la ville a, vous le savez, plus d'étrangeté que de beauté ; mais c'est une étrangeté souriante ; et, ici, le moyen âge n'a rien laissé d'imposant, rien de lugubre non plus.

On vous fait attendre le débarquement pendant deux mortelles heures, et ensuite, pour vous permettre de passer une journée sur le territoire sarde, on vous rançonne sous prétexte de *visa*, sans compter le temps qu'on vous prend encore à vous faire attendre le bon plaisir de la police et des ambassades. L'accueil n'a rien d'hospitalier, je vous jure, pour les pauvres diables. Enfin, il m'a été possible de pénétrer dans la ville et d'y chercher, à tout hasard, un coin pour déjeuner. Mon camarade Brumières n'avait pas voulu débarquer, sa princesse grecque ne débarquant pas. Je l'ai donc laissé tout le jour sur le *Castor,* occupé à tâcher de renouer la conversation avec l'objet de ses pensées et à tirer les vers du nez à ses domestiques. Et puis, il est un peu comme le harpiste, il méprise Gênes, il méprise tout ce qui n'est pas Rome et les Sept-Collines.

Le hasard m'a conduit devant la porte du café de la *Concordia*. La vue du petit jardin m'a tenté. Je me suis fait servir le café sous des orangers, de véritables orangers couverts d'oranges, au milieu de plate-bandes fleuries auxquelles le soleil donnait des tons resplendissants. Mais ne soupirez pas trop. Le climat de cette région est sinon aussi froid, du moins aussi variable que le nôtre. Nos déplorables printemps de ces dernières années ont eu ici leur contrecoup, et j'entendais dire autour de moi que cette belle journée était la première de l'année. J'en ai remercié le ciel, qui m'a permis de voir ainsi l'ancienne reine de la Méditerranée dans toute sa splendeur.

En tant que cité commerçante, progressive et civilisée, elle est bien détrônée aujourd'hui par Marseille; mais comme arrangement et distribution pittoresque, il y a la différence d'une belle aventurière à une belle bourgeoise. La première, un peu follement accoutrée et mêlant des ornements exquis à des parures risquées, mais ayant ces grâces qui entraînent ou ces originalités qui plaisent; l'autre plus sage, plus soumise à la mode, décente, riche, propre, mais ressemblant à tout le monde.

En somme, l'aspect général de Gênes n'est pas satisfaisant, mais le détail est souvent adorable. Les maisons peintes sont décidément une laide chose; heureusement la mode s'en perd. La ville, jetée sur des plans inégaux, n'a ni queue ni tête, mais les *belles* rues sont curieuses et amusantes. On appelle ici les belles rues celles qui sont bordées de beaux palais; par malheur, elles sont si étroites que ces beaux palais y sont enfouis. On passe en admirant les portes et les dessous de la construction, mais il faut se tordre le cou pour voir l'édifice, et encore ne se fait-on, quelque part qu'on se mette, qu'une idée vague de ses proportions et de son élégance.

Il faudrait consacrer une journée à chacune de ces demeures d'un style varié au dedans comme au dehors. Cette variété étonne, éblouit, amuse et fatigue. Il y a beaucoup de marbres, beaucoup de fresques, beaucoup de dorures, et tout cela a coûté beaucoup d'argent. C'est petit et mignon à l'extérieur. Au dedans les salles sont vastes, et l'on s'étonne qu'elles tiennent dans des palais qui semblent tenir eux-mêmes si peu de place. Plus loin, il y a de belles promenades bordées de vilaines petites maisons; des églises riches et encombrées de choses précieuses et coûteuses; et puis des sentiers à pic, bordés de hautes maisons très-laides, des passages noirs qui s'ouvrent tout à coup sur des verdures éblouissantes; puis, le roc à pic devant et derrière soi; puis, la mer vue d'en haut et toujours belle; des fortifications gigantesques, interminables; des jardins sur les toits; des villas jetées au hasard sur les collines environnantes, profusion de bâtisses criardes, qui, vues de loin, gâtent le cadre naturel de la ville; enfin, c'est incohérent: ce n'est pas une cité, c'est un amas de nids que toutes sortes d'oiseaux sont venus construire là, chacun faisant à sa tête et s'emparant de la place et des matériaux qui lui plaisaient. Si on ne se disait pas que c'est l'Italie, on se persuaderait volontiers que ce n'est pas ce que l'on attendait; mais il faut ne point penser à cela, et plutôt se livrer à cette influence de désordre et de caprice qui rend un peu fou à première vue.

Après avoir couru deux ou trois heures, tantôt choqué, tantôt ravi, je suis entré dans quelques palais. Ah! mon ami, que j'ai vu de beaux Van Dycks et de beaux Véronèses! Mais les étranges intérieurs que ceux de ces nobles Génois! Quels drôles de petits détails attestant l'incurie ou l'absence du goût! quelles croûtes de portraits modernes, quels mesquins petits meubles, quelles plaisantes acquisitions de la veille au milieu de ces chefs-d'œuvre, de ces décorations splendides et de ces raretés rapportées par les ancêtres voyageurs ou trafiquants éclairés! Comme la petite faïence anglaise jure à côté de la monumentale potiche de Chine, et comme nos colifichets d'industrie française à bon marché d'il y a dix ans sont étonnés de se trouver mêlés à ces vieux marbres et à ces fières peintures!

Il semble que les descendants des illustrissimes navigateurs aient pris en dégoût tout ce luxe de pirates, ou que la lassitude du cérémonial ait gagné les têtes, comme celle de mon Anglais de la *Réserve*. Peut-être ont-ils perdu quelque chose de plus que le goût de la magnificence, le goût du beau. On va jusqu'à dire que, dans certains palais, des toiles de grands maîtres ont été vendues aux étrangers par des gardiens infidèles, remplacées par des copies médiocres, et que les propriétaires ne s'en sont pas encore aperçu.

Je ne vous affirme nullement le fait; mais, pour vous résumer mon impression générale, je vous dirai qu'ici tout est surprise charmante ou brusque déception. Si j'eusse été en humeur de travailler, le pittoresque m'eût pourtant retenu; il est à chaque pas, dans une ville aussi raboteuse; il faudrait s'arrêter devant toutes ces ruelles qui se tordent et se précipitent d'un plan à l'autre, passant sous des arcades multipliées qui relient les maisons entre elles et projettent, sur ces profondeurs brillantes, des ombres d'un velouté et d'une transparence inouïs. Oh! s'il ne s'agissait que de peinture, la vie tout entière d'un artiste minutieux pourrait bien se consumer devant une de ces ruelles à perspective mouvementée! Mais il s'agit d'autre chose; il s'agit d'avancer, de comprendre, de vivre si faire se peut!

Pendant que j'avalais Gênes des yeux, des jambes et de l'esprit, mons Brumières poursuivait sa déesse. Mais voilà où recommence l'aventure, qui, j'espère, va vous faire oublier l'informe esquisse que je viens de mettre sous vos yeux.

Quand, à huit heures du soir, je suis remonté, affamé et harassé, sur le *Castor*, j'ai trouvé le pont tellement encombré de beau monde, qu'on eût dit d'une fête. Ce bruit et cette foule venaient d'un notable surcroît de passagers à bord ; des Anglais, toujours des Anglais, et puis, quelques Français et quelques indigènes, ces derniers ayant amené là toute leur famille et tous leurs amis, qui, en manière d'adieux, causaient gaîment avec eux, en attendant le moment de lever l'ancre.

Au milieu de cette bagarre, que rendaient plus étourdissante les chanteurs et guitaristes ambulants postés dans des barques autour du *Castor*, et tendant leurs casquettes aux passagers, j'eus le temps de remarquer, encore une fois, que le Génois était expansif, babillard, enjoué, commère et avenant. Cela était, du moins, écrit sur toutes les figures et dans toutes les intonations de ceux qui parlaient le patois. Les prêtres surtout me parurent gais et sémillants, ressemblant fort peu, dans leurs allures, à ceux de France. On voit qu'ils sont mêlés plus que les nôtres à la société locale et à ses préoccupations temporelles. Pourtant, l'opinion générale est ici en grande réaction contre eux, à ce que l'on m'a dit.

Enfin, le son de la cloche nous délivra de tous les visiteurs qui s'envolèrent sur leurs barques, envoyant de gais adieux et de bons souhaits à l'équipage, et quand l'ordre eut un peu agrandi l'espace, je pus chercher et retrouver mon ami Brumières, tandis que le steamer se remettait en marche.

— J'ai passé une sotte journée, me dit-il ; ma princesse a dormi tout le temps dans sa cabine, d'où elle est enfin sortie, parfumée et coiffée à ravir, il n'y a pas plus d'une heure. J'ai réussi à l'accoster; mais sa chère tante, n'ayant plus le mal de mer, est venue me l'enlever : vous pouvez les voir là-bas qui se moquent de nous!

Je regardai la tante, qui m'avait paru vieille, hier, mais qui, débarrassée de ses coiffes et de l'affreux abat-jour vert que les Anglaises mettent maintenant en voyage autour de la passe de leurs chapeaux, est une assez jolie femme grasse, sur le retour. La *princesse* avait, en effet, arrangé ses magnifiques cheveux bruns d'une façon très-artiste et daignait nous les laisser admirer, en tenant à la main son petit chapeau de paille à rubans de velours vert. Du reste, ces deux dames ne me paraissaient faire aucune attention à nous.

— Et, maintenant, dis-je à Brumières, puisque vous étiez si intrigué, vous savez du moins qui elles sont? vous avez eu le temps de vous en enquérir?

— La tante est une Anglaise pur sang, répondit-il. La nièce n'est peut-être pas sa nièce. Voilà tout ce que je sais. Leurs bagages sont au fond de la cale; pas un nom, des chiffres tout au plus, sur leurs nécessaires de voyage. Le domestique ne sait pas un mot de français, et je ne sais pas un mot d'anglais! Quant à la soubrette italienne, elle est malade à mourir, à ce que prétend Benvenuto.

— Qui ça, Benvenuto?

— Votre harpiste! il s'appelle Benvenuto, l'animal! J'espérais qu'il me serait utile. Il avait flairé ma préoccupation sentimentale, et, venant au-devant de mes désirs, il se mettait au service de ma passion avec cette inimitable courtoisie et cette délicieuse pénétration qui caractérisent certaine classe d'hommes très-employés et très-répandus en Italie... sur les Sept-Collines, particulièrement; mais je soupçonne le drôle d'avoir bu ma *bonne-main* et de ronfler sous quelque malle. Bref, je ne sais rien du tout, sinon que l'on va à Rome, ce qui laisse mon espérance intacte. Si cette diable de mer que voilà coulante comme de l'huile pouvait se courroucer un peu, j'espérerais que la tante retournerait vite à ses oreillers... Mais qu'est-ce que vous avez, mon cher? et à qui est-ce que je parle?

— A quelqu'un qui vous écoute d'une oreille, mais qui, de l'autre, reconnaît une voix... Tenez, mon cher, cette dame qui emmène votre princesse en Italie est bien sa tante, c'est mylady *trois étoiles*. Je ne connais que son nom de baptême, Harriet; mais je sais qu'elle a épousé par amour un cadet de famille qui s'est laissé enrichir de huit cent mille livres de rentes, un très-bon et très-honnête homme, pas gai tous les jours; mais ceci ne fait rien à l'affaire. Votre héroïne est bien réellement une personne de grande maison, et peut-être l'héritière future de cette grande fortune, car mylord et mylady n'ont pas d'enfants.

— Zadig! s'écria Brumières transporté de joie, où diable avez-vous appris tout cela?

— Vous voyez bien, repris-je, en lui montrant un Anglais chauve, à pantalon grillagé, qui s'était approché assez respectueusement des deux femmes, que voilà mylord qui parle à sa femme!

— Ça? c'est le domestique!

— Je vous jure que non; et s'il n'a pas voulu vous répondre, c'est que vous ne lui êtes pas présenté, et que, devant mylady, il ne veut pas paraître ce qu'il est, un homme sans morgue et parlant le français aussi facilement que vous et moi.

— Encore une fois, Zadig, expliquez-vous!

Je refusai de m'expliquer, autant pour me divertir de l'étonnement de mon camarade, que pour obéir à un sentiment, peut-être exagéré, de délicatesse. J'avais surpris les secrets du ménage de lord *trois étoiles,* en écoutant, avec une attention dont je pouvais bien me dispenser, ses confidences à un ami, à travers une cloison du cabaret de la *Réserve*. Je crois que je devais m'en tenir là, et ne pas les divulguer.

Maintenant, mon ami, vous allez aussi me traiter de Zadig et me demander comment je reconnaissais un homme dont je n'avais pas aperçu la figure. Je vous répondrai que d'abord sa voix, sa prononciation, ces intonations tristes et comiques à la fois m'étaient restées dans l'oreille d'une façon toute particulière . Si je voulais me faire valoir comme devin, j'ajouterais qu'il est certains traits, certaines physionomies et certaines tournures qui s'adaptent si parfaitement à certaines manières de s'exprimer, et à certaines révélations de caractère et de situation, qu'il n'y a pas moyen de les méconnaître. Mais, pour rester dans l'exacte vérité, je dois vous avouer qu'au moment où je quittais le cabaret de la *Réserve,* je m'étais trouvé face à face sur l'escalier extérieur avec les deux personnages, au moment où un garçon leur présentait sa lanterne pour allumer leurs cigares. L'un me parut un officier de marine; l'autre, c'était l'homme à front chauve, à casquette vernie renversée en arrière, à pantanlon grillagé, que je voyais en ce moment échanger quelques paroles avec mylady. Leur conversation ne fut pas longue. Je ne l'entendis pas; mais, à coup sûr, je la traduirais ainsi : « Vous avez fumé? — Je vous jure que non. — Je vous jure que si. » Et mylord s'éloigna d'un air résigné, siflotta un moment, en regardant les étoiles, et s'en alla fumer derrière la cheminée de la chaudière. Il n'y eût peut-être pas songé, mais sa femme venait de lui en donner l'envie.

Brumières, enchanté de mes découvertes, vient de voir un autre de ses souhaits exaucés : le temps s'est brouillé, la mer s'est fait sentir plus rude. Lady Harriet a quitté le pont. La nièce, qui paraît d'une solidité à toute épreuve, est restée sur le banc avec la femme de chambre, et j'ai laissé mon camarade tournant autour d'elles. Je vous écris du salon, où en ce moment, je vois apparaître mylord trois étoiles avec un très-vilain chien jaunâtre que je le soupçonne d'avoir acheté à Gênes pour se faire renvoyer plus souvent par sa femme. Ils se font mutuellement (mylord et son chien) de grandes amitiés. Pauvre lord *trois étoiles!* Il sera peut-être aimé, au moins, de ce chien-là! Mais le roulis augmente et il me devient difficile d'écrire. La nuit se fait maussade en plein air, et je vais me reposer des rues perpendiculaires et du terrible pavé de briques de Gênes la superbe.

VII

Samedi 17 mars.
Toujours à bord du *Castor*.

Il est onze heures du soir, et je reprends mon journal. Brumières est toujours amoureux, mylord toujours silencieux, Benvenuto toujours obséquieux. Mon camarade s'est obstiné à ne pas débarquer à Livourne, où nous nous sommes arrêtés ce matin, après une nuit assez dure, malgré les allures douces et solides du *Castor*. Il a fait tout aujourd'hui un temps de Paris, gris, humide, et froid par dessus le marché. Beau ciel d'Italie, où es-tu? J'ai bien le projet de revoir ces villes que je traverse au pas de course; mais j'avoue que je n'y peux pas tenir, et qu'ayant la liberté de rester dans les ports, chose fort triste et nauséabonde, du moment où l'on se sent emprisonné dans une forêt de bâtiments qui ne sont pas tous propres à regarder, j'aime mieux payer l'impôt d'arrivée à toutes les polices locales, et voir quelque chose qui remplisse activement ma journée. Cela me fait faire des dépenses extravagantes pour un gueux de peintre ; mais je suis relevé de mon serment, et l'abbé Valreg est résigné à me laisser vivre.

Je n'avais pas fait trois pas dans la ville de Livourne que vingt voiturins se disputaient l'honneur de me conduire à Pise. J'avais manqué l'heure du petit chemin de fer qui y transporte en peu d'instants, et j'allais me laisser rançonner, lorsque Benvenuto s'est dressé à mes côtés comme une Providence, pour faire le marché, sauter sur le siége et me servir de cicérone. Comment avait-il débarqué? qui l'avait préservé des formalités coûteuses et ennuyeuses que je venais de subir? Dieu le sait ! Il y a aussi une Providence pour les Bohémiens.

Nous avons traversé ces grands terrains d'alluvion tout récemment sortis de la mer. Vous vous souvenez de ce fait, qu'au temps d'Adrien Pise était à l'embouchure de l'Arno dont elle est aujourd'hui éloignée de trois lieues. Il n'y a, au bord de ces terrains qui gagnent toujours, que des oliviers maigres, des taillis marécageux, des champs inondés, couverts de goëlands ; puis des cultures trop bien alignées, des villages sans caractère. Mais Pise en a de reste. C'est solennel, vide, largement ouvert, nu, froid, triste et, en somme, assez beau. J'ai déjeuné en toute hâte et couru aux monuments. La basilique greco-arabe et son baptistère isolé, la tour penchée, le *Campo-Santo*, tout cela, sur une immense place, est très-imposant. Je ne vous dirai pas comme ferait un *guide* imprimé, que ceci ou cela est admirable ou défectueux au point de vue du goût ou des règles. Les chefs-d'œuvre ont des défauts ; à plus forte raison ces édifices bâtis, ornés ou enrichis à diverses époques, chacune apportant là son progrès ou sa décadence. Chacun y a apporté sa volonté ou sa puissance; voilà ce qu'il y a de certain et ce qui peut toujours être regardé avec un certain respect ou avec un certain intérêt. Ces grands ouvrages qui ont absorbé le travail, la richesse et l'intelligence de plusieurs générations sont comme des tombes élevées à la mémoire des idées, tombes couvertes de trophées qui, tous, sont l'expression de l'idéal d'un siècle.

La tour penchée est une jolie chose, nonobstant l'accident qui l'a rabaissée au rôle de curiosité; mais l'accident lui-même a eu des suites illustres. Il a servi à Galilée pour ses expériences et ses découvertes sur la gravitation. Les portes de Ghiberti, vous les savez par cœur. Nous travaillons aussi bien aujourd'hui; mais nous imitons beaucoup et inventons peu. Honneur donc aux vieux maîtres! Pourtant les fresques d'Orcagna m'ont peu flatté. C'est un cauchemar grotesque, et j'ai eu besoin de m'adresser les réflexions ci-dessus énoncées, pour les regarder sans dégoût. Les autres fresques du *Campo-Santo* sont moins barbares, mais bien mal conservées et successivement retouchées ou changées. Il faut y chercher celles de Giotto, avec les yeux de la foi. Quelques compositions, les siennes peut-être, sont bien naïves, bien jolies, sans qu'il y ait pourtant motif de pamoison, comme Brumières m'en avait menacé.

Ce *Campo-Santo* est, en somme, un lieu qui vous reste dans l'âme après qu'on en est sorti. Il ne serait pas bien aisé de dire pourquoi précisément, car c'est une construction ruinée ou inachevée, couverte en charpente. Le cadre d'élégantes colonnettes du préau n'est pas une merveille qui n'ait été surpassée en Espagne, dans d'autres cloîtres dont j'ai vu les dessins. La collection d'antiques auxquels le cloître sert de musée est très mutilée et n'approche pas, dit-on, d'une des moindres galeries de Rome. Il y a là, en somme, peu de très-beaux débris; mais il y a de tout, et ce vaste cloître où un pâle rayon de soleil est venu un instant dessiner les ombres portées de la découpure gothique, ces profondeurs où gisent mystérieusement des tombes romaines, des cippes grecs, des vases étrusques, des bas-reliefs de la renaissance, de lourds torses païens, de fluettes madones du Bas-Empire, des médaillons, des sarcophages, des trophées, et ces fameuses chaînes du défunt port de Pise, conquises et rendues par les Génois ; l'herbe fine et pâle du préau, où quelques violettes essayaient de fleurir ; tout, jusqu'à cette charpente sombre qui ne finit rien, mais qui ne gâte rien, compose un lieu solennel, plein de pensées, et d'un effet pénétrant. Fiez-vous donc à vos belles photographies, qui nous faisaient dire : L'*effet* embellit tout ; la réduction aussi embellit peut-être les objets. Non ! la magie du soleil n'est pas la seule magie du *Campo-Santo*. On le regarde sans trop d'ébahissement, mais on l'emporte avec soi.

La cathédrale est un autre musée, encore plus précieux, des arts sacrés et profanes. Les mosaïques byzantines des voûtes sont d'un grand effet ; mais la mosaïque de marbre du pavé central m'a donné un certain frisson de respect. C'est la même que celle du temple d'Adrien. Elle était là, servant au culte des dieux antiques, avant qu'une église eût remplacé le temple ; elle avait été foulée, usée déjà par les prêtres de ce dieu Mars dont la statue est là aussi, baptisée du titre et du nom de Saint-Ephèse. Ah ! si ces pavés pouvaient parler ! que de choses ils nous raconteraient que notre imagination s'inquiète de ressaisir !

Mais les eaux de l'Arno ou les croupes des monts pisans en ont vu davantage, me direz-vous. Je vous répondrai que nous ne sommes jamais tentés d'interroger la nature brute sur les destinées humaines. Nous savons qu'elle gardera son secret ; mais du moment que, de ses flancs, une pierre est sortie pour être travaillée et employée par la main de l'homme, cette pierre devient un monument, un être, un témoin, et nous la retournons dans tous les sens pour y trouver une inscription, une simple trace qui soit une voix ou une révélation.

C'est là, je crois, en dehors de l'effet pittoresque, le grand attrait des ruines, la curiosité! J'avoue que je suis très-las des réflexions imprimées, sur les destins de l'homme et la chute des empires. Ce fut la grande mode, il y a quelque quarante ans, sous notre empire à nous, de *pleurer* les vicissitudes des grandes époques et des grandes sociétés. Pourtant, nous étions, nous-mêmes, grande société et grande époque, et nous touchions aussi à des désastres, à des transformations, à des renouvellements. Il me semble que regretter ce qui n'est plus, quand on devrait sentir vivement que l'on doit être quelque chose, est une flânerie poétique assez creuse. Le passé qui, en bien comme en mal, a eu sa raison d'être, ne nous a pas laissé ces témoignages, ces débris de sa vie, pour nous décourager de la nôtre. Il devrait, en nous parlant par ses ruines, nous crier : *agis et recommence*, au lieu de cet éternel : *contemple et frémis*, que la mode littéraire avait si longtemps imposé au voyageur romantique des premiers jours du siècle.

L'illustre Chateaubriand fut un des plus puissants inventeurs de cette mode. C'est qu'il était une ruine lui-même, une grande et noble ruine des idées religieuses et monarchiques qui avaient fait leur temps. Il eut des velléités généreuses comme il convenait à une belle nature d'en avoir. L'herbe essaya souvent de pousser et de reverdir sur ses voûtes affaissées; mais elle s'y sécha malgré lui, et, comme un temple abandonné de ses dieux, sa grande pensée s'écroula dans le doute et le découragement.

Mais me voici bien loin de Pise. Non, pas trop cependant :

je me disais ces choses-là en traversant ces grandes rues où l'herbe pousse, et en regardant ces vieux palais bizarres qui se mirent dans l'Arno d'un air solennel et ennuyé. Pise tout entière est un *Campo-Santo*, un cimetière où les édifices, vides d'habitants, sont debout comme des mausolées. Sans les Anglais et les malades de tous les pays froids, qui viennent, en certains moments de l'année, lui rendre un peu d'aisance, la ville, je crois, finirait comme doivent finir les petites républiques d'aristocrates, elle mourrait *dà se.*

Il n'y a pas tant à gémir sur ses destinées ; elle a eu ses beaux jours, alors que sa constitution était un grand progrès relatif. Elle a été rivale de Gênes, de Venise et de Florence ; elle a été reine de Corse et de Sardaigne, reine de Carthage, cette autre ruine dont elle devait partager le destin. Elle a eu cent cinquante mille habitants, de grands artistes, une marine, de grands capitaines, des colonies, des conquêtes, d'immenses richesses et tout l'enivrement de la gloire. Elle a bâti des monuments qui durent encore et que le monde vient encore saluer. Mais les temps sont venus où ces petites sociétés si vivaces et si ardentes, au lieu d'être des foyers d'expansion, de sources bienfaisantes, se transformèrent en foyers d'absorption, en abîmes attirant la sève des nations sans vouloir la rendre, en nids de vautours ou de pirates. Dès lors leur décadence et leur abandon furent décrétés là-haut. Jupiter ne lance plus de foudres ; mais Dieu a mis au cœur des sociétés le ver rongeur de l'égoïsme qui les dévore quand elles le nourrissent trop bien. Les voisins jaloux ou irrités ont livré des luttes acharnées ; la mer, en se retirant, a accueilli de nouveaux hôtes sur ses rivages. Livourne s'est élevée dans des idées toutes positives, et, moins jalouse d'art et de magnificence, a prédominé par le trafic. Les outrages, inséparables compagnons du malheur, sont venus frapper l'orgueil des fiers Pisans. La noble république fut vendue, violée, pillée, disputée comme une proie, ravagée par la famine, par la peste, par la misère. Elle n'est plus, et la belle Italie du passé s'est vendue et perdue comme elle, pour avoir trop caressé dans son sein des intérêts rivaux, pour avoir dû sa splendeur et sa gloire à des passions étroites et non à des sentiments généreux.

Requiescat in pace! Je vous ai trop promené avec moi dans ce champ de repos. Il faut que je vous ramène au *Castor* à travers la campagne, qu'un peu de soleil est venu égayer. J'ai pu, en me retournant, saluer les *monti pisani*, que les nuages m'avaient voilés ce matin, et qui font aux monuments de la ville un cadre assez beau. Je ne sais si, par un temps clair, on voit d'ici les Apennins, dont ces monts pisans sont une côte rompue et détachée.

Benvenuto m'a été d'un grand secours. Il est savant à sa manière et bavard avec un certain esprit. J'apprends avec lui à entendre l'italien, que je sais un peu, mais dont la musique est trop neuve à mon oreille pour que je la comprenne d'emblée complétement. Cela viendra, j'espère, en peu de jours.

Me revoici en mer, voyant passer comme des rêves, la Corse, l'île d'Elbe, le rocher de Monte-Christo, qu'un roman plein de feu a rendu populaire, et qu'un Anglais vient d'acheter pour s'y établir.

Ces écueils des côtes de France et d'Italie font, dit-on, la passion des Anglais. Le génie de l'insulaire rêve partout un monde à créer, une domination intelligente ou fantasque à établir. Au reste, je comprends le prestige qu'exercent sur l'imagination ces petites solitudes battues des vagues. Quelques-unes ont assez de terre végétale pour nourrir des pins, et lorsqu'elles sont creusées en amphithéâtre dans une bonne direction, des villas peuvent s'y élever et des jardins y fleurir à l'abri des vents et des flots qui rongent l'enceinte extérieure. La chaleur doit y être tempérée en été, et le continent est assez voisin pour qu'on n'y soit pas trop privé des relations sociales. Pourtant, je crois de tels asiles dangereux pour la raison. Cette mer environnante vous défend trop de l'imprévu, elle vous rend trop sûr d'une indépendance dont on n'a que faire dans la solitude.

Brumières vient me souhaiter le bonsoir. Miss *Médora* est de race grecque, il ne s'était pas trompé. Son père, marié à la sœur de lady Harriet, était un Athénien pur sang. Elle est orpheline. Elle est amoureuse de Raphaël et de Jules Romain. Elle est très anxieuse de recevoir la bénédiction du pape, bien qu'elle ne soit pas du tout dévote. Sa suivante s'appelle *Dániella*. Voilà le résumé de ses épanchements.

VIII

Rome, 18 mars.

Enfin, mon ami, m'y voilà ! mais ce n'est pas sans peine et sans aventure, comme vous allez voir.

Je ne m'attendais certainement pas à une Italie aussi complète. On m'avait dit qu'il n'y était plus question de brigands depuis l'occupation française, et il est de fait, m'assure-t-on, que, grâce à nous, *l'ordre* est aussi bien établi que possible dans un pays où le brigandage est comme une nécessité fatale. Ceci m'a été expliqué assez péremptoirement, et je vous l'expliquerai plus tard. Vous êtes pressé d'ouïr mon aventure. Je vais tâcher pourtant de vous la faire attendre un peu, pour la rendre plus piquante. Écoutez donc, ce n'est pas tous les jours qu'on en a une pareille à raconter !

Débarqués, ce matin, à Civita-Vecchia, après nos adieux

au *Castor* et à son excellent capitaine, monsieur Bosio, nous avons déjeûné dans une auberge, des fenêtres de laquelle, plongeant sur le rempart, nous avons pu voir des soldats français se livrer à leurs exercices quotidiens avec cette aisance qui les caractérise. Encore des visites de police sur le bâtiment, encore les douanes sur le rivage; encore des visas, des impôts et des heures d'attente : toujours le voyageur arraché à sa première impression, à son innocente fantaisie de courir à droite ou à gauche sur la terre qu'il vient de toucner. Le voyageur est partout suspect, il est partout susceptible d'être un bandit, ce qui n'a jamais empêché aucun bandit de débarquer, et aucun voyageur de trouver des bandits indigènes ou autres, là où il y en a pour l'attendre. Mais je vous assure que les bandits gâtent bien moins les voyages que les précautions prises contre les honnêtes gens. Les douanes sont aussi une vexation barbare. On s'en sauve ici avec de l'argent; mais c'est encore une chose blessante de ne pouvoir s'en sauver avec sa parole. Les montagnes et les mers ne sont rien pour l'homme; mais il s'arrange pour être à lui-même son obstacle et son fléau sur la terre que Dieu lui a donnée.

Une diligence attendait que toutes ces formalités fussent remplies pour nous transporter à Rome, en huit heures, ce qui, moyennant quatre relais et de bons chevaux, me sembla exorbitant pour faire quatorze lieues. Mais c'est ainsi! On perd une bonne heure à chaque relais, les postillons ne voulant partir qu'après avoir rançonné les voyageurs. Il y a bien un conducteur qui est censé les faire marcher quand même; mais il s'en garde bien : il partage probablement avec eux. Il vous dit philosophiquement que vous ne leur devez rien, mais qu'il ne peut pas les faire obéir. On est donc à la discrétion de ces drôles, qui vous insultent si vous ne voulez pas céder à leur ton d'insolence, et qui exigent que vous ayez sur vous la monnaie qui leur convient. Tant pis pour vous si, arrivant de Livourne avec celle qu'on vous a échangée, vous n'ayez pas eu la précaution de vous munir de *pauls* romains. Ils enfourchent leurs chevaux et restent immobiles jusqu'à ce que vous leur ayez promis de faire en sorte de les satisfaire au relais suivant. Peu importe que tous les autres voyageurs aient subi leurs prétentions; un seul, empêché ou récalcitrant, arrête le départ. Une bande de voyous qui ont aidé à l'attelage, sont là autour de la voiture, réclamant aussi, avec des grimaces, des langues tirées en signe de haine et de mépris, vous traitant de *singes* et de *porcs* si, par malheur, dans votre aumône, il s'est trouvé un sou *étranger,* un sou ayant cours à deux lieues de là.

Je ne vous parle pas des mendiants de profession, c'est-à-dire du reste de la population, traînant sur les chemins ou grouillant dans les villages. Leur misère paraît si horrible et si réelle qu'on n'hésite pas à leur donner ce qu'on peut; mais leur nombre accroît, en un clin d'œil, dans une telle proportion, qu'en faisant à chacun la part bien mince, il faudrait être deux ou trois mille fois plus riche que je ne suis pour ne pas faire de mécontents. — Et puis, il ne faut qu'un coup d'œil pour voir que cette malheureuse engeance a tous les vices, toutes les abjections de la misère : paresse, fourberie, abandon de soi-même, malpropreté et nudité cyniques, haine sans fierté, superstition sans foi ou basse hypocrisie. Ces mendiants se battent ou se volent les uns les autres de la même main qui égrène le chapelet bénit. Il n'est pas de saints dans le calendrier qu'ils n'invoquent en mêlant à leur litanie plaintive de grotesques ordures, quand ils croient qu'on ne les comprend pas.

Tel est l'accueil, tel est le spectacle qui attendent le passager dès qu'il a mis les pieds sur les États de l'Église. J'avais entendu raconter tout cela. Je croyais à de l'exagération, à de la mauvaise humeur. Je n'aurais pas pu m'imaginer l'existence d'une population n'ayant rien, ne faisant rien, et vivant littéralement de l'aumône des étrangers.

Nous avions suivi quelque temps les rives de la mer, courant assez vite sur un chemin tortueux, parmi des monticules sans arbres, mais couverts d'une végétation sauvage, luxuriante. Pour la première fois, j'ai vu des anémones roses percer les touffes de bruyères. Il y a là une profusion et une variété de plantes basses qui attestent la fertilité de ces plages incultes. Un peu plus loin, nous vîmes quelques essais de culture.

Après le dernier relais, comme nous étions en pleine campagne romaine, le postillon s'arrêta court. Il avait oublié son manteau. On voulut le faire marcher, on invoqua l'autorité du conducteur. « Impossible, dit celui-ci ; un homme qui se trouverait, sans manteau, revenir à la nuit dans la campagne de Rome, serait un homme mort. » Il paraît que cela est certain ; mais quelque chose de certain aussi, c'est que, tout en dépêchant un gamin pour lui aller chercher son manteau, le compère lui avait parlé bas avec un sourire expressif. Cela signifiait *prends ton temps*, car l'enfant s'en alla lentement, se retourna, et, sur un signe d'intelligence, ralentit encore sa marche. Cet homme avait-il, pour agir ainsi, une autre raison que celle de se venger de Brumières, lequel l'avait menacé de mettre pied à terre pour le corriger de quelque parole impertinente à son adresse? C'est ce que j'ignore, ce que nul de nous ne saura jamais.

Comme il faisait beau temps, et que l'incident, vu tous ceux qui l'avaient précédé, menaçait d'être interminable, je calculai devoir arriver à Rome en même temps que la diligence ; je descendis et pris les devants sur la *via Aurelia*. Brumières avait voulu m'en empêcher. Cela ne se fait guère, m'avait-il dit : bien que depuis longtemps, dit-on, on n'ait dévalisé personne, on ne voyage pas seul et à pied dans ces parages. Ne perdez pas trop de vue la diligence.

Je le lui promis, mais je l'oubliai vite. Il ne me semblait pas possible, d'ailleurs, qu'aux portes d'une capitale, en plein jour et sur un sol complétement découvert, on ne pût pas faire impunément quelque mauvaise rencontre.

J'étais, depuis une demi-heure environ, seul dans le désert qui s'étend jusqu'aux portes de la ville ; désert affreux, sans grandeur pour le piéton qui, à chaque instant, perdu dans les mornes ondulations du terrain, ne voit qu'une suite de monticules verdâtres, où errent, de loin en loin, des troupeaux abandonnés tout le jour à eux-mêmes, sur un sol non moins abandonné de l'homme. Quelque paysagiste que l'on soit, on a le cœur serré, en voyant qu'ici la nature elle-même est une ruine muette et délaissée.

Le soleil baissait rapidement, et, de temps à autre, j'apercevais le dôme de Saint-Pierre dans la brume, moins imposant, à coup sûr, que je ne l'avais rêvé, terne, lugubre, semblable à un mausolée dominant un vaste cimetière. D'une des médiocres hauteurs où je pus atteindre, je me souvins de l'avertissement de Brumières; mais je cherchai en vain la diligence, et comme il commençait à faire frais, je poursuivis ma route.

Un peu plus loin, quelques pierres sortant de l'herbe attirèrent mon attention. C'était un vestige de ces constructions antiques dont la campagne est semée ; mais comme c'était le premier que je voyais tout près de la route, je m'en approchai et m'arrêtai machinalement pour le regarder. J'étais auprès d'une petite butte déchirée à pic, et, par l'effet du hasard, je me trouvais caché à quatre escogriffes de mauvaise mine, adossés au revers de cet accident de terrain. Le sol herbu avait amorti le bruit de mes pas, et, au moment où j'allais m'éloigner sans me douter de leur présence, je les aperçus tapis dans les broussailles comme des lièvres au gîte. Il y avait quelque chose de si mystérieux dans leur attitude et dans leur silence, que je crus devoir me tenir sur mes gardes. Je me retirai doucement, de manière à mettre tout à fait le pli du terrain entre eux et moi. Au même moment j'entendis, sur le chemin que je venais de franchir, un bruit de roues, et, pensant que c'était la diligence, j'allais abandonner mon système de précautions, lorsqu'à ce même bruit mes quatre gaillards se relevèrent sur leurs genoux, rampèrent comme des serpents dans le petit creux qui aboutissait à la route et se trouvèrent à portée du véhicule qui approchait rapidement et qui n'était pas la diligence, mais bien une voiture de louage traînée par de bons chevaux de poste.

Je reconnus aussitôt cette voiture pour y avoir vu transporter, à Civita-Vecchia, le bagage de lady Harriet et de sa famille. C'était une grande calèche ouverte. Un domestique, dépêché quelques jours d'avance pour l'envoyer, de Rome, au devant des illustres voyageurs, était resté à la ville pour achever de préparer leur logement. J'ai su ce détail après coup. Il n'y avait donc, dans la calèche, que lord B*** (je sais son nom maintenant), sa femme et sa nièce. La femme de chambre italienne était sur le siége.

Le projet de mes bandits me parut assez clair, et je me demandai aussitôt comment je pourrais m'y opposer. Rongés par la misère ou par la fièvre, ils ne me paraissaient pas bien solides, sauf un grand chenapan qui n'avait ni le type ni le costume indigène, et qui me sembla fortement constitué. Je n'avais pour arme qu'une canne à tête de plomb, et je regardais attentivement ce qu'ils traînaient dans l'herbe avec précaution. Quand ils se redressèrent à demi dans le fossé, je vis que c'était simplement de gros bâtons, circonstance qui acheva de me donner confiance dans le succès de ma défense. Ils devaient avoir quelques couteaux sous leurs habits, car ils ne paraissaient pas gens à se permettre un grand luxe de pistolets. Il s'agissait de ne pas leur donner le temps de faire usage de ces lames, bonnes ou mauvaises.

J'avais l'avantage de me trouver sur les derrières sans avoir été aperçu. Pendant que je faisais ces réflexions, me débarrassant de mon caban qui m'eût gêné, la calèche arrivait au lieu marqué pour le coup de main. Le postillon, sur une brève sommation, arrêtait ses chevaux, se jetait à genoux et se tournait la face contre terre avec une résignation vraiment édifiante. Cela réduisait d'un tiers les moyens de la défense. Je crus devoir agir prudemment; et, comme lord B***, ouvrant la portière avec flegme, regardait devant lui à combien d'ennemis il avait affaire, je lui fis signe de ne pas résister encore, ce qu'il comprit avec un admirable sangfroid. Il mit donc pied à terre en leur disant avec un sourire calme : « Dépêchez-vous, mes bons amis : la diligence est derrière nous. » Cette menace parut ne pas les inquiéter, et, voyant qu'il n'y avait pas tentative de résistance, que les femmes ne criaient pas, et que, d'elles-mêmes, elles descendaient précipitamment pour leur abandonner la calèche, ils parlèrent d'accommodement à l'amiable ; et cela, dans des termes d'une courtoisie comique, rendant grâce à la *gentilezza del cavaliere* et hommage à la beauté des dames.

En ce moment, j'étais sur leurs talons, et, m'adressant au grand chenapan qui ne disait rien et tenait son bâton levé sur la tête de lord B*** par manière d'intimidation, je déchargeai sur la sienne un si bon coup de ma canne, qu'il tomba comme mort.

Ramasser le bâton qui s'échappait de cette *main défaillante*, et en assommer le bandit obséquieux qui traitait avec lord B*** fut pour ce dernier l'affaire d'un instant. Le troisième larron, qui tenait les chevaux, ne m'attendit pas : il prit la fuite. Le quatrième ne fit guère mieux, et, après avoir essayé de montrer son couteau, disparut également.

Nous restions là avec un homme qui demandait grâce, un autre, étendu à terre, qui ne donnait pas signe de vie, un postillon, toujours prosterné, qui ne voulait rien voir de ce qui se passait, et trois femmes plus ou moins évanouies sur les bras.

Quand le drôle, terrassé par lord B***, vit qu'il ne lui restait aucun espoir de sortir de ses mains, il prit le parti ingénieux de s'évanouir aussi. C'était nous créer un embarras, dans le cas où nous eussions voulu le faire prisonnier.

— Je connais ces histoires-là, me dit lord B*** qui ne me parut nullement ému ; si nous nous arrêtons à attendre la diligence, qui est encore loin et au pas, nous risquons de voir arriver du renfort à ces gens-ci, et alors, la vengeance se mêlant de l'affaire, nous n'en sortirions pas vivants. Si nous avançons, nous laissons échapper ces messieurs qui ne sont peut-être pas si morts qu'ils en ont l'air. Le mieux est de retourner vers la diligence et de la forcer à marcher vite jusqu'ici, où nous aviserons à faire constater le fait et à nous emparer de ces deux blessés avant qu'ils aient pu se relever.

C'était le meilleur avis possible. Il fallut rosser le postillon pour le faire revenir de son émotion. Dans l'opinion de son mari, lady Harriet aurait peut-être eu besoin du même stimulant pour retrouver le marchepied de la voiture. Elle avait la tête perdue. La nièce était d'un calme héroïque. Lord B*** voulut me faire monter avec elles. Je m'y refusai. Après avoir remis sur son cheval le postillon éperdu, et lui avoir fait tourner bride, je sautai sur le siége auprès de la soubrette, dont la frayeur ne se manifestait que par des torrents de larmes.

Je n'eus guère le temps de m'occuper de ses nerfs.

Rencontrer la diligence, l'arrêter, raconter l'aventure, et reprendre les devants pour montrer au conducteur et aux voyageurs la preuve des faits déclarés, tout cela fut accompli en moins d'un quart d'heure. Mais, ô surprise ! comme on dit dans les romans ; quand nous fûmes sur le lieu du combat, bien reconnaissable pour moi, grâce au fragment de ruine que j'avais exploré à dix pas du chemin, plus de morts, plus de blessés, plus de trace de l'aventure. Pas une goutte du sang de celui à qui j'avais fendu le crâne, pas un haillon enlevé dans la lutte à ses acolytes, pas même l'empreinte du piétinement des chevaux effrayés, ni celle des roues de la voiture sur le sable. Il semblait qu'un coup de vent eût tout balayé, et pourtant il n'y avait pas un souffle dans l'air.

Lord B*** était plus mortifié que surpris. Il était surtout blessé de l'air de doute du postillon de la diligence. Celui de la calèche était muet comme la tombe, défait, tremblant, peut-être désappointé. Brumières et quelques voyageurs ajoutaient foi à ma parole ; d'autres se disaient tout bas, en riant, que nous avions rêvé bataille, et qu'une panique nous avait troublé la cervelle. Quelques bergers, à la recherche de leurs troupeaux errants, riaient aussi et juraient n'avoir rien vu, rien entendu. Lord B*** avait fort envie de se mettre en colère et de se livrer à une minutieuse perquisition ; mais la nuit approchait, la diligence voulait arriver ; lady Harriet, nerveuse et malade, s'impatientait de l'obstination de son mari. Brumières, enchanté de retrouver sa princesse, et jaloux du bonheur que j'avais eu de lui porter secours, profitait de l'occasion pour faire l'empressé autour d'elle.

Quand on se remit en marche, je ne sais comment la chose s'était passée, mais j'étais dans la diligence et Brumières dans la calèche avec les dames, mylord sur le siége avec la soubrette.

Cette soubrette est, par parenthèse, assez jolie, et, dans le peu de mots que j'avais échangés avec elle sur ce même siége de calèche, je lui avais trouvé la voix douce et un très-agréable accent. Je lui avais laissé mon caban pour s'envelopper, car elle était peu vêtue pour affronter l'*influenza*, c'est-à-dire l'atmosphère de fièvre mortelle qui commence ici à la chute du jour et qui, comme le désert et le brigandage, règne jusqu'au mur d'enceinte de la ville des papes.

Le caban ne me revint en mémoire que lorsque cette jeune fille me le rapporta à la porte Cavalleggieri, où nous nous arrêtâmes tous pour exhiber une fois de plus nos passeports. Comme pour reprendre mon vêtement je tendais la main, j'y sentis avec beaucoup d'étonnement le baiser d'une bouche fraîche, et, avant que je me fusse rendu compte d'un fait si étrange, la soubrette avait disparu. Brumières, qui arrivait à moi, ne fit que rire de ma stupéfaction. « C'est une chose toute simple, me dit-il ; c'est la manière du pays pour dire merci; et cela ne vous donne pas le droit d'exiger davantage. » C'était plus que je n'aurais jamais songé à *exiger* d'une jolie femme.

On venait de visiter nos malles pendant une heure, lorsque le conducteur nous annonça que ceci n'était rien, et que nous allions subir une autre visite bien plus longue et bien plus minutieuse à la douane ; mais qu'il pouvait nous en dispenser si nous voulions lui donner chacun deux pauls. Nous mourions de faim et nous donnâmes tous; mais, quand nous fûmes à la douane, notre collecte ne servit de rien : le digne homme ne put s'entendre avec les douaniers. Un colloque, peu mystérieux et fort long, s'établit à deux pas de nous. Ils voulaient un paul et demi par tête, et il voulait partager seulement par moitié avec eux. On se querella beaucoup; notre homme se piqua, garda le tout, et nous fûmes visités.

Comme nous sortions enfin de ce purgatoire, riant, à force de dégoût, de toutes ces bouffonneries, et nous disposant à chercher un gîte, lord B***, qui, muni d'un laissez-passer, avait disparu depuis longtemps, me frappa amicalement sur l'épaule en me disant :

— Je viens de faire ma déclaration relativement à nos brigands, et de conduire ma femme et ma nièce au logement qui les attendait. A présent, je viens vous chercher de leur part. Est-ce que vous avez ici des parents ou des amis qui vous réclament?

Je ne songeai pas à mentir ; mais je remis au lendemain ma visite à ces dames, pour cause de faim et de fatigue.

— Oh! si vous avez faim et sommeil, reprit-il, vous n'irez pas à l'hôtel où, quel qu'il soit, vous serez mal. Nous avons une bonne chambre pour vous au palais *** et nous vous attendons pour manger avec nous un bon souper.

Toutes mes excuses furent vaines. Je ne rentrerai pas sans vous, me dit-il, et ces dames ne souperont pas, tant que nous ne serons pas rentrés.

Je donnai pour prétexte que je ne voulais pas laisser seul mon ami Brumières.

— Qu'à cela ne tienne! votre ami viendra aussi, dit lord B***.

Brumières ne se le fit pas répéter. Nous voilà aussitôt en route, à pied, dans les rues de Rome, suivi de *facchini*, portant nos malles, et de Benvenuto qui se regardait comme invité aussi.

Le palais en question me parut bien loin. J'aurais préféré la plus modeste auberge sous la main. C'est une maison trop grande, jadis très-magnifique, aujourd'hui très-délabrée. Je n'ai pas eu le loisir d'en admirer l'architecture extérieure. J'ignore si elle est louée ou prêtée à mes Anglais. Leur majordome se vante de l'avoir rendue aussi confortable qu'il est possible de le faire ici en peu de jours. Si cela est, le confortable n'abonde pas à Rome. Les meubles modernes disparaissent d'ailleurs dans ces salles immenses où l'on gèle encore, en dépit des grands feux allumés depuis trois jours.

Lord B*** nous conduisit avec nos bagages dans une chambre dont il exigeait que je prisse possession; après quoi, nous allâmes trouver lady Harriet et miss Medora dans un salon grand comme une église, et dont le plafond, surchargé de dorures massives et de peintures confuses, était lézardé en mille endroits. Ces dames n'en admirent pas moins le grand caractère de ce local et semblent se plaire à vouloir rajeunir ce vieux luxe évanoui. Beaucoup de bougies, allumées dans des candélabres d'un grand style, éclairaient à peine une table immense copieusement servie, dernière circonstance qui me fut agréable, car j'étais l'être le plus stupidement affamé du monde. Vous connaissez pourtant ma sobriété, mais j'ignore si c'était l'émotion du combat sur la via Aurelia, ou l'air de la mer avalé à pleins poumons depuis quatre jours; j'étais sourd et quasi muet. Quand cette abrutissante obsession fut calmée, je commençai à faire plus ample connaissance, à l'entremets, avec mes nobles hôtesses et à m'étonner des amitiés et des prévenances dont j'étais l'objet. Ces dames, influencées apparemment par les fresques mythologiques de leur palais, voulaient absolument m'ériger en Jupiter libérateur, en Apollon vainqueur des monstres. Il y avait l'enthousiasme des nerfs chez lady Harriet. Elle a eu tellement peur ! Chez miss Medora, il y avait quelque chose d'indéfinissable : une reconnaissance moqueuse, ou une acceptation maligne du service rendu. Peut-être la digestion d'un si copieux dîner m'a-t-elle embrouillé la cervelle. Je n'ai rien compris à son air, à son regard, à son sourire, à ses éloges exagérés. Quand elle a vu que j'en étais plus étourdi que flatté, elle m'a laissé tranquille et s'est remise à causer peinture avec Brumières. Je la soupçonne de faire des ruines roses et bleues à l'aquarelle.

Quant à lord B***, ses remercîments m'ont été plus agréables, parce qu'ils m'ont paru plus sincères. Comme je lui faisais observer qu'avec sa présence d'esprit et sa manière d'employer le bâton, il se serait probablement tiré d'affaire sans moi :

— Non, me dit-il, je ne crains pas un ou deux hommes, j'en crains trois ou quatre. Je n'ai que deux mains et deux yeux. Je sais que trois de nos adversaires n'en valaient peut-être pas un ; mais le quatrième, celui dont vous avez commencé par me débarrasser, en valait peut-être quatre.

Je répliquai que je n'y avais pas grand mérite, l'ayant abattu par surprise. Je ne suis pas fort, ajoutai-je. Je n'ai jamais eu l'occasion de savoir si je suis brave. Pour la première fois de ma vie, j'ai reconnu la nécessité de la traîtrise, et je n'en suis pas plus fier pour cela.

— C'est répondre en homme modeste, reprit lord B***, en lançant à sa nièce un regard sévère qui me confirma dans la pensée du mauvais vouloir de la jeune personne à mon égard. — Mais moi, poursuivit-il en me regardant, je sais que je suis fort et hardi, et que pourtant, sans vous, je ne me serais pas défendu.

— *Oh ! shame !* murmura lady Harriet.

— Ma femme dit que c'est une honte, reprit-il. Les femmes trouvent tout naturel qu'on se fasse égorger pour sauver leurs diamants, pendant qu'elles se trouvent mal sur vos bras.

— Je ne me suis pas trouvée mal, dit fièrement miss Medora, je cherchais les pistolets dans la voiture, et si je les avais trouvés...

— Mais vous ne les trouviez pas, répondit lord B***. Donc, vous n'aviez pas les idées bien nettes. Quant à moi, reprit-il en se retournant encore vers moi, je vous disais donc que je ne suis pas poltron. Pourtant, je n'engage jamais de lutte inégale pour peu de chose, et je ne tiens pas assez à l'argent pour exposer, par mesure d'économie, les personnes que j'accompagne à être tuées. On peut croire, si l'on veut, que c'est à ma vie que je tiens. Je n'ai pas de grandes raisons pour aimer la vie, n'ayant pas sujet de m'aimer beaucoup moi-même. Pourtant il y a une chose qui me blesse beaucoup dans ces occasions-là : c'est de faire la volonté de ceux qui me mettent le couteau sur la gorge. J'aime à faire ma volonté à moi, et je ne la fais pas toujours. J'y renonce parfois de bonne grâce, parfois avec beaucoup d'humeur. J'étais dans cette dernière disposition quand vous êtes venu à mon secours. Vous m'avez donc, non pas rendu un service dont je voudrais vous récompenser ; c'était votre devoir et j'en eusse fait autant à votre place sans prétendre à votre reconnaissance ; mais vous m'avez délivré à propos et avec beaucoup de jugement, d'une contrariété, la plus vive que je connaisse. Par là vous avez gagné mon amitié, et je veux avoir la vôtre.

Ayant ainsi parlé sans regarder sa femme, bien que la moitié de ce discours fût évidemment à son adresse, il me tendit la main avec une franchise irrésistible.

En ce moment, l'affreux chien jaune que je lui avais vu caresser sur le bateau à vapeur, s'élança dans l'appartement et vint se jeter dans ses jambes.

— Ah ! ciel ! s'écria lady Harriet, encore cette odieuse bête ! Elle vous a suivi !

— C'est malgré moi, répondit-il en soupirant.

— Non, vous dis-je ; c'est un chien que vous avez acheté ou qu'on vous a donné... Vous me trompez toujours ! Vous disiez qu'il appartenait à quelque passager ; mais c'est à vous qu'il appartient. Convenez-en donc !

Mylord jeta sur moi instinctivement un regard de détresse. Instinctivement entraîné, de mon côté, à prendre en pitié le chien et son maître, je m'imaginai de dire que l'animal était à moi. J'avais entendu le nom que mylord lui donnait. « *Buffalo !* m'écriai-je, venez ici. Pourquoi êtes-vous sorti de ma chambre? Venez ! » Et comme si l'intelligente bête eût compris ce qui se passait, elle vint à moi la tête basse et l'air suppliant. J'allais l'emmener, lorsque miss Medora demanda grâce à sa tante pour le chien, et la tante, excellente femme en somme, me pria de le faire manger et de le laisser s'installer dans un coin. « Il ne me gêne pas, dit-elle ; il a l'air bonne personne, et il n'est pas si laid que je croyais. »

— Je vous demande pardon, dit lord B*** ; il est fort laid, et vous détestez les chiens.

— Où prenez-vous cela? reprit-elle. Je ne les déteste pas du tout !

— Ah! oui, pardon! c'est vrai, murmura-t-il avec son mélancolique sourire : vous ne détestez que *mes* chiens.

Lady Harriet leva les yeux au ciel comme une victime prenant les dieux à témoin d'une grande injustice. On se levait de table. Lord B*** m'emmena dans un coin. — Vous êtes un bon garçon, me dit-il ; vous avez compris que j'aime ce chien. Grâce à vous, il restera dans la maison. Voilà deux fois aujourd'hui que vous me faites faire ma volonté.

— Pourquoi, mylord, aimez-vous tant ce chien? Il n'est réellement pas beau.

— Je l'aime parce que, me promenant en barque dans le port de Gênes, je l'ai vu au bout d'une corde, prêt à rendre au diable sa pauvre âme de chien. C'était une bête perdue qui, sautant de barque en barque, était venue se réfugier à bord d'un bateau de pêcheurs, et ces brutes trouvaient plaisant de la pendre à une de leurs vergues. Je l'ai réclamé. Il a l'air de comprendre qu'il me doit la vie, et je crois qu'il m'aime.

— En ce cas, je m'en dirai propriétaire tant que ce sera utile, et je ferai en sorte que mylady vous conseille de m'en débarrasser.

— Voyez, dit-il, ce que c'est que le caprice d'une femme! Si mylady avait vu ce chien avec la corde au cou, et que je fusse passé sans songer à le sauver, elle m'eût traité d'insouciant et de cruel! Elle est très-bonne, je vous jure, et très-douce; seulement... seulement, je suis son mari. C'est un grand défaut d'être le mari d'une femme!

A son tour, mylady, toujours très-émue, m'appela pour me parler à l'écart. — Nous vous devons plus que la vie, me dit-elle d'un air exalté. La vie n'est rien, mais, dans ces histoires de brigands, les femmes peuvent être exposées à des insultes. Si les choses en fussent venues là, je suis sûre, j'aime à croire que lord B*** se fût fait tuer pour nous donner le temps de fuir; mais une seule parole malhonnête est un fer rouge pour des femmes de notre rang, de notre caractère et de notre nation. Je vous dirai donc, comme lord B***, et plus chaleureusement, que vous avez notre amitié, et que nous vous demandons la vôtre. Nous vous connaissons d'ailleurs par votre ami monsieur... Comment l'appelez-vous?

Je trouvai fort plaisant que l'on me demandât le nom de

l'homme qui me servait de caution, et je me hâtai de dire que Brumières ne me connaissait guère plus que lady Harriet elle-même.

— C'est égal, reprit-elle sans se déconcerter, il nous a dit que vous étiez peintre comme lui, et que vous aviez beaucoup de talent.

— Il n'en sait rien, mylady; il n'a pas vu de moi la moindre chose.

— Oh! c'est égal! Il dit que vous parlez si bien de l'art! et il en parle si bien lui-même! Il a tant d'esprit, et il est de si bonne compagnie! C'est un jeune homme charmant! et il dit que vous êtes charmant aussi!

— Ce qui est bien la preuve, répondis-je en toute humilité, que nous sommes charmants tous les deux! Mais permettez, mylady, vous êtes bienveillante, et votre gratitude pour moi fait honneur à la générosité de votre âme. Pourtant, je ne dois pas...

Mylady m'interrompit en s'écriant : Ah! monsieur, je vois, à votre discrétion et à votre fierté, que ma confiance est bien placée, et que je n'aurai jamais à m'en repentir. Vous n'êtes pas riche, je le sais, et vous allez, en quelques jours, dépenser à Rome, où l'on est affreusement volé, tout ce qui pourrait vous en rendre le séjour possible. Nous, nous avons plus de fortune que nous n'en pouvons dépenser; et d'ailleurs, nous ne louons pas, on nous prête cet hôtel dont nous n'occupons pas la moitié. Vous pouvez donc être libre et seul dans tout un étage, qui ne communique même pas avec le nôtre, si l'on veut faire vie à part. Vous n'accepterez notre table et notre société qu'autant qu'il vous plaira, pas du tout si nous vous ennuyons. Mais, pour ne pas nous causer un chagrin réel, vous serez sous notre toit, et dans le cas où vous seriez malade, ce qui peut fort bien vous arriver dans ce climat, nous serons plus à portée de vous distraire ou de vous secourir. C'est donc dans notre intérêt que vous demande de rester ici, car, en quelque lieu que vous soyez, vous nous serez désormais un objet de sollicitude ou un sujet d'inquiétude. Choisissez généreusement.

J'étais fort embarrassé. L'offre était si gracieusement tournée, que je me trouvais maussade d'y résister. Lord B***, plus pénétrant que sa femme, devina mes scrupules et vint à mon secours.

— Elle vous a rappelé qu'elle était riche et que vous ne l'étiez pas, me dit-il de manière à être entendu de lady Harriet. C'est une maladresse; mais l'intention était bonne, et, quant à vous, vous sortirez d'affaire à votre honneur en payant votre chambre ce qu'elle nous coûte; ça n'ira pas à deux écus par mois. Vous nous permettrez bien de vous prêter les autres salles dont nous ne nous servons pas, pour faire de la peinture et pour fumer votre cigare les jours de pluie. Consentez à cet arrangement, ajouta-t-il tout bas. Sinon je serai accusé de froideur, d'impolitesse, de maladresse et d'ingratitude envers vous.

Voilà donc mon gîte réglé. Restait à régler celui de Brumières. Je mourais de peur qu'il n'acceptât l'offre qui lui fut faite de partager l'hospitalité que l'on m'imposait. Avec ses prétentions sur le cœur et sur la main de miss Medora, je craignais d'avoir à endosser quelque responsabilité ridicule ou fâcheuse. Heureusement, l'offre lui fut faite avec moins de chaleur qu'à moi, et il eut le bon goût de refuser. Mais il est invité à revenir dîner souvent, ce qui indique l'intention de l'admettre à l'intimité des mœurs françaises. Ce n'est pas la première fois que je remarque combien les Anglais, quand ils sont aimables, le sont complétement. Sont-ils ainsi chez eux? je ne sais.

Nous prîmes congé des dames, qui étaient fatiguées, et lord B*** me reconduisit à ma chambre pour me montrer le plan de la maison, ainsi qu'à Brumières, « afin qu'il pût venir me voir, disait-il, sans être forcé de rendre chaque fois visite à ces dames; » mais, comme nous traversions l'antichambre, suivis de Buffalo, qui doit rester sous ma protection jusqu'à nouvel ordre, je vis que je n'en avais pas ni avec toute ma suite. Au milieu de cette antichambre, ou plutôt de ce corps de garde, je trouvai messire Benvenuto se livrant à une danse de caractère avec la gentille suivante qui m'avait baisé la main. Ils sautaient, au son d'une guitare magistralement râclée par un gros cuisinier à moustaches noires, une superbe caricature de Caracalla, récemment engagé au service de *Leurs Excellences Britanniques*.

— Ah! pour le coup, dis-je à mon hôte, voici un acolyte que je désavoue absolument. C'est un bohémien qui s'est attaché à mes pas et que je n'ai aucun motif de vous recommander.

— Qui? Tartaglia? répondit lord B*** en souriant, autrement dit Benvenuto, Antoniuccio, et cent autres noms que nous ne saurons jamais? Soyez tranquille: ce n'est pas vous qu'il a suivi; c'est l'odeur de la cuisine qui l'a attiré. Nous le connaissons beaucoup. C'est l'ancien loueur d'ânes et l'ancien ménétrier de Frascati, le compatriote et le parent de la Daniella.

En parlant ainsi, mylord me montrait la gentille soubrette qui continuait à danser en riant et en faisant briller ses dents blanches. Un coup de sonnette ne l'arrêta pas, mais l'enleva adroitement, par une dernière pirouette, jusqu'à la porte de sa maîtresse, miss Medora, à qui elle est particulièrement attachée en qualité de coiffeuse.

— Avez-vous besoin de lui? reprit lord B*** en me montrant Benvenuto-Tartaglia; et, sur ma réponse négative: Va te coucher, dit-il au bohémien; tu reviendras demain matin savoir si mylady a quelque course à te faire faire, et nous te donnerons un habit, car tu en as besoin.

Tartaglia, enchanté, vint nous baiser la main à tous trois. Triple coquin, lui dit Brumières à voix basse, pourquoi faisais-tu semblant de ne connaître ni Leurs Excellences ni la Daniella ?

— Eh! carissime monsieur, répondit-il effrontément, que m'auriez-vous donné si j'avais contenté votre désir tout de suite? Quelques baïoques! Au lieu que vous m'avez nourri en voyage aussi longtemps que j'ai laissé jeûner votre curiosité!

A demain, cher ami, pour vous parler de Rome, que j'ai traversée, ce soir, à peu près dans les ténèbres. Jamais ville ne consomma moins d'éclairage dans ses rues étroites et croisées d'angles infinis. Cela m'a paru interminable et empesté de cette odeur de graisse chaude qui s'exhale d'une multitude de *frittorie* en plein air, ornées de feuillages et de banderolles. J'ai longé la base de la colonnade de la place Saint-Pierre, qui paraît une chose puissante, même vue ainsi en courant. J'ai passé au pied du château Saint-Ange; j'ai traversé le Tibre, et puis je ne sais plus où j'ai été, où je suis. Tout est confus pour moi, tant je me sens fatigué. A demain! oui, demain, au lever du soleil, je penserai à vous qui me disiez : « J'ai tant étudié la Rome païenne et catholique, que je la connais, je la vois; je rêve quelquefois que j'y suis, et je m'y promène comme dans Paris. Au réveil, il me reste une impression de bien-être et d'enthousiasme, de lumière et de grandeur. »

— C'est donc demain que je vas m'éveiller, moi, dans ce beau rêve! Je ne le crois pas encore. Le morne silence qui règne déjà au dehors me fait douter si je ne suis pas encore dans la Campagne romaine.

IX

Rome, 19 mars, dix heures du matin.

Je viens de passer une heure à ma fenêtre. Je suis sur le Monte-Pincio, et j'ai une des plus belles vues de Rome. Oui, c'est ce qu'on appelle une vue, un grand espace rempli de maisons et de monuments bien éclairés probablement quand le soleil s'en mêle; mais le ciel est gris, et il fait froid. La coupe de ce vallon, où Rome s'enfonce pour se relever sur ses illustres collines affaissées par le temps, est très-gracieuse; mais la ligne environnante est froide, l'horizon trop près, et pauvre malgré les grands pins qui se découpent sur le ciel, du côté de la villa Pamphili, et qui sont trop clair-semés, trop secs de contour. Je sais bien que ces monuments, ces palais, ces églises innombrables sont à voir de près, et que cette ville renferme des trésors pour l'artiste. Mais quelle laide, triste et sale grande ville! Les colosses d'architecture qui s'en détachent la font paraître encore plus misérable... pis que cela, prosaïque, sans caractère. Rome sans caractère! qui pouvait s'attendre à pareille déception! Tartaglia (car, décidément, c'est le nom qui prédomine ici) est derrière moi, me disant qu'il ne faut pas regarder Rome par un temps sombre; que ce n'est d'ailleurs pas par l'ensemble qu'elle brille... que la Rome moderne ne sert qu'à avilir l'ancienne. Je ne le vois que trop! Mais moi, qui ne comprends pas le détail avant d'avoir saisi la physionomie générale, je cherche en vain à quoi ceci ressemble, tant ceci ressemble à une ville mal bâtie quelconque. Des quartiers entiers de vilaines maisons déjetées qui ne sont d'aucune époque, les unes d'un blanc criard, les autres d'un brun sale; aucune intention, aucun lien, aucune époque précise dans toutes ces constructions, et la monotomie, cependant; comment arranger cela? Est-ce l'uniformité de l'incurie, du mal-être, de l'abandon de soi-même? Il semble que cette population ne se soit pas douté qu'elle venait bâtir sur l'emplacement où fut Rome, ou bien que, prenant en haine sa splendeur passée, cause de tant d'invasions et source de tant de maux, elle se soit hâtée d'en cacher les vestiges sous un amas de rues étroites et de bâtisses misérables. Quoi! ceci n'a même pas la fantaisie de Gênes et la solennité de Pise! Si l'on prenait trente ou quarante de nos laides et crasseuses petites villes du centre de la France, et si l'on en semait le sol bien serré, pour étouffer et cacher, autant que possible, les beaux restes de la Rome des Césars et des papes, on aurait ce que j'ai sous les yeux! Je suis consterné et indigné!

Il paraît que c'est jour de lessive, car je n'aperçois pas une maison, un palais même, qui ne soient couverts de haillons pendus à toutes les fenêtres. Et notez que ce ne sont pas les capes rouges des marins génois, ni les brillants *mezzari* bariolés semant de points lumineux et chauds les harmonieuses profondeurs des ruelles de Gênes. Ce sont des guenilles incolores sur des murs décolorés, ou des amas de chiffons blafards couvrant les ruines, jurant auprès des édifices, masquant les détails de la composition, la seule belle chose qu'il y aurait à laisser voir!

O déception! déception! Allons! cela passera sans doute. C'est l'effet du temps gris et des mauvais rêves que j'ai faits cette nuit. Je m'étais couché tranquille, ne sentant aucun remords et aucun regret, je vous jure, d'avoir frappé, mortellement peut-être, un voleur ou un assassin de grand chemin; et voilà que, dans mon sommeil, ce gibier de potence est revenu dix fois se faire assommer! Cela me met mal avec l'Italie dans mon for intérieur, de m'être trouvé forcé, dès mon premier pas sur cette terre sacrée, de la priver d'un de ses habitants. Cela me convient si peu, à moi, paisible et patient amoureux des fleurs des champs et des petits ruisseaux, de me frayer passage, comme un paladin, à travers des embuscades de mélodrame !

J'en suis tout triste, tout honteux, tout irrité. J'en veux à cette race de postillons insolents, de conducteurs filous, de mendiants obscènes, qui m'avaient rendu méchant; et qui sont peut-être cause que j'ai trop réellement cassé la tête du premier bandit offert à ma vengeance. Faisait-il le mort ? l'a-t-on emporté ? s'est-il sauvé de lui-même ? Cela me fait penser que j'ai promis hier à lord B*** de ne pas sortir pour mon compte avant d'avoir été avec lui faire ma déposition. Si j'en croyais Tartaglia, nous nous tiendrions tranquilles. Il assure que cela ne servira de rien; qu'on va nous ennuyer pendant six mois en nous confrontant avec tous les bélîtres arrêtés pour d'autres méfaits; enfin, que nos poursuites vont nous exposer à de pires aventures dès que nous quitterons Rome, et même dans Rome, peut-être. Il a l'air assez sûr de son fait. Peut-être aussi fait-il partie de quelque respectable société en commandite pour le détroussement des voyageurs. Je ferai ce que lord B*** jugera convenable.

Puisque je vous transmets l'opinion de Tartaglia, il faut que je vous dise de quelle merveilleuse apparition il a charmé l'instant de mon réveil.

— Il est huit heures, excellence. *C'est moi que vous* avez chargé de vous faire lever.

— Tu en as menti. Je n'ai pas besoin et je ne veux pas de domestique.

— Moi, domestique, *mossiou ?* Vous n'y songez pas ! Un Romain domestique ! Cela ne s'est jamais vu et ne se verra jamais.

— En vérité? C'est donc comme ami que tu t'occupes de ma personne? Eh bien! je n'ai pas besoin d'ami pour le moment. Va te promener!

— Vous avez tort, mossiou! Tu *as souvent besoin d'un plus petit que soi*!

— Diantre! nous sommes érudit, même en français! Mais quel diable de costume as-tu là?

— Un joli costume, n'est-ce pas, excellence? J'ai mis ce que j'ai de mieux en toilette du matin, et je vas vous dire pourquoi. Lord B*** m'a promis hier un habillement. Je fais les commissions de la maison, et mylady ne veut pas que j'aie l'air d'un malheureux.

— Eh bien! est-ce là le goût de mylady, cette toilette du matin?

— Je ne sais pas, *mossiou;* mais n'importe. On m'a promis des habits, on m'en donnera. Seulement, si je me montre dénué de tout, on me jettera une vieille redingote de domestique; au lieu que si on me voit comme me voilà, un peu élégant, on m'offrira un habit noir, encore bon, de la garde-robe de mylord.

Vous voyez que Tartaglia raisonne serré. Mais imaginez-vous son élégante toilette : un habit de bouracan vert-olive gansé de noir, rapiécé de vert-bouteille aux coudes; un pantalon pareil, rapiécé de vert-billard aux genoux. Cela fait la gamme de tons la plus étrange et la plus fausse. Ajoutez à cela un jabot de mousseline et des manchettes énormes, très-blanches, bien plissées, mais percées de trous gigantesques; une corde grasse, qui fut jadis une cravate de soie, et une sorte de berret, autrefois blanc, aujourd'hui couleur des murailles de Rome, *objet de goût,* qu'il a rapporté de ses voyages; enfin, une épingle de corail de Gênes au jabot et une bague de lave du Vésuve au doigt. Cet ajustement de sa petite personne à grosse tête, ornée d'une affreuse barbe dure et grisonnante, achève de le rendre hideux, et le contentement avec lequel il se posait devant la glace me le fit paraître si bouffon, que je partis d'un immense éclat de rire.

Je crus voir que je l'avais blessé, car il me regarda d'un air de tristesse et de reproche, et j'eus la niaiserie de me repentir. Affliger un homme qui me rendait le service de m'égayer, c'était de l'ingratitude. Quand il vit ma simplicité : « C'est bien aisé de se moquer des pauvres, dit-il, quand on ne manque de rien ; quand on a trois ou quatre cravates à choisir tous les matins ! » Je compris l'apologue, et lui fis don d'une cravate. Il retrouva aussitôt sa bonne humeur, qu'il avait fait semblant de perdre.

— Excellence, me dit-il, je vous aime, et je m'intéresse à un *cavaliere* qui sait *ce que c'est que la vie!* (C'est là son éloge favori, éloge mystérieux, profond peut-être dans sa pensée.) Je veux vous donner un bon conseil. Il faut épouser la *signorina. C'est moi que je vous le dis!*

— Ah! ah! tu veux me marier! Avec quelle *signorina?*

— La *Medora,* l'héritière future de leurs *Excellences britanniques.*

— En vérité? Pourquoi faut-il l'épouser? Est-ce qu'elle est en peine d'un mari?

— Non, elle est riche et belle. Oh! la belle femme! n'est-ce pas?

— Oui, après?

— Eh bien! elle a refusé ici, l'an dernier, les plus beaux partis de la contrée : des neveux de famille papale, des fils de cardinaux, tout ce qu'il y a de plus huppé.

— Tu es sûr qu'elle a refusé tout cela pour m'attendre?

— Non ; mais qui sait l'avenir? Puisque vous êtes amoureux d'elle, pourquoi ne serait-elle pas amoureuse de vous?

— Ah! je suis amoureux d'elle? Qui t'a dit cela?

— Elle.

— Comment, elle ? à toi ?

— A la Daniella, ma cousine; c'est la même chose.

— Ah! oui dà, vraiment! voilà un amour dont je ne me serais pas avisé!

— Voyons, voyons, *mossiou,* c'est moi *que je* m'y connais! vous êtes amoureux. La Daniella vous le dira comme moi. Elle n'est pas sotte : je suis son oncle.

— Tu disais son cousin?

— N'importe. Tenez, la voilà.

En effet, la Daniella entrait avec un immense plateau chargé, sous prétexte de thé, d'un déjeuner complet. — Eh! bon Dieu! qui m'envoie cela? m'écriai-je. Je n'ai rien demandé; je ne veux pas être nourri ici, moi, que diable!

— Ça ne me regarde pas, répondit la jeune fille. Je fais ce que l'on m'a commandé.

— Qui?

— Mylord, mylady et la signorina. Je vous prie de manger, monsieur, ou je serai grondée.

— Est-ce que l'on vous gronde quelquefois, Daniella?

— Oui, depuis hier! répondit-elle d'un air singulier. Mais mangez donc!

Brumières est survenu et s'est moqué de ma contrariété. Il prétend que je fais des façons ridicules; qu'il n'y a rien de plus contraire au bon goût que cette petite fierté bourgeoise en révolte contre la facile libéralité des grands; que ces gens-là font leur devoir et leur bonheur en caressant et en gâtant ainsi les artistes; enfin, qu'à ma place, il se laisserait faire; et il a ajouté que justement, pour être à cette place dans les bonnes grâces d'une certaine personne de la famille, il aurait tué dix brigands et, au besoin, trois honnêtes gens par-dessus le marché.

Son entrain et sa gaieté ont charmé Tartaglia et la soubrette; de sorte que la conversation s'est établie sur les sujets les plus délicats avec un abandon extraordinaire. Comme je suis seul maintenant (il est midi, et je vous écris à bâtons rompus, en attendant toujours lord B***, qui m'a fait dire qu'il allait venir me prendre), je veux vous la transcrire comme une peinture de mœurs. Peut-être resterai-je ensuite quelques jours sans pouvoir vous tenir ainsi au courant de mes faits et gestes, car il faudra voir Rome et digérer mieux les réflexions que je me permets aujourd'hui de mettre étourdiment et crûment sous vos yeux. Je profiterai donc du moment que je tiens encore, pour vous installer avec moi, par la pensée, dans ce nouveau monde où je viens d'être jeté par le hasard.

LA DANIELLA, *à Brumières,* pendant que je me résigne à avaler une côtelette assez bonne qui n'est ni mouton ni agneau. (La Daniella parle facilement le français, mais non correctement, et je supprime les contre-sens et les pa-t-à-qu'est-ce.) — Je savais bien, excellence, que, vous aussi, vous soupiriez pour la signorina.

BRUMIÈRES. — Moi *aussi ?* Qui donc est l'autre ?

VOTRE SERVITEUR, *la bouche pleine.* — Il paraît que c'est moi !

BRUMIÈRES. — Coquin de paysagiste, vous ne me disiez pas ça ! N'en croyez rien, charmante Daniella, et dites bien à votre jeune maîtresse qu'elle ne fasse pas d'erreur. C'est moi, moi seul qui soupire pour elle.

LA DANIELLA. — Vous seul ? Un seul amoureux à une si belle fille ? Elle ne le croirait pas ! N'est-ce pas que vous aussi, *signor Giovanni di val reggio,* vous aimez ma maîtresse ?

VOTRE SERVITEUR, *toujours la bouche pleine.* — Hélas ! non, pas encore !

(*Stupéfaction de l'auditoire.*)

— *Cristo !* s'écrie Tartaglia indigné : vous faites *l'impru-*

dence de vous méfier de nous! Vous êtes un enfant, c'est *moi que je vous* le dis!

LA DANIELLA, *dédaigneuse*. — Monsieur n'a peut-être pas regardé la signorina?

BRUMIÈRES, *triomphant*. — Vous voyez, ma chère, il ne l'a pas seulement regardée!

VOTRE SERVITEUR. — J'ai fait mieux, je l'ai vue.

LA DANIELLA, *étonnée*. — Et elle ne vous plaît pas?

MOI, *résolûment*. — Non, de par tous les diables, elle ne me plaît pas!

BRUMIÈRES, *me serrant la main avec une solennité comique*. — Grand cœur! noble ami! Je te revaudrai ça quand tu seras amoureux d'une autre.

LA DANIELLA, *à Tartaglia, me désignant*. — C'est un facétieux! (*un buffone*.)

TARTAGLIA, *haussant les épaules*. — Non! il est fou! (*matto*.)

LA DANIELLA, *à votre serviteur*. — Est-ce qu'il faudra dire à la Médora qu'elle vous déplaît?

TARTAGLIA, *vivement*. — Non! je le protége! (*A part probablement*.) Il m'a donné une cravate!

BRUMIÈRES, *à la Daniella*. — Vous direz poliment qu'il est amoureux d'une autre. Vous y consentez, Valreg?

VOTRE SERVITEUR, *d'un air magnanime*. — Je l'exige!

LA DANIELLA. — Tant pis, je vous aimais mieux que l'autre.

BRUMIÈRES. — Qui, l'autre?

LA DANIELLA. — Vous.

BRUMIÈRES. — Tu me fais penser que je ne t'ai rien donné. Veux-tu un baiser, charmante fille?

LA DANIELLA, *après l'avoir regardé*. — Non, vous ne me plaisez pas, vous!

VOTRE SERVITEUR. — Et moi?

ELLE. — Vous me plairiez! vous avez l'air sentimental. Mais vous aimez quelqu'un.

BRUMIÈRES. — C'est peut-être vous.

MOI. — Qui sait? ça pourrait venir!

LA DANIELLA. — Alors, vous n'aimez personne et vous vous moquez de nous. Je dirai cela à ma maîtresse.

BRUMIÈRES. — Ah çà, ta maîtresse tient donc beaucoup à être aimée de monsieur?

LA DANIELLA. — Elle? pas du tout!

VOTRE SERVITEUR. — Tu vois donc bien que je suis très-heureux de ne pas la trouver jolie! Tu me plais cent fois davantage.

LA DANIELLA, *levant les yeux au ciel*. — Sainte madone! peut-on se moquer ainsi? »

Je dois vous dire que, tout en me posant de la sorte, je disais jusqu'à un certain point la vérité. Seulement je la disais sans préméditation aucune, et, vous pouvez m'en croire, sans dépit contre la Medora, comme sans projet de séduction sur la Daniella. Je trouve bien la première un peu impertinente à mon égard, de s'imaginer que je n'ai pu la voir sans perdre la tête; mais elle est assez belle pour qu'on prenne en considération son orgueil d'enfant gâtée. Je le lui pardonne. Le fait est qu'elle ne m'est pas sympathique, qu'elle me semble étrange, trop occupée d'elle-même, trop *poseuse* de courage martial et de goût raphaëlesque. Si j'avais quelque raison pour *aimer* sa soubrette, ce dont le ciel me préserve, car je la crois très-délurée, je m'arrangerais beaucoup mieux avec l'expression de sa figure et le type de sa beauté; je dis beauté, quoiqu'elle soit tout au plus jolie. Vous me direz si vous la voyez telle, d'après le portrait que je vais vous faire.

Je voudrais vous montrer une de ces puissantes beautés

du Transtevère, ou une de ces élégantes filles d'Albano, que vous connaissez en peinture, avec leur costume pittoresque, leur taille de reine, leur majesté sculpturale. Rien de tout cela n'a encore frappé mes regards. La Daniella est une Frascatine pur sang, à ce que m'assurent Brumières et Tartaglia, c'est-à-dire une jolie femme selon nos idées françaises, bien plus qu'une belle femme selon le goût italien. Elle est très-brune, un peu pâle; elle a des yeux, des dents et des cheveux magnifiques; le nez est passable, la bouche un peu grande, le menton un peu court et avancé; les plans du visage sont plus fermes que gracieux; le regard est passionné, peut-être hardi. Est-ce franchise ou impudeur, je ne sais. La taille est charmante, fluette sans maigreur et souple sans débilité. Les pieds et les mains sont petits, qualité rare en Italie, à ce que j'ai pu remarquer jusqu'ici. Elle est vive, adroite, et m'a paru danser avec grâce. Quoique civilisée par un voyage en France et en Angleterre (elle est depuis deux ans au service de lady Harriet), elle a conservé je ne sais quoi de hautain dans le sourire et de sauvage dans le geste qui sent la villageoise méfiante, à idées étroites et obstinées. Je ne l'avais guère regardée en voyage : elle avait un châle et un chapeau qui l'enlaidissaient beaucoup, et qu'elle portait assez mal; mais, depuis ce matin, elle a repris son costume local, qui n'est pas des plus beaux, mais qui lui sied : une robe brune à manches demi-courtes, un tablier dont la pièce de corsage baleinée lui sert de corset, et un mouchoir de mousseline blanche sur le chignon, noué très-lâche sous le menton.

Telle est la personne dont je suis censé amoureux, car il faut vous raconter la suite de l'*intrigue*.

A peine la Frascatine (car, en dépit de Tartaglia, je crois que c'est ainsi qu'il faut dire) était-elle sortie, emportant les restes de mon déjeuner, que Tartaglia, se posant devant moi d'un air solennel et un peu tragique, m'adressa cette réprimande :

— Prenez garde à vous, mossiou ! (je découvre que *mossiou* est son terme de mécontentement, tandis qu'*excellence* est son terme de satisfaction.) Prenez garde aux yeux de la Daniella! C'est une Frascatane et une fille *apparentée*.

— Qu'entends-tu par ces paroles?

BRUMIÈRES. — Je vas vous le dire, moi. J'ai failli y être pris, à l'occasion d'une certaine...

TARTAGLIA. — Je sais !

BRUMIÈRES. — Comment, tu sais?

TARTAGLIA. — Eh oui, vous ne vous souvenez pas de moi, mais je vous ai remis tout de suite sur *le vapeur*. Il y a deux ans, quand, par occasion et faute de mieux, je *tenais des ânes* à Frascati, vous fîtes la cour à la Vincenza.

BRUMIÈRES. — C'est possible; mais j'y renonçai vite en voyant qu'elle était *apparentée;* c'est-à-dire, mon cher, ajouta-t-il en s'adressant à moi, qu'elle avait une famille établie au pays. On vous expliquera peu à peu comment, dans certains villages de la Campanie, et à Frascati particulièrement, il y a une population nomade, la caste des *contadini* (paysans), qui ne tient pas au sol, et une population stable, la caste des artisans. Ces derniers ont l'humeur austère à l'endroit des étrangers, et dès qu'une fille de la tribu est recherchée par un touriste, un peintre, un amateur quelconque sans grande protection ni crédit, on lui impose le mariage... ou le duel au couteau. Seulement, on ne lui prête aucune espèce de couteau pour se défendre, et on le force à épouser ou à fuir. C'est le sage parti que j'ai pris et que je vous conseille de prendre si jamais vous avez affaire, à Frascati, avec une fille ayant beaucoup de parents.

Je crois que la Vincenza avait quelque chose comme vingt-trois cousins.

VOTRE SERVITEUR, *à Tartaglia.* — Et comme tu prétends être le parent de la Daniella, tu m'avertis et me menaces ? Tu me donnes envie de lui faire la cour !

TARTAGLIA. — Non, excellence ; je ne suis ni son parent ni son amoureux. Je ne suis pas un Frascatino ; je suis un Romain, moi ! La Daniella, qui est une bonne fille, m'a fait passer ici pour son parent, ce qui m'a assuré les bonnes grâces de mylady. Un petit mensonge, c'est une bonne action quelquefois. Mais je vous dis, excellence, ne pensez pas à cette petite fille, quand même vous devriez ne jamais mettre les pieds à Frascati.

BRUMIÈRES. — C'est donc...

TARTAGLIA. — Non, non, rien de mauvais ! Une bonne fille, excellence, je vous dis ! Mais quoi ! une fille de rien !

Et, me prenant à part, il ajouta :

— Regardez plus haut ; faites-vous aimer de l'héritière, c'est moi *que je vous le dis !*

— Laisse-nous tranquille, avec ton héritière et tes avis. Nous avons assez de ta conversation.

— A votre service, quand il plaira à mossiou ! dit-il en souriant de travers et en emportant sa cravate.

— Ne le fâchez pas, me dit Brumières dès que nous fûmes seuls ; ces abominables coquins-là sont utiles ou dangereux ; il faut opter. Dès que vous avez accepté d'eux le plus petit service, même en le payant bien, et surtout si vous l'avez bien payé, vous leur appartenez, vous devenez leur ami, c'est-à-dire leur proie. N'espérez plus leur échapper, tant que vous aurez un pied dans Rome ou aux environs. Et même, s'ils ont quelque intérêt sérieux à vous épier ou à vous suivre, vous les verrez sortir de terre en quelque lieu l'Italie que vous vous trouviez. Dès qu'ils ont pénétré ou cru pénétrer votre caractère, vos goûts, vos besoins ou vos passions, ils s'arrangent pour les exploiter. Vous avez l'air de ne pas me croire? Eh bien, vous verrez! Je vous attends à la première amourette que vous aurez ici. Fût-ce la nuit, au fond des catacombes, et sous triple cadenas, vous me direz si vous ne trouvez pas ce Tartaglia sur vos talons, et s'il ne s'arrangera pas pour que vous ayez absolument besoin de lui. Au reste, ne vous en chagrinez pas. Si l'obsession de ce genre de démon familier est quelquefois irritante, elle a aussi bien des avantages, et le mieux est de l'accepter franchement. Ils ont les qualités de leur emploi; ils sont aussi discrets pour garder votre secret qu'ils le sont peu pour vous l'arracher. Ils connaissent toutes gens et toutes choses ; ils ont l'esprit subtil, pénétrant, agréable à l'occasion. Ils vous donnent des conseils infâmes dans l'intérêt de vos passions, mais ils vous en donnent aussi de fort bons dans l'intérêt de votre sécurité. Ils vous avertissent de tout danger et vous préservent de toute école. On les connaît, on les emploie, on les ménage. A mesure que vous prendrez langue ici, vous apprendrez bien des choses et serez émerveillé de voir à quel point, sur cette terre classique de la caste, le diable rapproche, dans une mystérieuse intimité, les individus placés aux points extrêmes de l'échelle sociale. Souvenez-vous que Rome est le pays de la liberté par excellence. Entendons-nous : la liberté de faire le mal ! Il y a plus de deux mille ans que c'est ainsi.

— Je crois ce que vous me dites en voyant un vagabond comme ce Tartaglia prendre possession de ce palais et de cette famille, comme ferait un homme de confiance. Et pourtant nous sommes chez des Anglais qui devraient avoir en exécration un pareil spécimen des mœurs locales!

— Rien de plus tolérant que les Anglais hors de chez eux, mon cher. Voyager est pour eux une débauche d'imagination qui les soulage de la raideur de leurs habitudes. Ceux-ci sont venus plusieurs fois en Italie, et si je ne les ai jamais rencontrés à Rome, c'est que je ne m'y suis pas trouvé aux mêmes époques, ou qu'ils n'avaient pas, pour se faire remarquer, cette belle nièce avec eux. Mais je vois bien que lord B*** connaît le terrain, et quand je l'ai vu, hier soir, accueillir le Tartaglia si amicalement, je me suis dit que lady B*** était jalouse, et que mylord avait souvent besoin d'un éclaireur, d'un factionnaire ou d'une vigie. Peut-être bien aussi Tartaglia sert-il à la fois d'espion à la femme et de confident au mari; mais je vous réponds qu'il satisfait aux exigences de l'un et de l'autre sans en trahir aucun, son affaire étant de vivre de leurs bonnes grâces, et de vivre sans travailler, ce qui est tout le problème à résoudre dans l'existence du prolétaire romain.

— Ainsi, par fierté, ils refusent d'être laquais; mais, par goût, ils sont...

— Hommes d'intrigues! Ceux qui ne le sont pas sont forcés de voler ou de mendier. Si ce n'est par goût que beaucoup d'entre eux cherchent à vivre des vices des classes riches, c'est au moins par besoin. Que voulez-vous que fasse un peuple qui n'a ni commerce, ni industrie, ni agriculture, ni relations avec le reste du monde? Il faut bien qu'il se mette à sucer, comme un parasite, la séve de ces grands arbres qui étouffent les plantes basses sous leur ombre. Cela vous indigne ou vous attriste? Bah! c'est Rome, la merveille du monde, la ville éternelle de Satan, le grand festin où, parasites nous-mêmes, nous venons chercher, selon nos aptitudes, l'art, le mystère, la fortune ou le plaisir. A bon entendeur, salut! Pourvu que vous ne fassiez pas de scandale, tout ira bien pour vous. Et, pour ma part, excepté de prétendre à l'enthousiasme de miss Medora, je suis disposé à vous aider en toute honnête entreprise, ou à vous pardonner toute aventure agréable. Et sur ce, je m'en vas trouver il signor Tartaglia; car il m'a semblé que le drôle avait pour vous une préférence inquiétante, et je veux que, par l'intermédiaire de la Daniella, il me fasse *mousser* auprès de la céleste Médora. A propos, ajouta-t-il en s'en allant, permettez-moi, au premier dîner que j'accepterai ici, de glisser dans l'oreille de la *princesse* que vous êtes épris... en tout bien tout honneur (je sais comment il faut parler à une Anglaise!), de sa piquante camériste.

— Dites que c'est une idée de peintre!

— Oui, c'est ça! une *tocade!* Ce sera bien assez pour vous faire mépriser profondément. A demain! Je viendrai vous chercher pour vous montrer un peu les principales masses de la ville. Mais je vous avertis qu'il vous faudra bien un an pour voir tous les détails! Adieu! »

A présent, j'entends la voix de lord B***, qui vient me chercher. Il m'a dit qu'il se chargeait d'envoyer mes lettres en France par l'ambassade anglaise, sans qu'elles eussent à passer par les mains de la police papale, qui ne les laisserait point passer du tout.

X

Rome, 24 mars 185..

Je crois que je ne resterai pas ici; j'y suis abattu, faible; une tristesse de mort me pénètre par tous les pores. Est-ce de Rome, est-ce de moi que cela vient? Ces entretiens de chaque jour avec vous m'arrachaient à des réflexions trop personnelles et me faisaient vivre en dehors de mon spleen.

Je vais tâcher de les reprendre, ne dussé-je pas vous envoyer toutes ces écritures.

Mais si, pourtant ; il faut que je vous promène avec moi dans ce cimetière plus vaste, mais moins imposant mille fois que celui de Pise. Il faut vous montrer Rome comme elle m'apparaît, dussé-je vous faire partager ma désillusion.

Par où commencerai-je ? Par le Colisée. Vous connaissez par la peinture, la gravure et la photographie tous les monuments de l'Italie. Je ne vous en décrirai aucun. Je vous dirai seulement l'impression que j'en ai reçue. Celui-ci, quoique beaucoup plus vaste, en fait, que ceux de Nîmes et d'Arles, que j'ai vus dans mon enfance, est moins saisissant. La partie des gradins manque, et c'est ce revêtement qui donne à ces vastes arènes leur caractère solennel, et qui aide l'imagination à y reconstruire les terribles scènes du passé. Ici, ce n'est plus qu'une carcasse gigantesque, des constructions superposées dont on ne devinerait pas l'usage si on ne le savait pas d'avance. Et puis, n'a-t-on pas imaginé de sanctifier ce lieu funeste par un *chemin de croix*, c'est-à-dire par un entourage intérieur de petites chapelles uniformes, microscopiques, il est vrai, mais, en revanche, d'un nu et d'un blanc si criard, qu'elles s'emparent de l'œil et le crèvent, quelque effort qu'il fasse pour s'en détacher ! Entre ces chapelles, des échafaudages de planches semblent destinés à un étalage forain ; c'est là que des capucins viennent prêcher pendant le carême. Ce que l'on nous racontait chez vous des incroyables bouffonneries de ces énergumènes, et des scènes burlesques que présentent ces prédications en plein vent, reste beaucoup au-dessous de la réalité. Il faut l'avoir vu et entendu, pour croire que cela existe encore. On dit que le haut clergé en rit, mais qu'il le tolère et ne pourrait s'y opposer sans mécontenter le peuple.

Je ne m'en fâcherais pas si ces saltimbanques emportaient leurs baraques et la décoration de petits frontons badigeonnés dont ils ont enlaidi l'arène du Colisée ; mais cette décoration bénite et consacrée durera peut-être plus que le Colisée lui-même. Il faut en prendre son parti, et ne pas s'arrêter sous ces puissantes arcades ruisselantes de végétation, au fond desquelles, au milieu d'une perspective magique de couleur, on aperçoit, de quelque côté qu'on s'y prenne, un de ces objets disparates qui tuent tout effet, en bannissant toute émotion sérieuse.

— Passons, me dit lord B*** qui avait voulu me servir de guide. Ce n'est rien de plus qu'un tas de pierres bien grand.
— Il avait presque raison.

Le Forum, les temples, toute cette série de vestiges magnifiques qui s'étend le long du *Campo Vaccino*, depuis le Capitole jusqu'au Colisée, n'est réellement très-intéressante que pour les antiquaires. Les arcs de triomphe sont seuls assez entiers pour qu'on puisse les appeler des monuments. On est enchanté, cependant, au premier abord, de voir tant d'ossements du grand cadavre montrer encore l'étendue et l'importance de sa vie et de son histoire. Les fragments relevés ou gisants sont beaux, ou riches, ou énormes. Ce qui est resté debout fait encore grande figure à côté des constructions qui ont été accolées ou qui touchent de trop près, à côté surtout d'édifices modernes tels que le Capitole, qui est une jolie chose trop petite pour sa base. Mais, à part l'intérêt historique qui est incontestable, qu'est-ce qui manque donc pour que ces ruines ne produisent pas plus d'effet sérieux sur le commun des mortels comme votre serviteur ? Pourquoi n'éprouve-t-il qu'un saisissement de malaise et de regret plutôt que de surprise et d'admiration ? Pourquoi lui faut-il faire un notable effort pour se représenter le spectre du passé planant sur ces restes dont l'attitude est encore significative et la pensée lisible ?

J'en cherche la raison, et je trouve celle-ci, qui est fort banale, mais fort vraie : c'est que les ruines ne sont pas à leur place au beau milieu d'une ville. Plus elles sont belles, plus elles font paraître laid tout ce qui n'est pas elles. La mort et la vie ne peuvent pas trouver un lien, une transition. Elles effacent mutuellement leur empreinte. On se demande ici où est Rome, si elle existe, ou si elle a existé. C'est l'un ou l'autre, et pourtant je ne vois bien ni l'un ni l'autre. La Rome du passé n'existe plus assez pour m'écraser de sa majesté. Celle du présent existe trop peu pour me la faire oublier, et beaucoup trop pour me la laisser voir. Je sais bien qu'il n'y a pas moyen de relever la Rome antique ; mais il m'est venu un projet à l'état de vision qui arrangerait toutes choses à ma guise : ce serait de faire disparaître la Rome moderne et de la transporter ailleurs. Nous laisserions sur place ses palais et ses églises, ses obélisques, ses statues, ses fontaines et ses grands escaliers ; et, au lieu de ses vilaines rues et de ses affreuses maisons, nous apporterions de beaux arbres et de belles fleurs que nous grouperions assez habilement pour isoler un peu les édifices des diverses époques sans les masquer. Mais nous ne planterions qu'après avoir bien fouillé ce sol immense qui nous rendrait autant de richesses que nous en avons déjà à fleur de terre. Oh ! alors ce serait un beau jardin, un beau temple dédié au génie des siècles, la véritable Rome de nos rêves d'enfant, le musée de l'univers !

Quant à transporter la population dans un air viable et sur une terre cultivée, la chose faite, elle ne s'en plaindrait pas. Elle n'aurait certes pas lieu, même en supposant qu'elle restât sous le joug des prêtres, de regretter l'atmosphère où elle végète et le foyer de pestilence qui l'environne.

Mais assainir cette Rome d'aujourd'hui, au moral et au

physique, me paraît plus difficile que le rêve de la transplanter ailleurs.

Disons donc, pour en revenir à l'aspect des choses ici, qu'elles sont mal situées relativement au cadre qui les environne : un cadre de constructions laides, pauvres, bêtes ou choquantes; et, par malheur, rien qui puisse être dégagé pour l'œil, de ces accessoires déplorables, à moins de grands partis pris, de grandes dépenses, de grands moyens et de grandes idées par conséquent. Sans aller aussi loin que moi tout à l'heure (il ne m'en coûtait rien !), le formidable travail de démolition et de reconstruction auquel se livre aujourd'hui l'édilité parisienne, serait ici aux prises avec des éléments grandioses, des rêves magnifiques, sans compter les besoins impérieux d'assainissement que réclame au plus vite une population décimée par la fièvre, même au sein des quartiers réputés les mieux aérés et les mieux entretenus.

Si vous saviez en quoi consiste le nettoyage d'une ville qui possède à chaque coin de rue ce que l'on appelle un *immondiziario*, c'est-à-dire une borne, souvent décorée d'un fragment antique très curieux, d'un torse innommé ou d'un pied colossal, sur lequel s'entassent toutes les ordures imaginables ! Cela sert à enterrer des chiens morts sous des trognons de choux et beaucoup d'autres choses que je ne vous dirai pas. Comme les rues sont étroites et les dépôts considérables, il faut y marcher à mi-jambe ou rebrousser chemin. Ajoutez à cela l'aimable abandon du peuple romain qui, en quelque lieu qu'il se trouve, sur les marches des palais ou des églises, sous le balai même des custodes irrités, sous les yeux des femmes et des prêtres, s'accroupit, grave, cynique, le cigare à la bouche, ou chantant à pleine voix. Je me demande comment les poëtes contemplatifs dont je vous parlais l'autre jour ont tant pleuré sur les ruines et se sont assis sur tant de fûts de colonnes, sans être asphyxiés, car les ruines sacrées sont presque aussi polluées que les rues fréquentées et les places publiques; et l'autre jour j'ai vu la belle Medora au bras de mon ami Brumières, levant les yeux vers le fronton de Sainte-Marie-Majeure, et s'extasiant sur les délices intellectuelles de Rome..., mais promenant sa longue robe de soie et ses incommensurables jupons brodés... J'avoue que je n'ai pu retenir un fou rire, et que, ne pouvant plus songer à cette romantique beauté sans me représenter le spectacle de cette distraction, je sens que je ne pourrai jamais devenir amoureux d'elle.

Je vous demande bien pardon d'associer dans votre pensée l'image de Rome à celle de la révoltante obscénité de ses coutumes et franchises; mais c'est le trait caractéristique qui, du premier moment, vous donne la clef de l'ensemble. L'abandon absolu de toute pudeur, l'absence de répression, la magistrale insouciance du passant, la fièvre et la mort planant sur le tout malgré une incessante pluie d'eau bénite, cela explique bien des choses, et il ne faut pas s'étonner si l'on a pu bâtir tant de cahuttes avec les pierres des édifices sacrés, si des guenilles immondes flottent sur les précieux bas-reliefs incrustés dans tous les murs, et si, dans le monde moral que cet extérieur représente, il y a des vices infâmes vainement arrosés d'eaux lustrales, et des vertus natives écrasées sous d'effroyables misères.

Je me suis relevé de l'abattement moral où m'avait plongé cette première impression, au milieu des Thermes de Caracalla. Ceci est une ruine grandiose et dans des proportions colossales; c'est renfermé, c'est isolé, silencieux et respecté. Là, on sent la terrifiante puissance des Césars et l'opulence d'une nation enivrée de sa royauté sur le monde.

Mais ce qui, pour mon usage personnel, me semble préférable à tout, ici, ce qui est unique dans l'univers, c'est le coup d'œil que, par un ciel sombre et rougeâtre, présente la via Appia, cette route des tombeaux dont on parle moins dans les livres que de tout le reste, et dont je n'avais vu aucune image. Je crois que cela est en grande partie nouvellement exhumé et n'a pas encore eu trop de larmes de poëtes. Je vois qu'on fouille encore et que, tous les jours, on découvre de nouvelles tombes. Cette étroite, mais incommensurable perspective de ruines tumulaires, est d'un effet que vous pouvez rêver incomparable, sans crainte d'aller trop loin. C'est une route bordée, sans interruption, de monuments antiques de toute dimension et de toutes formes, avec un caractère harmonieux et une profusion de débris d'une grande beauté. On a rassemblé tous ces fragments épars et enfouis; on a réussi à rétablir assez chaque tombeau pour qu'ils aient tous un sens, une physionomie, et la plupart de leurs inscriptions solennelles ou facétieuses. Cela s'étend dans la Campagne de Rome pendant plus d'une lieue; et si l'on fouille toujours, on trouvera peut-être tous les monuments de cette route-cimetière qui allait jusqu'à Capoue.

Le pavé de lave basaltique sur lequel vous marchez est, en beaucoup d'endroits, la voie antique même, et les roues des voitures s'enfoncent dans les mêmes rainures qui furent creusées par le passage des chars. A droite et à gauche de cette voie, qui coupe à vol d'oiseau dans la Campagne de Rome jusqu'à Albano, vous voyez s'élever, dans le désert, les doubles et triples lignes de ces aqueducs monumentaux dont la rupture et l'abandon font la beauté du tableau et, en partie, l'insalubrité du pays. Les *souvenirs* abondent : le tombeau de Sénèque, le champ de bataille des Horaces, le temple d'Hercule, le cirque de Romulus, et, ce qui est encore un monument debout et imposant, le mausolée splendide de Cécilia-Métella; mais je ne suis qu'un pauvre peintre, et je ne vous par e que de ce qui frappe les yeux. C'est beau, c'est grand, c'est coloré, c'est étrange surtout, cette via Appia, et d'un caractère de désolation que ne trouble aucune construction moderne, aucun accident vulgaire.

. . . .

Je suis descendu d'un degré de plus dans le mépris de miss Medora en avouant, après une journée de courses avec lord B***, que la plus vive sensation de cette journée avait été le tableau que je vais vous dépeindre.

Tartaglia, qui, bon gré mal gré, nous suit partout, et qui, en dépit du silence que nous lui imposons, trouve moyen de nous faire faire sa volonté, nous avait conduits au fond d'un abominable égout placé sous des jardins, dans un coin tout rustique du Vélabre ; car il faut vous dire qu'à chaque pas et sans transition, cette ville est une ruine antique, une cité chrétienne, un quartier *nobile*, et une campagne. Nous avions descendu un petit chemin malpropre, et vu, dans une sorte de précipice infect, un bonhomme lancer les charognes dont sa charrette était chargée. Cette voirie, c'est la *Cloaca maxima ;* cela a plus de deux mille ans d'existence. Ce fut un grand ouvrage pour assainir Rome, et c'est si solidement construit en blocs de travertin et de pépérin, que cela sert encore à recevoir les eaux des égouts du quartier et à les porter dans le Tibre. Mais je doute que la police s'en occupe beaucoup, puisqu'il est maintenan à moitié comblé par les immondices, et qu'on trouve plus simple d'y jeter des chevaux morts que de faire un trou pour les enterrer.

Lord B***, qui est fort las d'antiquités, jurait après Tartaglia, lorsqu'en revenant sur nos pas, nous remarquâmes un détail qui nous avait échappé : c'est une excavation dans le tuf où, au fond d'un petit antre noir, coule l'*Aqua argentina,* flot de cristal dont on ignore l'origine. Cette eau, si belle et si précieuse dans une ville où les eaux sont presque toutes funestes, est à la merci de la première lavandière venue. Il y en avait là une que je n'oublierai jamais. Seule dans cet antre, grande, maigre, jadis belle, hideusement sale, vêtue de haillons couleur de terre, ses longs cheveux encore noirs, épars sur son sein nu, pendant comme celui d'une vieille Euménide, elle lavait, battait et tordait avec une sorte de rage qui m'a fait penser aux fantastiques *lavandières de nuit* de nos légendes gauloises ; mais elle n'en avait que l'activité : c'était une Romaine ou plutôt une Latine. Elle chantait quelque chose d'inouï, avec une voix haute, nazillarde et plaintive, dans un patois dont je ne saisissais que ces rimes souvent répétées : *mar, amar.* J'aurais été désolé que Tartaglia me traduisît le reste ou qu'il m'apprît quel était ce dialecte. On sent en soi le besoin de respecter les mystères de certaines sensations. J'aurais été également fâché de songer seulement à faire un croquis de cette pythonisse détrônée, qui se trouvait là comme sortie de terre, frappant l'eau en cadence et essayant sa voix enrouée après deux ou trois mille ans d'inhumation sous les ruines de Rome. Non, ce n'est pas moi qui dirai maintenant cette formule classique que l'on trouve dans les romans : *Il eût fallu à cette scène le pinceau d'un grand maître!* Non, certes, il ne fallait rien que voir, entendre et se souvenir. Il y a des choses qu'on ne prend sur le fait par aucun moyen matériel : l'âme seule s'en empare. J'aurais bien défié le plus habile musicien de noter ce que chantait la sibylle. Cela n'avait aucun rhythme, aucune tonalité appréciable d'après nos règles musicales. Et cependant elle ne chantait pas au hasard, et elle ne chantait pas faux selon sa méthode, car je l'écoutai longtemps, je vis que chaque couplet repassait exactement par les mêmes modulations et la même mesure. Mais que cela était étrange, lugubre, funéraire! Ce thème peut être une tradition aussi ancienne que la *Cloaca maxima.*

C'était peut-être là le chant primitif des Latins, et ce serait peut-être beau, si nos oreilles, faussées par un système inflexible, pouvaient l'admettre ou le comprendre.

Voilà comment je peux vous expliquer, à vous, l'émotion qui m'avait gagné, et que lord B*** voulut ensuite me faire traduire en paroles convenables à sa précieuse nièce. Je n'aurais pu en venir à bout; je m'en tirai par des plaisanteries, et il en résulta quelque aigreur entre nous, au grand contentement de Brumières, qui était là à prendre le thé, et qui me pousse le coude pour m'encourager, chaque fois que l'occasion se présente de me rendre insupportable à l'objet de son culte.

XI

24 mars.

Je vous ai bien assez promené aujourd'hui chez les morts. Nous serons forcés d'y retourner, car ici il n'y a pas moyen d'en sortir; mais, pour aujourd'ui, il faut que je vous parle un peu des vivants.

Miss Medora est donc tout à fait persuadée que j'ai l'horreur du beau, et j'ai bien senti, dans ses paroles, que, la Daniella aidant, Tartaglia avait fait les affaires de mon camarade. On sait que je me défends d'adorer les charmes irrésistibles de miss Medora, et que j'ose trouver plus piquants ceux de la soubrette. La soubrette elle-même a l'air de croire à mon amour, vu que je continue mon rôle et que je l'accable de compliments exagérés. Brumières pousse sa pointe et se nourrit d'espérances que je crois tout aussi folles que celles dont Tartaglia persiste à vouloir m'enfiévrer.

Cela fait une situation assez piquante et qui m'égayerait si je pouvais secouer je ne sais quel manteau de glace tombé sur mes épaules et sur mon esprit depuis que je suis à Rome.

Il faut pourtant que je tâche de ne pas vous ennuyer aussi, et je veux vous dire quelle singulière conversation j'ai entendue avant-hier; cela fera la suite, et, à certains égards, la contre-partie de celle que j'ai surprise à la *Réserve*. Il paraît que je suis destiné à m'emparer, comme malgré moi, des secrets d'autrui. Ne me dites pas que je fais métier d'écouter aux portes ou au travers des cloisons. Vous allez voir comment la chose est arrivée.

Pour vous la faire comprendre, il faut que je vous dise où et comment je suis logé.

Il arrive quelquefois, dans ces grands palais d'Italie, que les deux étages principaux sont la propriété de personnages différents. Il en a été ainsi dans celui où je me trouve, car ces deux habitations superposées ont été arrangées de manière à être bien distinctes l'une de l'autre. Nulle communication entre le premier et le second. Quand je vais dîner avec mes Anglais, j'ai à descendre jusque dans la rue pour remonter chez eux par une autre porte située sur une autre façade de l'édifice.

Mais cette disposition particulière n'a pas été prise lors de la construction du palais, et il se trouve dans mon appartement, dans ma chambre même, une porte donnant sur un petit escalier qui aboutit à une impasse. C'était autrefois, sans doute, une des communications pour le service intérieur de la maison, et elle est parfaitement murée. J'avais exploré cet escalier le jour de mon installation, et, voyant qu'il n'aboutissait qu'à un gros pilier pris dans la maçonnerie, j'avais jugé parfaitement inutile d'en demander la clef.

Avant-hier donc, vers six heures, comme je venais de rentrer pour faire un peu de toilette (car il est à peu près impossible de songer à dîner dehors, lady Harriet m'envoyant dire sept fois tous les matins qu'elle compte sur moi pour le soir), je fus surpris de trouver cette porte ouverte et le très-remarquable berret basque de Tartaglia sur la première marche. Je l'appelai, il ne répondit pas ; mais il me sembla entendre remuer au fond de l'impasse, et j'y descendis dans l'obscurité. Quand je fus à la dernière marche, je sentis une main se poser sur mon bras.

— Que fais-tu là, coquin? lui dis-je, reconnaissant le sans-gêne de mon drôle.

— Chut! chut! tout bas! me répondit-il d'un ton mystérieux. Écoutez-la, elle parle de vous !

Et, m'attirant avec lui contre la muraille, il m'y retint par le bras, et j'entendis en effet prononcer mon nom.

C'était la voix de miss Medora qui m'arrivait à l'oreille, comme au moyen d'un cornet acoustique, et qui disait : « Tu déraisonnes; il te trouve laide, et c'est une coquetterie à mon adresse, de faire semblant... » Un éclat de rire de la Daniella interrompit la jeune lady.

J'aurais dû n'en pas écouter davantage. Oh! cela, j'en conviens, et voilà que, suivant la prédiction de Brumières, je subissais fatalement la mauvaise influence de cette canaille de Tartaglia ; mais, croyez-vous qu'un homme de mon âge, quelque sérieux que l'ait rendu sa destinée, puisse entendre deux jolies femmes parler de lui, et résister à la tentation de prêter l'oreille?

La Medora avait, à son tour, interrompu le rire de la Frascatine par une réprimande assez aigre.

— Vous devenez sotte, lui disait-elle, et prenez garde à vous! Je ne souffrirais pas auprès de moi une fille qui aurait de vilaines aventures.

— Qu'est-ce que Votre Seigneurie appelle vilaines aventures? reprit vivement la Daniella. Qu'y aurait-il de vilain à être aimée de ce jeune garçon? Il n'est ni riche ni noble, et il me conviendrait beaucoup mieux qu'à Votre Seigneurie.

Là-dessus, miss Medora fit une morale à sa femme de chambre, essayant de lui prouver qu'un homme de *ma condition,* bien élevé comme je le paraissais, ne pouvait prendre l'amour au sérieux avec une grisette, avec une *artigiana* de Frascati; qu'elle serait trompée, abandonnée, et que, pour un moment de vanité satisfaite, elle aurait à pleurer tout le reste de ses jours.

La Daniella ne me semble pas fille à tant se désespérer, le cas échéant, car elle continua sur un ton très-décidé :

— Laissez-moi penser de tout cela ce que je veux, signora, et renvoyez-moi si je me conduis mal. Le reste ne vous regarde pas, et les sentiments de ce jeune homme pour moi ne peuvent que vous divertir, puisqu'il vous déplaît encore plus que vous ne lui déplaisez.

La discussion alla quelques moments ainsi; mais d'aigre-douce elle devint tout à coup violente. Miss Medora se plaignait d'être mal coiffée (il paraît qu'on la coiffait pendant ce colloque); et comme la Daniella assurait avoir fait de son mieux et aussi bien qu'à l'ordinaire, l'autre s'emporta, lui dit qu'elle le faisait exprès, et, s'étant apparemment décoiffée, elle donna l'ordre de recommencer. Il y eut des larmes de la Daniella, car, après un moment de silence, l'Anglaise reprit :

— Allons, sotte, pourquoi pleures-tu?

— Vous ne m'aimez plus, dit l'autre. Non! depuis que ce jeune homme est ici, vous n'êtes plus la même : vous avez du dépit, et je vous dis, moi, que vous l'aimez.

— Si je ne vous savais folle, répondit l'Anglaise irritée,

je vous chasserais pour les impertinences que vous dites à tout propos ; mais je vous prends pour ce que vous êtes, une sauvage ! Allons, venez me mettre ma robe.

Le bruit d'une porte, brusquement fermée, mit fin à cette querelle et à mon péché de curiosité. En cherchant à retrouver l'escalier, je m'aperçus que Tartaglia était toujours près de moi et qu'il n'avait pas dû perdre un mot de tout ceci. Je l'avais oublié.

— Mais, insupportable espion, lui dis-je, pourquoi es-tu venu là, et comment oses-tu te permettre de surprendre les secrets d'une maison qui t'accueille et te nourrit ?

— En cela, répondit l'impudent personnage, nous sommes à deux de jeu, *mossiou !*

Fort bien, pensai-je, j'ai ce que je mérite ; et, pour ne pas faire avec lui le pendant de la scène des deux jeunes filles, je remis ma réplique à un autre moment. « Avant de remonter, me dit-il en me retenant avec son incorrigible familiarité, donnez-vous donc le plaisir de regarder la jolie invention ! » Et, frottant sur le mur une allumette qui prit feu, pour nous éclairer suffisamment, il me montra, sous le renfoncement de la muraille, contre le pilier, une petite ouverture simulant l'absence d'une brique. J'y collai mon œil, et ne vis pas le plus petit rayon de lumière.

— Il n'y a rien là pour la vue, continua le cicérone de cet arcane domestique. Cela serpente dans le mur ; c'est arrangé pour entendre. C'est comme une *oreille de Denys.*

— Et l'invention est de toi ?

— Oh ! non, certes ! Je n'étais pas né quand celui qui a imaginé ça est mort. C'était un cardinal jaloux de sa belle-sœur qui...

Je remontai à ma chambre. J'ai peu de goût pour les historiettes scandaleuses de Tartaglia. Vraies ou fausses, elles sont une satire si sanglante des mœurs des princes de l'Église, et en même temps je le vois tellement dévot, que je me tiens avec lui sur mes gardes. Il est trop libre dans son langage pour n'être pas mouchard, et agent provocateur pardessus le marché.

— *Mossiou! mossiou!* dit-il en riant quand j'eus refermé la porte en lui promettant beaucoup de coups de pied quelque part si je l'y reprenais ; vous ne feriez point cela ! Je suis un Romain, moi, et, au contraire de la Medora, qui fait l'indifférente parce qu'elle est fâchée, vous faites le fâché pour cacher que vous êtes content. J'espère que vous en êtes sûr, à présent, que j'avais raison ? Vous êtes aimé ! Je ne me trompe jamais, moi ! Allez, allez, excellence, n'ayez pa peur. En écoutant souvent par-là, vous saurez comment il faut vous conduire, et je vois, à présent, que vous vous y prenez bien. Vous poussez au dépit pour faire pousser la passion. C'est bien, je suis content de vous ; mais vous, quand vous serez mylord, souvenez-vous du pauvre Tartaglia.

Là-dessus, il sortit plus enchanté que jamais de lui-même.

La première parole que j'adressai à Medora, au moment du dîner, fut une louange exorbitante sur l'admirable arrangement de ses cheveux. J'étais, vous le voyez, dans une disposition d'esprit profondément scélérate ; mais il est certain que cette Daniella a un goût exquis et qu'elle est pour moitié dans les triomphes de beauté de sa maîtresse. Pauvre fille, pensais-je, elle aussi, elle a des cheveux magnifiques qui sont peut-être plus à elle que ceux de cette anglaise, et on ne les aperçoit que quand son mouchoir blanc se dérange.

Dans la querelle que j'avais entendue, certes la provoquée, la méconnue et l'humiliée était cette pauvre Frascatine. N'est-ce pas une chose contre nature pour une jeune fille d'avoir à s'effacer pour faire place à une autre, et de consacrer sa vie à orner une idole en s'oubliant soi-même? Et, parce que cette humble prêtresse de la déesse Medora se permettait de croire à mes hommages, la déesse courroucée l'avait menacée de la chasser de son sanctuaire!

— Certainement, lui dis-je, je ne vous ai jamais vue si bien arrangée.

— Vous croyez? répondit-elle du ton d'une femme au-dessus de ces misères; je m'arrange toujours moi-même, et j'y mets si peu de temps!

— Ah! vraiment? Vous avez l'adresse d'une fée et le goût d'une véritable artiste.

Nous étions seuls; elle en profita pour être coquette, et même un peu lourdement, comme le sont, je crois, les Anglaises quand elles s'en mêlent.

— Ne faites donc pas semblant de me regarder, dit-elle; je ne suis pas belle du tout dans votre opinion.

— C'est vrai, répondis-je en riant; vous êtes laide, mais bien coiffée, et j'envie votre habileté.

— Ah! et pourquoi faire? Voulez-vous donc natter et crêper vos cheveux?

— Je voudrais, dans l'occasion, savoir dire à un modèle comment il faut s'arranger. Est-ce que vous me permettez de regarder de près?

— Oui, regardez bien, et vous direz à la fameuse lavandière de l'*Aqua argentina* de s'arranger comme moi. Ah çà, vous touchez à mes cheveux? Savez-vous qu'on ne doit pas toucher à un seul cheveu d'une Anglaise?

— J'ai ce droit-là, ne vous semble-t-il pas?

— Vous? et pourquoi donc, s'il vous plaît?

— Parce que, auprès de vous, je suis absolument calme et indifférent. Je suis le seul homme au monde capable d'une pareille imbécillité ; donc, le seul homme qui ne puisse vous inquiéter et vous offenser en aucune façon.

Il faut vous dire que j'avais senti, au toucher, en effleurant la grosse tresse de son chignon, la différence des cheveux morts avec les vivants, et cela me donna l'aplomb d'ajouter : « Croyez-vous qu'une femme qui n'aurait pas, comme vous, cette profusion de cheveux, pourrait imiter votre coiffure ? »

— Je n'en sais rien, répondit-elle brusquement en me lançant un regard d'aversion où je crus lire clairement ces paroles : Vous savez que ma grosse tresse n'est pas à moi, parce que la Daniella vous l'a dit, ou qu'elle m'a coiffée de manière à rendre l'artifice visible.

Elle sortit au bout d'un instant, et quand elle revint, je vis que l'on avait retouché à la coiffure. Je me repentis de mon impertinence : ceci avait dû causer de nouvelles larmes à la pauvre Frascatine.

. . . .

Je vois que je suis une pomme de discorde et que je dois cesser absolument de taquiner l'une ou l'autre. J'espère être quitte envers Brumières et m'être consciencieusement assuré l'antipathie de Medora. Les impertinences de la soubrette m'ont bien aidé à obtenir ce résultat ; mais les choses ne doivent pas aller plus loin, si je ne veux pas que l'orage retombe sur la pauvre fille.

Savez-vous que je m'attache réellement à la personne la moins aimable de la maison ? Je ne parle pas de ce pauvre Buffalo, qui a réellement beaucoup d'esprit et de savoir-vivre, mais au véritable chien galeux de la famille, à lord B***, le prosaïque, le petit esprit, le vulgaire, l'ignorant, l'homme nul, sans cœur et sans intelligence ? Car telle est l'opinion bien arrêtée désormais de lady Harriet sur le compte de l'homme qu'elle a aimé jusqu'à la consomption, jusqu'à l'étisie. Quand je regarde cette courte et ronde personne, si bien guérie, si fraîche dans son soleil d'automne, et si aimable quand elle oublie de déplorer la médiocrité de son mari, je ne puis m'empêcher de m'effrayer à la pensée de l'amour. Est-ce donc là une des réactions inévitables des grandes passions, et faut-il absolument, quand on a été adoré, tomber dans ce mépris que les délicatesses d'un grand savoir-vivre peuvent à peine dissimuler chez lady B***, mais qui navrent son orgueil comme un poison lent à dose continue? Ceci ne serait rien encore, et vous me direz que je ne cours pas si grand risque d'inspirer de grandes passions. C'est bien mon avis; mais si, par hasard, j'étais capable d'en ressentir une et d'obtenir, pour compagne de ma vie, une *femme adorée,* serais-je donc condamné, un jour ou l'autre, à éprouver les angoisses et les écœurements d'une désillusion comme celle dont lady B*** me montre le triste exemple?

Il y a une chose certaine, cependant, c'est que lady B*** est dans l'erreur sur le compte de son mari et sur le sien propre. Lord B*** lui est infiniment supérieur sous tous les rapports sérieux. Sans avoir beaucoup d'instruction ni d'esprit, il en a infiniment plus qu'elle; et quant au caractère, il y a en lui une loyauté, une chasteté, une candeur, une philosophie, une générosité à la fois spontanées et raisonnées qui laissent bien loin derrière elles la douceur naturelle, la libéralité insouciante et la sensiblerie exaltée de sa femme. En somme, ce sont deux bonnes et honnêtes natures; mais ici le mari a toutes les qualités essentielles de l'homme, et l'épouse n'a que les agréments vulgaires de la femme. Lady Harriet est un type que l'on voit partout; lord B*** est une précieuse originalité, et, dans le cercle obscur des vertus privées, une supériorité réelle.

Au fond, je crois voir que ces deux âmes froissées ne se

haïssent point, et que, tout en maudissant le joug qui les lie, elles ne le verraient pas se rompre sans douleur et sans effroi. Quelle est donc la cause du désenchantement de l'une et du découragement de l'autre? Peut-être une fausse appréciation du monde extérieur, trop de dédain pour ce monde, de la part du mari, trop d'estime, de la part de la femme. Mais le dédain, chez lord B***, vient d'un excès de modestie personnelle, et, chez lady Harriet, l'engouement résulte d'un fonds de vanité frivole.

Voilà donc un ménage à jamais troublé, deux existences profondément gâtées et stériles, parce qu'une femme manque de bon sens, et un homme de présomption!

Je suis arrivé vite à parler de cette plaie secrète avec lord B***. Son seul défaut, c'est de la laisser voir trop facilement. Il y a si longtemps qu'elle le ronge! Peut-être aussi n'est-il pas né avec beaucoup d'énergie. Je lui ai appris que j'avais entendu sa conversation avec l'officier de marine, à la *Réserve*, et que j'avais résolu de lui en garder le secret, même avant de prévoir que nous serions liés ensemble. Il m'en sait un gré infini et me tient pour un homme excessivement délicat. Il ne s'aperçoit pas que ma discrétion ne sert pas à grand'chose, et que son attitude pénible, mélancolique et un peu railleuse auprès de sa femme, fait deviner à tout le monde ce que je sais avec plus de détail seulement. Je me suis permis de le lui dire, et il m'a remercié de ma franchise, en promettant de s'observer; mais lady Harriet a, dans ses indignations rentrées ou dans ses soupirs de compassion, quelque chose de si blessant pour lui, que je doute de l'utilité de mes humbles avis. Il semble, d'ailleurs, que tous deux soient tellement habitués à ne pas s'accepter, qu'ils périraient d'ennui et ne sauraient plus que faire d'eux-mêmes, si on arrivait à les mettre d'accord.

La belle Medora devrait être un trait d'union entre eux;

mais il ne paraît pas qu'il y ait jamais songé. C'est, je le crains bien, une tête éventée, sous son air grave et pensif. Élevée à travers champs par une mère voyageuse, ensuite orpheline et promenée de famille en famille, elle a fait acte d'indépendance dès sa majorité (car elle a déjà quelque chose comme vingt-cinq ans), en choisissant sa tante Harriet pour chaperon définitif. Cette préférence s'explique peut-être par des affinités de goûts et d'habitudes : amour de la parure, de la paresse et de l'apparence en toutes choses. Elles nous font l'honneur d'appeler cela des goûts d'artiste. Et puis, la jeune personne a fait cause commune de plaintes et de dénigrements moqueurs avec la chère tante contre le pauvre oncle. Lord B*** en souffre et le supporte. Elle a doublé ma part de blâme, dit-il, en apportant son contingent de remarques défavorables sur mon compte ; mais, d'autre part, elle a allégé mes ennuis en réussissant à faire rire Harriet. C'est presque toujours à mes dépens ; mais du moment qu'elle rit, elle est un peu désarmée, et si on me méprise davantage, du moins on me laisse plus tranquille.

Nous avons retiré du journal de Jean Valreg quelques chapitres que nous nous proposons de publier à part. Les impressions de voyage l'emportaient trop sur le roman de sa vie, et, dans le choix que nous avons fait, nous désirons rétablir un peu l'équilibre auquel il ne songeait nullement à s'astreindre, en nous écrivant ces réflexions.

Nous ne le suivrons donc ni dans les musées, ni dans les églises, ni dans les palais de Rome, et c'est à Frascati que nous reprendrons le fil de ses aventures.

XII

Frascati, 31 mars.

Je crains, mon ami, d'avoir été bien spleenétique ces jours derniers. Mon dégoût de Rome s'est terminé par quelques jours de maladie. J'ai quitté Rome et j'espère être mieux ici.

La principale cause de mon mal, c'est le froid que j'ai éprouvé à Tivoli. C'est bien beau, Tivoli! Je vous en parlerai un autre jour. Je sais que vous voulez, avant tout, que je vous parle de moi. La bonne lady Harriet me voyant trembler la fièvre, cela m'avait pris comme un état convulsif en rentrant de cette course, a prétendu me soigner et me veiller elle-même. Son mari a eu beaucoup de peine à lui faire comprendre que cela me gênait et me contrariait au point de me rendre beaucoup plus malade, et c'est lui qui s'est chargé de moi. Mais avec quelle délicatesse et quelle bonté! Cet homme est réellement excellent! Voyant que j'éprouvais, comme les chats, le besoin de me cacher d'être malade, il s'est caché lui-même derrière mon lit et ne s'est montré que quand, battant la campagne, j'ai été hors d'état de comprendre la sollicitude dont j'étais l'objet.

Je suis resté ainsi deux fois douze heures, avec un intervalle de douze heures entre les deux accès. Un bien habile et bien digne médecin français m'a médicamenté à propos et sauvé, je crois, d'une plus grave maladie. Je dois dire que la petite Daniella m'a montré aussi beaucoup d'intérêt, et que, dans mes moments lucides, je l'ai vue autour de moi, aidant lord B*** à me dorloter. Et puis, je ne l'ai plus revue, et même, lorsque je l'ai cherchée dans le palais pour lui faire mes remercîments et mes adieux au moment du départ, il m'a été impossible de l'apercevoir.

C'est qu'il faut vous dire que je me suis enfui à la sourdine. Aussitôt que j'ai été sur mes pieds, je me suis fait conseiller la campagne pour quelques jours, par le docteur Mayer. J'aurais voulu retourner à Tivoli ; mais l'air y est mauvais, et c'est Frascati qui m'a été désigné. Lord B*** voulait m'y amener et s'occuper de mon installation ; mais je déteste tant occuper les autres de ma sotte personne, encore nerveuse et irascible comme on l'est quand on se sent affaibli, que je me suis sauvé avant le jour désigné pour le voyage. J'ai pris une petite voiture de louage, et me voilà enfin libre, c'est-à-dire seul.

Frascati est à six lieues de Rome, sur les monts Tusculans, petite chaîne volcanique qui fait partie du système des montagnes du Latium. C'est encore la Campagne de Rome, mais c'est la fin de l'horrible désert qui environne la capitale du monde catholique. Ici la terre cesse d'être inculte et la fièvre s'arrête. Il faut monter pendant une demi-heure, au pas des chevaux, pour atteindre la ligne d'air pur qui circule au-dessus de la région empestée de la plaine immense ; mais cet air pur est moins dû à l'élévation du sol qu'à la culture de la terre et à l'écoulement des eaux, car Tivoli, plus haut perché du double que Frascati, n'est pas à l'abri de l'influence maudite.

Aux approches de ces petites montagnes, quand on a laissé derrière soi les longs aqueducs ruinés et trois ou quatre lieues de terrains ondulés, sans caractère et sans étendue pour le regard, on traverse de nouveau une partie de la plaine dont le nivellement absolu présente enfin un aspect particulier assez grandiose. C'est un lac de pâle verdure qui s'étend sur la gauche jusqu'au pied du massif du mont Gennaro. Au baisser du soleil, quand l'herbe fine et maigre de ce gigantesque pâturage est un peu échauffée par l'or du couchant et nuancée par les ombres portées des montagnes, le sentiment de la grandeur se révèle. Les petits accidents perdus dans ce cadre immense, les troupeaux et leurs chiens, seuls bergers qui, en de certaines parties de la steppe, osent braver la *malaria* toute la journée, se dessinent et s'enlèvent en couleur avec une netteté comparable à celle des objets lointains sur la mer. Au fond de cette nappe de verdure, si unie que l'on a peine à se rendre compte de son étendue, la base des montagnes semble nager dans une brume mouvante, tandis que leurs sommets se dressent immobiles et nets dans le ciel.

Mais, en résumé, voici la critique qui se présente à mon esprit sur l'*effet* bien souvent *manqué* de la plaine de Rome. Je dis *manqué* par la nature sur l'œil des coloristes, et peut-être aussi sur l'âme des poëtes. C'est un défaut de proportion dans les choses. La plaine est trop grande pour les montagnes. C'est une étoile énorme avec un petit cadre. Il y a trop de ciel, et rien ne se *compose* pour arrêter la pensée. C'est solennel et ennuyeux, comme en mer un calme plat. Et puis, le genre de civilisation de ce pays-ci trouve moyen de tout gâter, même le désert. Puisque désert il y a, on voudrait le voir absolu, comme la prairie indienne de Cooper, dont les défauts naturels me semblent, d'après ses descriptions et les images que j'ai vues, assez comparables à ceux d'ici : de trop petites lignes de montagnes autour de trop grands espaces planes; mais, au moins, la prairie indienne exhale le parfum de la solitude, et l'œil du peintre qui voit, quoi qu'il fasse, à travers sa pensée, peut se reposer sur une sensation d'isolement complet et d'abandon solennel.

Ici, n'espérez pas oublier les maux passés ou présents de

l'état social. Cette plaine est parsemée de détails criards, d'une multitude de petites ruines antiques plus ou moins illustres ; de tours guelfes ou gibelines, très-grandes de près, mais microscopiques sur cette vaste arène ; de cahuttes de paille, assez vastes pour abriter, la nuit, les troupeaux errants pendant le jour, mais si petites à distance qu'on se demande si un homme peut y loger. Ce semis de détails toujours trop noirs ou trop blancs, selon l'heure et l'effet, est insupportable, et fait ressembler la plaine à un camp abandonné.

Pardonnez-moi cette critique froide de lieux qu'on est forcé par l'usage de trouver admirables de lignes et ruisselants de poésie. Il faut bien que je vous explique pourquoi, sauf de rares instants où l'œil saisit un détail par hasard harmonieux (les troupeaux le sont toujours et partout) et une échappée entre deux buttes où, par bonheur, il n'y a pas de ruines *tranchantes*, je m'écrie intérieurement : « Laide, trois fois laide et stupide la steppe de Rome ! O mes belles landes plantureuses de la Marche et du Bourbonnais, personne ne parle de vous ! Voilà ce que c'est que de manquer de peste, de cadavres, de rapins et de *larmes de poëte !* »

Enfin, ici, à Frascati, on entre dans un autre monde, un petit monde de jardins dans les rochers, qui, grâce au ciel, ne ressemble à rien, et vous fait comprendre les délices de la vie antique. Je tâcherai de vous en donner peu à peu l'idée ; car c'est un cachet bien tranché, et voici la première fois que je me sens vraiment loin de la France et dans un pays nouveau. Pour aujourd'hui, je ne vous parlerai que de mon installation dans un domicile étrange comme le reste.

Oubliez vite ce mot que je viens de dire : les *délices de la vie antique,* en parlant de la villégiature romaine. La campagne qui m'environne mérite le titre de délicieuse ; mais la civilisation n'y a point de part pour le pauvre voyageur, et si les villas princières que je vois de ma fenêtre attestent un reste de magnificence, la population ouvrière et bourgeoise qui végète à leurs pieds ne me paraît pas s'en ressentir le moins du monde.

La ville est pourtant jolie, non-seulement par sa situation pittoresque et son côté de ruines pendant sur le ravin, mais encore par elle-même. Elle est bien coupée et assez bien bâtie. On y arrive par une porte fortifiée qui a du caractère ; la place bien italienne avec sa fontaine et sa basilique, annonce une importance, une étendue et une aisance qui n'existent pas : mais c'est comme cela dans toutes ces petites villes des États de l'Eglise : toujours une belle entrée, des monuments, quelques grandes maisons d'aspect seigneurial, quelque villa élégante ou quelque riche monastère ayant à vous montrer quelques tableaux de maîtres ; et puis, pour cité, une bourgade d'assez bon air, peuplée de guenilles et recélant à l'intérieur une misère sordide ou une insigne malpropreté.

Je suis entré dans vingt maisons pour trouver un coin où je pusse m'établir, et Dieu sait qu'élevé dans un pauvre village de paysans, je n'apportais pas là de prétentions aristocratiques. J'ai trouvé partout le contraste particulier à ce pays ; un luxe de décoration inutile au milieu d'un dénûment absolu des choses les plus nécessaires à la vie. Dans la plus pauvre demeure, des sculptures et des peintures : nulle part, à moins de prix exorbitants, un lit propre, une chaise ayant ses quatre pieds, une fenêtre ayant toutes ses vitres. J'entrais dans ces maisons sur leur mine. Bien bâties et tenues fraîches, au dehors, par un air pur, elles annonçaient l'aisance. On est tout surpris de trouver, dès l'entrée, une sorte de vestibule voûté qui sert de latrines aux passants ; un escalier noir, étroit, avec des marches de deux pieds de haut, conduisant à un bouge infâme dont l'odeur vous fait reculer. Il est vrai que l'on a du marbre sous les pieds et des fresques telles quelles sur la tête. Le superflu est le nécessaire pour le Romain, et réciproquement.

L'intérieur de l'*Albergo Nobile* de Frascati, ancien palais vendu et revendu, est une curiosité sous ce rapport. On traverse de vastes salles remplies de statues de marbre blanc, copiées sur des antiques. Dans un grand hémicycle qui sert de salon principal, il y a tout un Olympe d'une colossale bêtise. Ailleurs, ce sont des chambres représentant des paysages vus à travers des colonnes, des salles de bain fort agréables, avec des baignoires de marbre blanc sur le modèle des vasques antiques; d'autres endroits plus secrets encore sont aussi en marbre blanc et décorés de sculptures. Puis, sur tout ce luxe de parois, des loques de tapis rapiécés, des fauteuils dépareillés, si gras et si vermoulus qu'on n'ose s'y asseoir; des lits rembourrés d'ardoises, et, pour ornements, des vases en cartonnage fané, rouge et or, contenant des bouquets de plumes de paon. Je m'imagine que le roi de Tombouctou, ou le grand chef des Têtes-Plates, se pâmerait d'aise devant un pareil goût de décoration.

Ce que j'ai enfin trouvé de plus confortable et de moins cher, c'est la villa Piccolomini, où me voilà installé. C'est une grande maison carrée, largement bâtie, et qui, malgré son dénûment et son état de dégradation, mérite encore le titre de palais. Un perron, à marches brisées et disjointes, où il faut se baisser pour passer sous le linge qui sèche sur des cordes, donne entrée à un vestibule fermé, qui, rempli de fleurs, ferait une jolie serre. Au rez-de-chaussée s'étendent d'immenses appartements voûtés, d'une élévation disproportionnée, et percés de petites fenêtres qui ont fermé jadis. Tout cela est disposé pour le frais en été; mais, au temps où nous sommes, c'est glacial. La fresque qui garnit tout, de la base au faîte de ces chambres-édifices, est d'un goût insupportable. Tantôt cela veut imiter les arabesques de Raphaël et n'imite absolument rien ; tantôt d'atroces bonshommes nus, soi-disant divinités mythologiques, se tordent au plafond dans des poses terribles qui imitent grotesquement les Michel-Ange. Les portes sont à fond d'or, rehaussées du chapeau et des cordelières du cardinalat, emblèmes qui vous poursuivent dans toutes ces demeures seigneuriales, puisqu'il n'est pas d'ancienne famille qui n'ait eu quelques-uns de ses membres pourvus des hautes dignités de l'Église.

Tout cela est sale, crevassé, moisi, terni d'une croûte de piqûres de mouches. De lourdes consoles dorées, à dessus de riches et laides mosaïques, et menaçantes de vétusté, garnissent les coins. Les glaces, de quinze pieds de haut, sont dépolies par l'humidité, et raccommodées, dans leurs brisures, avec des guirlandes de papier bleu. Le pavé de petites briques s'égrène sous les pieds. Les lits de fer, sans rideaux, disparaissent dans l'immensité. Le reste du mobilier est à l'avenant de cette misérable opulence. Une pauvre cheminée, pour tout un appartement de cinq pièces énormes, est à peu près inutile : on ne trouve de bois à acheter à aucun prix à Frascati, bien que ses collines soient couvertes d'une magnifique végétation ; mais tout cela appartient à trois ou quatre familles qui, à bon droit, respectent leurs antiques ombrages, et n'ont rien de superflu à vendre de leur bois mort. Le pauvre monde et les étrangers qui s'imaginent, comme moi, qu'il faut aller chercher un hiver doux et un printemps chaud en Italie, se dégèlent le bout des doigts à la flamme rapide de quelques tiges de bambous pourris qui ne peuvent plus servir d'échalas aux vignes, et qu'on daigne leur vendre aussi cher que, chez nous, des bûches de Noël.

Au-dessus de ce rez-de-chaussée qui, sur l'autre face de la maison, bâtie à mi-côte, est un premier, s'étendent des appartements encore plus vastes, habités en été par une famille suisse, aujourd'hui propriétaire de la villa Piccolomini. Maintenant la maison serait entièrement vide sans la présence de quatre ouvriers qui viennent passer la nuit dans une cave, et celle de la Mariuccia qui demeure dans les combles.

La Mariuccia, c'est-à-dire la Marion ou la Mariotte (j'avoue que j'ai été influencé par cette similitude de nom avec la vieille gouvernante de mon oncle le curé), la Mariuccia est la gardienne, la servante, la gouvernante, la cuisinière, le régisseur, le *factotum* de cette grande habitation et des terres qui en dépendent. C'est un être assez singulier et assez remarquable : petite, maigre, plate, édentée, malpropre, hérissée, elle s'attribue *una trentasettesina* d'années. J'ai été fort effrayé quand elle m'a offert de faire mon ménage et ma cuisine ; mais en causant avec elle, j'ai reconnu qu'elle était excessivement intelligente, spirituelle même, et qu'elle me serait une ressource dans ces heures de spleen où l'on a besoin d'échanger quelques paroles, quelques idées avec une créature humaine, si bizarre qu'elle soit.

Elle m'a promené et piloté minutieusement dans *son* palais en commençant par les plus *belles* chambres et en finissant par les plus humbles, et débattant les prix avec une âpreté énergique. Comme ces prix étaient, en somme, les plus raisonnables que j'eusse encore rencontrés, je ne les discutais que pour me divertir de sa physionomie et de sa parole, étourdissantes de vivacité. Je m'attendais à être rançonné comme partout et mis au pillage comme une proie acquise aux exigences de détail d'une servante-maîtresse. J'y étais tout résigné ; mais à peine eu-je fait choix de mon gîte que les choses changèrent subitement. La Mariuccia, soit qu'elle m'eût pris en amitié, soit qu'elle ait dans le caractère un fonds de bonté réelle, commença à me dorloter comme si elle m'eût connu toute sa vie. Elle s'inquiéta de ma pâleur et se mit en quatre pour réchauffer ma chambre, défaire ma malle et préparer mon dîner. Elle apporta chez moi le meilleur fauteuil et les meilleurs matelas de la maison, fouilla l'appartement de ses maîtres pour me trouver des livres, une lampe, un tapis propre ; bouleversa le grenier pour me choisir un paravent, et courut au jardin pour me procurer quelques poignées de bois mort. Enfin, elle fixa le prix de ma consommation et celui de son service avec une discrétion remarquable.

Cela m'a mis fort à l'aise avec elle, non que je sois d'humeur à regimber contre le système d'exploitation auquel tout voyageur doit se soumettre en Italie pour avoir la paix, mais parce qu'on se sent vraiment soulagé, dès que l'on peut voir dans un être de son espèce, quel qu'il soit, un égal sous le niveau de la probité.

Me voilà donc dans un appartement situé au troisième ; un troisième qui, en raison de la hauteur des étages inférieurs, serait un sixième à Paris. De là, j'ai la plus admirable vue qui se puisse imaginer. Je devrais dire les deux plus admirables vues, car les deux pièces que j'occupe, faisant l'angle de la maison, j'ai, d'un côté, la chaîne des montagnes depuis le Gennaro jusqu'au Soracte, la Campagne de Rome et Rome tout entière, visible à l'œil nu, malgré les treize milles de plaine qui m'en séparent à vol d'oiseau. De mon autre fenêtre, c'est plus beau encore : au-delà de la plaine immense, je vois la mer, les rivages d'Ostie, la forêt de Laurentum, l'embouchure du Tibre, et, au-dessus de tout cela, montant comme des spectres dans le ciel, les pâles silhouettes de la Sardaigne. C'est immense, comme vous voyez, et un rayon de soleil m'a fait paraître tout cela sublime. Je peux donc être ici languissant de santé, paresseux ou enfermé par la pluie. J'ai le vivre et le couvert assurés, une bonne femme pour me montrer de temps en temps une figure comique et bienveillante, deux pièces très-basses, mais assez vastes, trop mal closes et trop haut perchées d'ailleurs pour n'être pas suffisamment aérées; quelques livres propres à me renseigner sur le pays, et, n'eussé-je que quelques rares éclaircies de ciel, un des plus beaux spectacles que j'aie jamais contemplés.

En ce moment, tenez, c'est splendide. Les montagnes sont d'un ton d'opale si fin et si doux qu'on les croirait transparentes. Tout ce côté de l'est se baigne dans des reflets d'une exquise suavité. Le couchant, au contraire, est embrasé d'un rouge terrible. Le soleil, abaissé sur l'horizon, éclate d'autant plus ardent que des masses opaques de nuages violets s'amoncèlent autour de lui. Les méandres marécageux du Tibre se dessinent en lignes étincelantes sur des masses de forêts encore plus violettes que le ciel. La mer est une nappe de feu, et, comme pour rendre le tableau plus lumineux et plus bizarre, une riche fontaine, située sur la terrasse d'une villa voisine, semble faire jaillir, aux premiers plans, une pluie d'or fondu qui se détache sur un fond de sombre verdure.

Mes deux chambres sont, à mon sens, les moins laides de la maison, parce qu'elles n'ont aucune espèce d'ornement. C'est pour cela que la Mariuccia me les a cédées au moindre prix possible, estimant que je devais être bien pauvre, puisque je consentais à me passer de fresques et de bustes. C'est peut-être aussi pour cela qu'elle m'apporte les meubles les plus propres de l'établissement, compensation qui lui paraît probablement moins sérieuse qu'à moi.

Vous voilà tranquille sur le compte de votre serviteur et ami, qui, un peu fatigué de sa journée, va se coucher avec le soleil, comme les poules.

XIII

Frascati. Villa Piccolomini, 1er avril.

Les nuées violettes du couchant n'avaient pas menti : il a fait, cette nuit, une tempête comme je n'en ai jamais entendu. Malgré l'épaisseur des murs et la petitesse des fenêtres, circonstances qui me semblaient devoir assourdir le vacarme extérieur, j'ai cru que la villa Piccolomini s'envolerait à travers ces espaces sans bornes que mon œil contemplait hier soir. J'ai dormi malgré tout ; mais j'ai rêvé dix fois que j'étais en pleine mer sur un navire qui volait en éclats. Il pleut fin et serré, ce matin. Le colossal paysage que je vous décrivais n'existe plus. Plus de mont Janvier, plus de Soracte, plus de Saint-Pierre, plus de Tibre, plus de mer. C'est gris comme une matinée de Paris. Je ne distingue que les maisons de Frascati sous mes pieds, car la villa Piccolomini, placée à une extrémité de la ville, occupe le premier plan d'un système de terrasses naturelles verdoyantes qu'il me tarde d'explorer.

La Mariuccia vient de m'apporter une tasse de lait passable ; et, en attendant que je puisse sortir, je vais vous raconter les circonstances que j'ai omises dans mon bulletin d'hier.

Il s'agit d'une course à Tivoli que je vous ai sommairement indiquée et dont les faits me paraissent si étranges aujourd'hui, que j'ai besoin de me bien tâter pour m'assurer que je n'ai pas rêvé cela pendant ma fièvre.

J'aime bien à être seul, ou tout au moins avec des artistes, pour aller à la découverte des belles choses ; mais la famille

B*** avait décrété, le 26 du mois dernier, qu'elle irait à Tivoli et que je serais de la partie. On n'invita pas Brumières, quoiqu'il eût pu y avoir place pour lui dans la calèche. J'offrais de me mettre sur le siége avec le cocher ; mais ma proposition fut comme éludée, et, croyant m'apercevoir d'une certaine opposition, surtout de la part de lady B***, je n'osai pas insister, et je m'abstins de prévenir Brumières de la possibilité de son admission.

La route m'ennuya beaucoup jusqu'à la solfatare, où l'intérêt géologique commence. Il faisait tour à tour trop chaud et trop froid ; lady Harriet et sa nièce ne cessaient de vouloir forcer lord B***, et moi, par contre-coup, à nous extasier sur la poésie, sur la beauté de la plaine, et, par toutes les raisons que je vous en ai données, je trouvais cette interminable solitude sans caractère, insupportable à traverser. Nous allions pourtant aussi vite que possible, lord B*** ayant fait l'acquisition de quatre magnifiques chevaux du pays. C'est une race précieuse. Ils ne sont pas très-grands, mais assez doublés, sans être lourds ; ils trottent vite ; ils ont de l'ardeur et de la solidité. Leur robe est d'un beau noir, leur poil très-fin et brillant. La tête est un peu commune, le pied un peu vache, mais les formes sont belles quant au reste. Ils ont le caractère hargneux, et il ne se passe pas d'heure où l'on ne voie, à Rome ou autour de Rome, des querelles sérieuses entre hommes et bêtes. Cavaliers et cochers sont intrépides, mais généralement équitent ou conduisent avec plus de hardiesse, de violence et d'obstination que de véritable adresse et de raisonnement. Pourtant, les accidents sont rares, les chevaux ne manquant jamais par les jambes et descendant à fond de train, sur les dalles, les pentes les plus rapides des collines de la métropole.

Je remarquai, avec lord B***, qui essayait cet attelage avec attention pour la première fois, que le type de ces animaux était exactement celui du cheval de bronze doré de Marc-Aurèle, dans la cour du Capitole. Il m'a dit, et je l'ai oublié, de quelle partie des États de l'Église ils proviennent. Ce n'est pas de l'*agro romano,* je présume, car tous les élèves que l'on voit courir dans la steppe sont rachitiques et d'une race vulgaire, ainsi que les juments qui les produisent. Les bœufs y sont également petits et laids, bien qu'ils appartiennent à cette belle espèce d'un blanc de lait, aux cornes démesurées, que l'on voit employée aux transports sur les routes, et aux travaux des champs dans la région des montagnes. Cette espèce est fort étrange. Elle est encore très-petite relativement à nos espèces de France; mais la finesse de ses formes et de son poil, la beauté de ses jambes et de sa face devraient en faire, pour les artistes, le type de la race bovine. On emploie pourtant le buffle de préférence dans les tableaux de l'école romaine, sans doute à cause de son étrangeté; mais le buffle est un hideux animal.

Cette race de bœufs blancs est, m'a-t-on dit, originaire de la Vénétie; mais le développement vraiment fantastique des cornes me paraît une dégénérescence due au sol romain, et une preuve de faiblesse plutôt que de vigueur. On laboure ici avec tout ce qui tombe sous la main dans la prairie : bœufs, vaches, ânes ou chevaux; mais on laboure très-mal, sans s'occuper de l'écoulement des eaux, sans assainir ni unir le terrain. La terre est légère et le climat favorable; mais la grande question pour les laboureurs est de se dépêcher, et de séjourner le moins possible sur ces terrains pestilentiels. Tous sont étrangers au terroir. Journaliers nomades, ils couchent, pendant la quinzaine des travaux, dans ces ruines ou sous ces paillis qui servent de point de repère dans l'étendue; puis, ils disparaissent en toute hâte et vont chercher de l'ouvrage dans des lieux plus salubres, jusqu'à ce qu'ils reviennent faire la moisson de ces semences abandonnées aux influences naturelles, et totalement privées de soins jusqu'à leur maturité.

Les animaux, abandonnés avec presque autant d'incurie que les végétaux, se ressentent aussi du mauvais air. Dès que l'on s'élève au-dessus de ces régions funestes, les races grandissent et embellissent comme les plantes.

Les plus jolis animaux que l'on voie ici sont les chèvres. Un vaste troupeau de race cachemirienne était littéralement couché et endormi comme un seul être sur le bord du chemin, et, au milieu de ce troupeau, dormait aussi un enfant vêtu de la peau d'une de ses chèvres et couché pêle-mêle avec les petits chevreaux. Au bruit de la voiture tout s'éveilla en sursaut, tout bondit à la fois sous le coup d'une terreur indicible. Ce fut comme un nuage de soie blanche qui s'envolait en rasant le sol, les cabris se livrant à des cabrioles échevelées, les mères faisant flotter leurs franges éclatantes à la brise, le petit berger, propre et blanc aussi, parce qu'il n'avait d'autre vêtement que sa toison neuve, courant éperdu, tombant et se relevant pour fuir avec ses bêtes effarouchées.

On arrêta la calèche pour jouir de cette scène. Je descendis et parvins à rassurer le petit sauvage, qui consentit à me laisser prendre un de ses chevreaux pour le montrer de près à miss Medora.

C'est ici, mon ami, que commence l'étrange aventure. La belle Médora prit le petit animal sur ses genoux, le caressa, lui fit manger du pain, le dorlota jusqu'à ce que lord B***, impatienté, lui eût rappelé que le temps s'écoulait et que nous n'avions pas trop de la journée pour voir Tivoli à la hâte et revenir à Rome. Puis, lorsqu'elle me rendit le chevreau, après avoir attaché sur moi un regard tout-à-fait inexplicable, elle se rejeta dans le fond de la voiture et couvrit son visage de son mouchoir.

Ce mouvement me fit croire que le cabri sentait mauvais et que miss Medora, s'en apercevant tout à coup, respirait son mouchoir parfumé.

Je me hâtai de reporter le chevreau au chevrier, qui ne manqua pas de me tendre la main avant que j'eusse eu le temps de porter la mienne à ma poche pour y prendre, à son intention, quelques baïoques. Mais quand je remontai en voiture, je vis Medora sanglotant, sa tante s'efforçant de la calmer, et mylord sifflant entre ses dents un *lila burello* quelconque, de l'air d'un homme embarrassé d'une scène ridicule. Cette situation incompréhensible me mit fort mal à l'aise. Je me hasardai à demander si miss Medora était malade. Aussitôt le mouchoir cessa de cacher son visage, et, à travers de grosses larmes qui coulaient encore, elle me regarda d'un air étrange, en me répondant, d'un ton enjoué, qu'elle ne s'était jamais sentie si bien.

— Oui, oui, se hâta de dire lady B***. Ce n'est rien, qu'un peu de mal aux nerfs.

Et lord B*** ajouta :

— Certainement, certainement, des nerfs, et rien de plus.

Cela m'est égal, pensai-je ; et, au bout de peu d'instants, je trouvai un prétexte pour monter sur le siége à côté du cocher, liberté à laquelle j'aspirais depuis longtemps, et plus vivement encore depuis cette scène mystérieuse où mon rôle était nécessairement celui d'un indifférent incommode ou d'un indiscret mal appris.

Un peu plus loin, on s'arrêta pour voir les petits lacs *dei tartari* [1] et la curieuse cristallisation sulfureuse qui les environne. Figurez-vous plusieurs millions de petits cônes

---

[1] C'est-à-dire des tartres, et non pas des tartares, comme traduisent quelques voyageurs.

volcaniques s'élevant de quelques pieds au-dessus du sol, ayant chacun sa cheminée principale et ses bouches adjacentes, plusieurs millions d'Etnas en miniature. Au premier abord, cela ressemble à une végétation étrange, pétrifiée sur pied. Et puis, cela vous apparaît comme un liquide en fusion qui se serait candi tout à coup au milieu d'une ébullition violente. Autour de ce champ de cratères, et sur les bords de ces flaques d'eau sédimenteuses que l'on nomme des lacs, s'étendent des haies d'autres cristallisations incompréhensibles, que l'on dit être des plantes pétrifiées ; mais je n'en suis pas sûr, et je crois voir là, comme dans les cônes voisins, les caprices du bouillonnement refroidi d'un volcan de boue et de soufre.

Je parcourais tout cela avec beaucoup de curiosité, me hâtant de casser quelques échantillons, lorsque je vis recommencer les larmes de Medora. Sa tante la gronda un peu et se dépêcha de la ramener à la voiture. Lord B*** me dit : Venez! nous reviendrons ici tous les deux, si cet endroit vous intéresse. En ce moment, vous voyez que ma chère nièce a un accès de folie.

— Vraiment! m'écriai-je consterné, cette belle personne est sujette...

— Non, non, reprit en riant lord B***, elle n'est pas aliénée ; elle n'est que folle à la manière de ma femme, qui prend cela au sérieux, et vous savez bien la cause de toutes ces bizarreries.

— Moi? je ne sais rien, je vous le jure!

— Vous n'en savez rien? dit lord B***, en m'arrêtant et en me regardant fixement ; vous en donneriez votre parole d'honneur?

— Je vous la donne! répondis-je avec la plus parfaite simplicité.

— Tiens! c'est singulier, reprit-il. Eh bien, nous reparlerons de cela plus tard, s'il y a lieu. Et, sans me donner le temps de l'interroger, il me ramena à la voiture, et me força de lui céder ma place sur le siége, voulant, disait-il, conduire lui-même, pour essayer la bouche de ses chevaux.

Mon malaise recommença, comme vous pouvez croire. Les deux Anglaises furent d'abord muettes. Lady B*** paraissait aussi embarrassée que moi. Sa nièce pleurait toujours. Forcé par les assertions de lady Harriet à regarder ces larmes comme une crise de nerfs, je ne savais quelles idées suggérer pour y remédier. J'ouvrais et refermais les glaces, ne trouvant rien de mieux que de donner de l'air ou de préserver de la poussière. Enfin, nous commençâmes à gravir au pas une montagne couverte d'oliviers millénaires, et je conseillai de marcher un peu. On accepta avec empressement; mais, au bout de quelques pas, lady Harriet, essoufflée et replète, remonta en voiture. Lord B*** resta sur le siége, le cocher mit pied à terre, et miss Medora, qui s'était traînée d'un air dolent, prit sa course comme si elle eût été piquée de la tarentule, et s'élança, légère, forte et gracieuse, sur le chemin rapide et sinueux.

— Une belle femme! dit naïvement le cocher, avec cet abandon propre aux Italiens de toutes les classes, en se tournant vers moi d'un air tout fraternel ; j'en fais mon compliment à Votre Excellence.

— Vous vous trompez, mon ami, lui dis-je. Cette belle femme est une demoiselle, et je n'ai aucun lien avec elle.

— Je sais bien! reprit-il tranquillement, en m'ôtant sans façon mon cigare de la bouche pour allumer le sien. Je suis au service de ces Anglais pour la saison ; mais on sait bien dans la maison et dans Rome que vous épousez la belle Anglaise.

— Eh bien! mon cher, vous direz s'il vous plaît, dans la maison et dans Rome, que ce que vous croyez là est un mensonge et une stupidité.

Je doublai le pas, peu curieux de constater l'effet des bavardages insensés de la Daniella ou du Tartaglia son compère, et, fort ennuyé du rôle absurde que ces valets voulaient m'attribuer, je fis un effort pour n'y plus songer en marchant.

Cette préoccupation venait mal à propos m'arracher au charme qui s'emparait de moi dans cette région vraiment admirable. La montagne était jonchée d'herbe d'un vert éclatant, et les antiques oliviers adoucissaient leurs formes fantastiques et la torsion insensée de leurs tiges, sous des robes de mousses veloutées d'une adorable fraîcheur. L'olivier est un vilain arbre tant qu'il n'est pas arrivé à cet aspect de décrépitude colossale qu'il conserve pendant plusieurs siècles sans cesser d'être productif. En Provence, il est grêle et n'offre qu'une boule de feuillage blanchâtre qui rampe sur les champs comme des flocons de brume. Ici, il atteint des proportions énormes et donne un ombrage clair qui tamise le soleil en pluie d'or sur son branchage échevelé. Son tronc crevassé finit par éclater en huit ou dix segments monstrueux, autour desquels les rejets plus jeunes s'enroulent comme des boas pris de fureur.

Cette forêt de Tivoli fait penser à la forêt enchantée du Tasse. On ne sait pas bien si ces arbres ne sont pas des monstres qui vont se mouvoir et rugir ou parler. Mais, pas plus que dans le génie tout italien du poëte, il n'y a, dans cette nature, de terreurs réelles. La verdure est trop belle, et les profondeurs bleuâtres que l'on aperçoit à travers ces entrelacements infinis, sont d'un ton trop doux pour que l'imagination s'y assombrisse. Comme dans les aventures de la *Jérusalem*, on sent toujours la main des fées prête à changer les dragons de feu en guirlandes de fleurs, et les buissons d'épines en nymphes décevantes.

J'en étais là de ma rêverie, lorsque la belle Medora, qui

avait pris les devants, et que j'avais oubliée, m'apparut tout à coup à un détour de la montée, sortant d'un de ces fantastiques oliviers creux où elle s'était amusée à se cacher. Je tressaillis de surprise, et elle s'élança vers moi, aussi gaie, aussi rieuse que si elle n'eût jamais eu de vapeurs. Elle était vraiment plus belle que je ne lui avais encore accordé de l'être. Un trop grand soin, que je ne peux m'empêcher d'attribuer à un trop grand amour de sa personne, me la gâte presque toujours. Elle est toujours trop habillée, trop bien coiffée, et d'un ton trop reposé, trop inaltérable. C'est une beauté de nacre et d'ivoire, qui change sans cesse de robes, de bijoux et de rubans sans que sa physionomie change jamais, et c'est de bonne foi, je vous assure, que j'ai dit souvent à Brumières que cette invariable perfection m'était insupportable.

En ce moment, elle était toute différente de sa manière d'être habituelle. Les larmes avaient un peu creusé ses beaux yeux, et ses joues, animées par la course, étaient d'un ton moins pur et plus chaud que de coutume. Il y avait enfin de la vie et comme de la moiteur sur sa peau et dans son regard. Elle avait perdu son peigne en courant. J'ignore si elle avait mis sa fausse tresse dans sa poche ; mais elle avait encore une assez belle chevelure pour se passer d'artifice et pour encadrer magnifiquement sa tête. Ce n'était plus cet inflexible diadème lissé comme du marbre noir sur un front de marbre blanc. C'était une auréole de vrais cheveux, souples et fins, voltigeant sur une chair rose frémissante.

Probablement elle vit dans mon regard que je lui faisais amende honorable, car elle vint à moi amicalement et passa son bras sous le mien avec une familiarité bien différente de ses dédains accoutumés, en me demandant à quoi je pensais et pourquoi j'avais eu l'air si surpris en la voyant sortir de son arbre.

Je lui racontai comme quoi la forêt du Tasse s'était présentée à mon imagination, et comment son apparition, à elle, avait coïncidé avec le souvenir de ces enchantements bénévoles.

— C'est-à-dire que vous m'avez comparée tout bonnement à une sorcière! Il ne faut pas que je m'en plaigne, puisque décidément il faut avoir cet air-là pour vous plaire.

— Où prenez-vous cette singulière assertion sur mon compte

— Dans votre enthousiasme pour la lavandière de l'*Agua argentina*. La seule créature de mon sexe qui vous ait ému depuis votre arrivée à Rome, a été qualifiée par vous de sibylle.

— Alors, vous pensez que je cherche à établir une comparaison, sur le terrain de la magie, entre vous et une pauvre septuagénaire?

— Que dites-vous là? s'écria-t-elle en roidissant ses doigts effilés sur mon bras; c'était une femme de soixante-dix ans?

— Tout au moins! Ne l'ai-je pas dit, en faisant la description de ses *charmes?*

— Vous ne l'avez pas dit. Pourquoi ne l'avez-vous pas dit?

Cette brusque interrogation, faite d'un ton de reproche, me laissa stupéfait au point de ne savoir quoi répondre. Elle m'en épargna le soin en ajoutant:

— Et la Daniella? Que dites-vous de la Daniella? N'a-t-elle pas aussi un petit air de sorcière?

— Je ne m'en suis jamais avisé, répondis-je; et, en tout cas, je n'y tiendrais pas essentiellement pour la trouver jolie.

— Ah! vous convenez que celle-ci vous plaît? Je le disais bien, il faut être laide pour vous plaire!

— Selon vous, la Daniella est donc laide?

— Affreuse! répondit-elle avec une candeur de souveraine jalouse du moindre objet supportable sur les terres de son royaume.

— Allons, vous êtes trop despote, lui dis-je en riant. Vous voulez qu'à moins de trouver une beauté supérieure à la vôtre, on ne daigne pas seulement ouvrir les yeux. Alors, il faut se les crever pour jamais, et renoncer à la peinture.

— Est-ce un compliment? demanda-t-elle avec une animation extraordinaire : un compliment équivaut à une raillerie, par conséquent à une injure.

— Vous avez raison ; aussi n'est-ce pas un compliment, mais une vérité banale que j'aurais dû ne pas formuler, car vous devez être lasse de l'entendre.

— Vous ne m'avez pas gâtée sous ce rapport, vous! Dites donc toute votre pensée! Vous savez que je ne suis pas laide; mais vous n'aimez pas ma figure.

— Je crois que je l'aimerais autant que je l'admire, si elle était toujours naïvement belle comme elle l'est dans ce moment-ci.

Pressé de questions à cet égard, je fus entraîné à lui dire que, selon moi, elle était ordinairement trop arrangée, trop encadrée, trop rehaussée, et qu'au lieu de ressembler à elle-même, c'est-à-dire à une femme superbe et ravissante, elle se condamnait à un travail perpétuel pour ressembler à n'importe quelle femme pimpante, à n'importe quel type de fashion aristocratique, à n'importe quelle poupée servant de montre à un étalage de chiffons et de bijoux.

— Je crois que vous avez raison, répondit-elle après un moment de silence attentif. Et, arrachant tout à coup sa broche et ses bracelets de Froment-Meurice, véritables objets d'art que précisément je n'étais nullement disposé à critiquer, elle les lança à travers le bois avec une gaieté de Sardanapale.

— Voilà un étonnant coup de tête! lui dis-je en quittant son bras sans galanterie pour aller ramasser ces précieux objets. Vous permettrez qu'en qualité d'artiste, je vous reproche ce mépris pour de si beaux ouvrages.

Je retrouvai les bijoux, non sans peine, et quand je les lui rapportai :

— Gardez-les, me dit-elle avec colère : je n'en veux plus.
— Et pour qui diable les garderais-je?
— Pour qui vous voudrez; pour la Daniella! quand elle sera ornée et parée, elle commencera à vous déplaire autant que moi.

— Je les lui remettrai ce soir, pour qu'elle les replace dans votre écrin, répondis-je, en mettant les bijoux dans ma poche.

— Ah! vous êtes cruel! Vous n'avez pas une réponse qui ne soit de glace! Et, me quittant brusquement, elle reprit sa course en avant de la voiture, me laissant là assez stupidement ébahi de sa véhémence.

Que se passait-il donc dans cette étrange cervelle de jeune fille? Voilà le problème que je ne pouvais, que je ne peux pas encore résoudre. Quand la voiture la rejoignit, elle était calme et enjouée. Ses émotions s'apaisent vite. Elles viennent et s'en vont comme des mouches qui volent.

XIV

Frascati, 1er avril.

Tivoli est une ville charmante au point de vue pittoresque ; mais la fièvre et la misère ou l'incurie règnent là comme à Rome. La population était cependant en grande activité pour rentrer les olives dont la récolte, tardive dans cette région fraîche, vient de s'achever. Hommes, femmes et enfants offraient, comme à Rome, une exhibition de guenilles à nulle autre pareille ; à ce point que l'on ne sait plus si c'est la détresse ou le goût du haillon qui généralisent ainsi cette livrée repoussante. Aux jours de fête, les femmes de la Campagne romaine sont pourtant d'un luxe exorbitant. Chaque localité a son costume tout chamarré d'or et de pourpre, les robes et les tabliers de damas de soie, les chaînes et les boucles d'oreilles d'un grand prix. Cela n'empêche pas qu'on ne soit hideusement sale dans la semaine et qu'on ne tende la main aux passants.

Vous avez le dessin du joli petit temple de la sibylle, perché sur le sommet d'un abîme ; mais cela ne vous donne pas la moindre idée de cet abîme, où je vous ferai descendre tout à l'heure.

Lord B*** avait envoyé Tartaglia, la veille, en éclaireur, pour commander notre déjeuner. Nous trouvâmes la table dressée sur une terrasse escarpée, au pied du temple même, et en face de l'effrayant rocher dont le sommet fut le principal couronnement des grottes de Neptune. Le couronnement s'est écroulé il y a quelques années ; l'*Anio* a été détourné en partie pour passer sous des tunnels à quelque distance de là, et former la grande cascade. Mais ce qui est resté des eaux du fleuve pour alimenter le torrent du gouffre naturel, est encore splendide, et les monstrueux débris de la principale grotte, gisant au pied du roc, ont donné un autre genre de beauté à la scène que nous dominions. D'ailleurs, grâce aux pluies de ces derniers jours, le rocher de Neptune était arrosé d'une fine cataracte qui tombait en nappe d'argent sur sa brisure à pic.

Nous ne pouvions voir, sous l'abondante végétation qui remplit le gouffre, l'autre bras du torrent qui forme d'autres chutes plus importantes vers le fond de cet entonnoir. Nous en entendions le bruit formidable, ainsi que celui de la grande cataracte du tunnel, placée derrière d'autres masses de rochers. Toutes ces voix de l'abîme, mugissant sous des arbres dont nous respirions les cimes fleuries, avaient un charme extraordinaire.

Le déjeuner fut excellent, grâce à la prévoyance de lord B*** et aux soins de Tartaglia, qui s'entend à la cuisine comme à toutes choses. Lord B*** fut aussi enjoué que sa nature le comporte. Il déteste le séjour des villes, celui de Rome en particulier. Il aime les lieux sauvages, les grandes scènes de la nature. Un peu excité par une pointe de vin d'Asti, boisson agréable et capiteuse dont je sentis bientôt qu'il fallait se méfier, il parla des ouvrages de Dieu avec une sorte de poésie d'autant plus remarquable chez lui, qu'elle s'appuyait sur le large fond de bon sens qui fait la base de son caractère. Sa femme était, comme de coutume, disposée à dénigrer ce rare moment d'expansion. J'eus le bonheur de l'en empêcher en écoutant lord B*** avec intérêt, et en l'aidant à développer ses pensées lorsque sa timidité naturelle ou son découragement de lui-même tendaient à les laisser obscures et incomplètes. Il arriva ainsi à dire d'excellentes choses, très-senties et empreintes d'une certaine originalité. Medora, beaucoup plus intelligente que sa tante, en fut peu à peu frappée, et, regardant alternativement lui et moi avec quelque surprise, elle arriva à daigner causer avec ce pauvre oncle comme avec un être de quelque valeur. Cette espèce d'adhésion gagna insensiblement lady Harriet, qui cessa de sauter comme une carpe à chaque parole de son mari, et qui voulut bien, par deux ou trois fois, dire en l'écoutant : *Juste, extrêmement juste!*

Quand on nous eut servi le café, les femmes se levèrent pour mettre leurs manteaux, car le ciel s'était couvert et le froid se faisait sentir. Lord B*** les retint.

— Attendez encore un peu, leur dit-il. Prenez un verre de bordeaux et trinquez avec moi, à la française.

Cette proposition révolta sa femme ; mais Medora, qui a beaucoup d'ascendant sur elle, prit un verre, et, après y avoir mouillé ses lèvres, demanda quelle santé son oncle voulait porter.

— Buvons à l'amitié, répondit-il avec une émotion concentrée. Lady Harriet, faites-moi la grâce de boire à l'amitié.

— A quelle amitié ? dit-elle ; à celle que nous avons pour monsieur Jean Valreg, notre sauveur ? A l'amitié et à la reconnaissance ! Je ne demande pas mieux !

— Non, non, reprit lord B***, Valreg n'a pas besoin de témoignages particuliers, et ce que je vous propose a un sens général.

— Expliquez-vous, dit Medora. Je suis sûre que vous allez vous expliquer très-bien.

— Je bois, dit-il en élevant son verre, à cette pauvre bonne personne de déesse, veuve de messer Cupidon, laquelle demeure au fond du carquois épuisé de flèches, comme Pandore au fond de la boîte des afflictions et des malices. C'est une indigente que les jeunes gens méprisent parce qu'elle est vieillotte et modeste ; mais nous, mylady...

Je vis qu'il allait gâter son exorde par quelque maladroite allusion à la beauté automnale de sa femme, et je profitai d'un de ces points d'orgue spasmodiques, moitié soupir, moitié bâillement, dont il parsème ses périodes, pour couvrir sa conclusion sous un robuste applaudissement. Puis j'ajoutai, avec une profondeur d'habileté dont je fus étonné moi-même :

— Bravo ! mylord, ceci est tout à fait dans le goût de Shakspeare, que vous affectez de ne pas comprendre, et que vous pourriez commenter aussi bien que Malone ou... mylady.

— Serait-il vrai ? dit lady Harriet, surprise et flattée. En effet, je crois quelquefois que l'ignorance de mylord est une affectation, et qu'il a plus de goût et de sensibilité qu'il n'en veut avouer.

C'était sans doute la première parole un peu aimable que lady Harriet disait à son mari depuis bien longtemps. Le pauvre homme fit un mouvement comme pour lui prendre la main ; mais, arrêté par une habitude de doute et de crainte, ce fut ma main qu'il prit dans la sienne, et c'est à moi que le remercîment fut adressé.

— Valreg, dit-il, écoutez-moi et devinez-moi ! Voilà vingt ans que je n'ai fait un repas aussi agréable.

— C'est vrai, dit mylady ; depuis ce déjeuner sur la mer de glace, à Chamounix, avec... avec qui donc ? Je ne me rappelle pas...

— Avec personne, répliqua lord B***. Nos guides s'étaient éloignés, et vous me fîtes la grâce de boire avec moi, comme aujourd'hui... à l'amitié !

Une vive rougeur avait monté au front de lady Harriet. Un instant, elle avait craint l'évocation de quelque tendre souvenir, imprudemment éveillé par elle. Il est aisé de voir qu'outre le plus léger froissement de sa pudeur britannique, rien ne lui est plus désagréable que les imperceptibles fatuités rétrospectives de son mari à son égard. Elle lui sut donc un gré infini de s'être arrêté à temps dans sa commémoration de tête-à-tête de Chamounix.

— N'est-il pas très-plaisant, me dit tout bas miss Medora, que le dernier jour de tendresse de mon cher oncle et de ma chère tante soit daté de ce lieu symbolique, la *mer de glace?*

Comme elle s'était appuyée, en me parlant, sur la barre de fer qui entoure la plateforme du temple de la Sibylle, et que le bruit des eaux du gouffre couvrait nos voix, je pus, à deux pas de la table où lord B*** était encore assis avec sa femme, m'expliquer rapidement sans en être entendu.

— Je ne trouve rien de plaisant, dis-je à la railleuse Medora, dans la situation maussade et douloureuse de ces deux personnages, si charmants et si parfaits individuellement, si différents d'eux-mêmes quand ils sont réunis. Il me semble que rien ne serait plus facile à qui joindrait un peu d'adresse à beaucoup de cœur, de rendre leur désaccord moins pénible.

— Et je vois que vous avez entrepris cette tâche méritoire?

— Ce n'est pas à moi, qui suis auprès d'eux un passant étranger, qu'il appartiendrait de l'entreprendre avec chance de succès. Ce devoir est naturellement indiqué à la délicatesse d'un esprit de femme...

— Et à la générosité de ses instincts? Je vous comprends, merci! J'ai été légère dans ma conduite vis-à-vis de mes parents, je le reconnais; mais, à partir de ce jour, vous verrez que je sais profiter d'une bonne leçon.

— Une leçon?

— Oui, oui, c'en est une, et vous voyez que je la reçois avec reconnaissance.

Elle me tendit, ou plutôt me glissa sa belle main, le long de la barre de fer sur laquelle nos coudes étaient appuyés, et, sans songer à y mettre du mystère, je la portai à mes lèvres par un retour bien naturel de gratitude. Mais, comme si cet échange amical eût été une audace furtive de sa part et de la mienne, elle retira vivement sa main, et, se retournant vers sa tante, qui ne songeait, pas plus que son oncle, à nous observer, elle prétendit, comme pour motiver auprès d'eux sa rougeur et sa précipitation, que ce rocher à pic lui donnait le vertige.

Ce mouvement, qui gâtait la spontanéité de ses intentions et qui semblait vouloir incriminer la simplicité des miennes, me déplut un peu. Je m'éloignai sans rien dire, espérant m'échapper et pouvoir aller explorer le gouffre avant mes compagnons moins alertes. Mais ce puits de verdure est fermé par une solide barrière dont un gardien spécial a la clef. Il était là, attendant notre bon plaisir; mais il refusa de me laisser passer tout seul.

— Non, monsieur, me dit-il, cet endroit est très-dangereux, et je suis responsable de la vie des personnes que je conduis. Trois Anglais ont, il y a quelques années, disparu dans le gouffre, pour avoir voulu le visiter sans moi, et comme je dois attendre les dames qui sont avec vous, je ne peux pas vous conduire seul. — Oh! oh! ajouta-t-il en s'adressant à Tartaglia, qui passait auprès de nous, portant deux bouteilles qu'il venait de prendre dans la voiture de mes Anglais, est-ce que mylord va encore boire ces deux-là?

— Bah! ce n'est rien, répondit Tartaglia; du vin de France, du bordeaux! Les Anglais boivent ça comme de l'eau.

— Ça m'est égal, reprit le gardien: si mylord est *ubbriaco*, je ne le laisserai pas descendre.

Je pensai devoir empêcher lord B*** de s'exposer à une

discussion de ce genre. Je l'ai toujours vu très-sobre ; mais qui sait ce qu'un rayon de bonne intelligence avec sa femme pouvait apporter de changement à ses habitudes? Je retournai donc à la table où le bordeaux était déjà versé, bien que les femmes fussent levées et en train de s'équiper pour la promenade. Je remarquai que mon Anglais était redevenu froid et sérieux comme à son ordinaire. Déjà quelque parole aigre avait été échangée entre sa femme et lui, et déjà Medora avait oublié ses beaux projets de conciliation, car elle riait de la triste figure de son oncle.

— Allons! disait-elle en attachant sa coiffe de makintosh, vous avez fait assez de poésie pour un jour. Le soleil s'en va, le temps marche, et nous ne sommes pas venus ici pour porter des santés à tous les dieux de l'Olympe.

— Vous savez que l'endroit est dangereux, dit lady Harriet à son mari ; si la pluie vient, il le sera encore plus. Venez donc ou restez seul tout à fait!

— Eh bien! je reste, répondit-il avec une sorte de désespoir comique, en remplissant son verre. Allez voir couler l'eau ; moi, je vas faire couler le vin!

C'était une révolte flagrante.

— Adieu donc! dit lady Harriet avec indignation, en prenant le bras de sa nièce.

— Valreg! buvez à ma santé, je le veux, s'écria mylord en me retenant par le bras.

— Moi, je ne le veux pas, répondis-je. Ce bordeaux, pardessus le café, serait pour moi une médecine ; et je ne comprendrais pas, d'ailleurs, que nous puissions laisser aller sans nous, dans un endroit dangereux, les femmes que nous accompagnons.

— Vous avez raison! dit-il en faisant un effort pour repousser son verre. Tartaglia, viens ici. Bois ce vin! bois tout ce qu'il y a dans la voiture, je te le commande ; et si tu n'es pas ivre-mort quand je reviendrai, tu n'auras jamais plus un baïoque de ma main.

Cette singulière fantaisie chez un homme aussi sensé me parut suspecte. Je vis que Tartaglia suivait, comme moi, des yeux, la démarche allanguie de mylord. Il y avait trop de laisser-aller dans ses jambes pour qu'il n'y eût pas quelque chose à craindre du côté de la tête.

— Soyez tranquille, me dit l'intelligent et utile Tartaglia : *c'est moi que je vous* réponds de lui ! Et, sans oublier de prendre possession du vin qu'il désigna comme sien en faisant à l'hôte de la Sibylle un signe rapide, il emboîta le pas derrière l'Anglais sans faire semblant de s'occuper de lui. L'hôte avait compris que Tartaglia aimait mieux lui vendre cet excellent bordeaux que de le boire, et, avec cette perspicacité supérieure dont les Italiens de cette classe sont doués à la vue d'une *affaire*, il donna à ses garçons des ordres en conséquence.

Rassuré sur le compte de mon pauvre ami, je le dépassai pour aller rejoindre les femmes qui, sous la conduite du guide, descendaient déjà le sentier. Medora était, comme de coutume, en avant, la tête en l'air, affectant le mépris du danger et déchirant sa robe à tous les buissons, sans daigner faire un mouvement pour s'en préserver. En toutes choses et en tous lieux, elle marche d'un air d'impératrice à qui l'univers appartient et doit céder ; et s'il lui prenait envie de traverser l'épaisseur des murs, elle serait, je gage, étonnée que les murs ne s'ouvrissent pas d'eux-mêmes à son approche.

Ces allures de reine Mab ne me rassuraient pas plus que la démarche avinée de lord B*** ; mais je crus devoir offrir mon bras à la tante.

— Non, me dit-elle, j'irai prudemment, je connais le sentier, et le guide ne me quittera pas ; mais prenez garde à Medora, qui est fort téméraire.

Je doublai le pas et remarquai, avec un certain effroi, que j'avais pour mon compte un peu de vertige. C'était comme une folle envie de courir sus à Medora, de lui prendre le bras et de m'élancer en riant avec elle dans ces ravissantes profondeurs de verdure et de rochers. Comme le sentier était des plus faciles, et que rien ne justifiait les appréhensions du gardien, je vis bien que mon vertige était plus moral que physique, et qu'en m'occupant à empêcher les toasts trop répétés de lord B***, j'avais perdu la conscience de mon propre état. J'avais pourtant bien discrètement fêté le vin d'Asti et le bordeaux de la voiture, mais j'avais eu chaud et soif; peut-être avais-je été étourdi par le soleil qui nous tombait d'aplomb sur la tête, par le rugissement et le mouvement de la cascade placée verticalement devant nos yeux, par les singularités de Medora, par les expansions de lord B***. Bref, quelle qu'en fût la cause, et quelle que fût la tranquillité de ma conscience, je sentis que j'étais gris, mais gris à faire de sangfroid les plus splendides extravagances!

XV

Frascati, 1er avril.

J'étais gris, vous dis-je, et je sentis cela en courant après miss Medora. Dans le peu d'instants qui s'écoulèrent avant que je fusse près d'elle, j'éprouvai une surexcitation qui développa dans ma tête un degré de lucidité extraordinaire. « Cette fille est riche et belle, me disais-je à moi-même. Elle se jette de gaieté de cœur dans un système de provocations qui pourrait la perdre si tu étais un lâche, ou l'unir à toi si tu étais un ambitieux. Tout cela n'est rien ; il n'y a ici de danger ni pour toi ni pour elle, si tu as la conscience de tes paroles et la netteté de tes idées ; mais te voilà gris, c'est-à-dire fou, porté violemment à l'audace vis-à-vis de la destinée, à l'enthousiasme pour la beauté, à l'enivrement de la gaieté, de la jeunesse et de la poésie devant cette scène grandiose de ta plus chère maîtresse, la nature ! Te voilà disposé à l'expansion délirante quand il faut que tu veilles, même sur tes regards, et que tu pèses tous les mots que tu vas dire pour n'être ni sot, ni méchant, ni fourbe, ni léger ! »

Comment toutes ces réflexions se pressèrent en moi dans l'espace de deux ou trois minutes tout au plus, c'est ce qu'il m'est impossible de vous expliquer ; mais elles s'y formulèrent si nettement que je sentis la nécessité d'un violent effort sur moi-même pour me dégriser. Vous avez rêvé souvent, n'est-ce pas, *que vous rêviez*, et vous êtes venu à bout de vous arracher à des images pénibles et de vous réveiller par le seul fait de votre volonté ? Voilà précisément ce qui se passa en moi ; mais je ne saurais vous dire combien fut énergique et par conséquent douloureux ce combat contre les fumées du vin. J'en sortis vainqueur, cependant, car, après m'être arrêté court à un tournant à angle vif qui me cachait Medora, je pris seulement le temps de me dire : où est-elle ? je ne la vois plus. Peut-être est-elle tombée dans quelque précipice. Eh bien ! pourquoi pas ? Cela vaudrait beaucoup mieux pour elle que d'être le jouet d'un engouement déplacé et passager de sa part et de la mienne.

Après m'être dit ces sages paroles, je me sentis complétement rendu à mon état naturel, et seulement fatigué comme si j'eusse fait une longue course. Je rejoignis Medora, je l'abordai avec calme, et, au lieu des véhéments reproches que j'avais été tenté de lui adresser sur son imprudence, je lui dis, en souriant, que je courais après elle pour l'accompagner, par l'ordre de lady Harriet.

— Je n'en doute pas, répondit-elle. Certes, vous n'y seriez pas venu de vous-même.

— Non, en vérité, lui dis-je. Pourquoi vous aurais-je importunée de ma présence, quand ce sentier est le plus joli et le plus commode qui se puisse imaginer dans un lieu semblable? On peut courir ici comme dans sa chambre, et, pour tomber, il faudrait être d'une maladresse ridicule ou d'une présomption stupide.

Cette observation lui fit tout à coup ralentir son allure.

— Vous pensiez donc, me dit-elle avec un regard pénétrant, que je voulais vous éblouir par mon audace, que vous prenez ces précautions oratoires pour me dire...

— Pour vous dire quoi?

— Que mon effet serait manqué! C'est fort inutile : je sais que je ne pourrais même pas avoir un moment de gaieté bien naturelle, me sentir enfant et oublier que vous êtes là à m'épiloguer, sans être accusée de poser l'Atalante ou la Diana Vernon. Vous avouerez que vous êtes un compagnon de promenade fort incommode, et qu'autant vaudrait être sous une cloche que sous votre regard éplucheur et malveillant.

— Puisque nous voilà aux injures, je vous dirai que j'aimerais bien autant que vous me trouver seul ici, pour admirer à mon aise et sans préoccupation une des plus belles choses que j'aie jamais vues ; mais comment faire pour nous délivrer du tête-à-tête qu'on nous impose? Voulez-vous que nous descendions jusqu'en bas sans nous dire un seul mot?

— Soit, dit-elle ; passez devant pour que ma tante, qui nous regarde de là-haut, en venant tout doucement, voie bien que vous faites votre office de garde-fou! Si j'ai la ridicule maladresse ou l'absurde présomption de tomber, vous m'empêcherez de rouler jusqu'en bas : hormis ce cas invraisemblable, je vous défends de vous retourner.

— C'est fort bien ; mais si vous roulez par le côté du précipice ? Si je ne vous entends pas marcher sur mes talons, il faudra que je me retourne ou que je sois inquiet, ce qui me dérangera dans ma contemplation, et m'ennuiera beaucoup, je vous en avertis.

— Voyons, dit-elle en riant, il y a moyen de s'arranger.

Elle détacha le long ruban de son chapeau de paille et m'en donna un bout pendant qu'elle prenait l'autre. Il fut convenu que, quand je ne la sentirais plus au bout du ruban, j'aurais le droit et le devoir de me retourner.

Cet arrangement facétieux était bien facile à prendre sur le délicieux sentier qui conduit au fond de l'entonnoir. S'il est parfois rapide et escarpé, nulle part il n'offre le moindre péril pour qui ne cherche pas le péril. C'est l'ouvrage de soldats français, sous la direction du général Miolis, et, grâce à ce travail ingénieux, l'abîme est devenu un adorable jardin anglais où l'on court avec sérénité au milieu d'épais massifs de myrtes et d'arbustes variés et vigoureux. Cette belle végétation vous fait perdre souvent de vue l'ensemble de la scène, mais c'est pour le retrouver à chaque instant avec plus de plaisir.

Puisque vous me dites que vous avez sous les yeux tous les guides et itinéraires de l'Italie pour suivre mon humble pérégrination, je dois vous prévenir que, dans aucun, vous ne trouverez une description exacte de ces grottes, par la raison que les éboulements, les tremblements de terre et les travaux indispensables à la sécurité de la ville, menacée de s'écrouler aussi, ou d'être emportée par l'Anio, ont souvent changé leur aspect. Je vais tâcher de vous en donner succinctement une idée exacte; car, en dépit des nouveaux itinéraires qui prétendent que ces lieux ont perdu leur principal intérêt, ils sont encore une des plus ravissantes merveilles de la terre [1].

Je vous ai parlé d'un puits de verdure ; c'est ce bocage, d'environ un mille de tour à son sommet, que l'on a arrangé dans l'entonnoir d'un ancien cratère. L'abîme est donc tapissé de plantations vigoureuses, bien libres et bien sauvages, descendant sur des flancs de montagne presque à pic, au moyen des zigzags d'un sentier doux aux pieds, tout bordé d'herbes et de fleurs rustiques, soutenu par les terrasses naturelles du roc pittoresque, et se dégageant à chaque instant des bosquets qui l'ombragent pour vous laisser regarder le torrent sous vos pieds, le rocher perpendiculaire à votre droite et le joli temple de la Sibylle au-dessus de votre tête. C'est à la fois d'une grâce et d'une majesté, d'une âpreté et d'une fraîcheur qui résument bien les caractères de la nature italienne. Il me semble qu'il n'y a ici rien d'austère et de terrible qui ne soit tout à coup tempéré ou dissimulé par des voluptés souriantes.

Quand on a descendu environ les deux tiers du sentier, il vous conduit à l'entrée d'une grotte latérale complétement inaperçue jusque-là. Cette grotte est un couloir, une galerie naturelle que le torrent a rencontrée dans la roche, et qui semble avoir été une des bouches du cratère dont le puits de

---

[1] Un itinéraire sans défauts, c'est la pierre philosophale, et il faut dire aux personnes éprises de voyages que l'exactitude absolue des renseignements sur les localités intéressantes est absolument impossible. Ces ouvrages se font généralement à coups de ciseaux, vu que le rédacteur ne peut aller *partout* lui-même. Il le ferait en vain. L'aspect des lieux change d'une année à l'autre. J'ai sous les yeux une relation qui déplore l'écroulement complet et la complète sécheresse des grottes de Tivoli, que je viens de voir telles que les décrit Jean Valreg. Parmi les meilleurs guides, je recommande ceux de messieurs Adolphe Joanne et A.-J. Dupays, en Suisse et en Italie. Ce sont de véritables manuels d'art et de savoir encyclopédique, sous une forme excellente.

verdure tout entier aurait été le foyer principal. On s'explique plus difficilement la cause première des gigantesques *macaroni* (je ne puis les appeler autrement) qui se tordent sous les voûtes et sur les parois de cette galerie souterraine. C'est exactement, en grand, les mêmes formes et les mêmes attitudes que les prétendues herbes pétrifiées de la petite solfatare de l'étang des tartres. Les gens du pays affirment que ces entrelacements et ces enroulements de pierre sont, dans les grottes de Tivoli, comme à la solfatare, des pétrifications de plantes inconnues. Je ne demanderais pas mieux ; mais comme elles sont percées, dans toute leur étendue, d'un tube intérieur parfaitement rond et lisse, cette perforation me fait bien l'effet d'être le résultat d'un dégagement de gaz et de souffles impétueux partant de l'abîme et se faisant des tuyaux de flûte de toutes ces matières en fusion. Ce travail a pu être régulier d'abord comme le crible ignivome de la solfatare ; mais une convulsion subséquente de la masse volcanique les a tordues, embrouillées et déjetées en tous sens, avant qu'elles fussent entièrement refroidies. Voilà mon explication. Prenez-la pour celle d'un rêveur et d'un ignorant ; je n'y tiens pas ; mais elle a satisfait au besoin que j'éprouve toujours de me rendre compte des bizarreries géologiques, bizarreries pures dans la solfatare à fleur de terre que j'avais vue le matin, mais mystères grandioses dans la grotte de Tivoli, comme sur le chemin de Marseille à Roquefavour.

De quelles scènes effroyables, de quelles dévorantes éjaculations, de quels craquements, de quels rugissements, de quels bouillonnements affreux cette ravissante cavité de Tivoli a dû être le théâtre ! Il me semblait qu'elle devait son charme actuel à la pensée, j'allais presque dire au souvenir évoqué en moi, des ténébreuses horreurs de sa formation première. C'est là une ruine du passé autrement imposante que les débris des temples et des aqueducs ; mais les ruines de la nature ont encore sur celles de nos œuvres cette supériorité que le temps bâtit sur elles, comme des monuments nouveaux, les merveilles de la végétation, les frais édifices de la forme et de la couleur, les véritables temples de la vie.

Par cette caverne, un bras de l'Anio se précipite et roule, avec un bruit magnifique, sur des lames de rocher qu'il s'est chargé d'aplanir et de creuser à son usage. A deux cents pieds plus haut, il traverse tranquillement la ville et met en mouvement plusieurs usines ; mais, tout au beau milieu des maisons et des jardins, il rencontre cette coulée volcanique, s'y engouffre, et vient se briser au bas du grand rocher, sur les débris de son couronnement détaché, qui gisent là dans un désordre grandiose.

Il me fallut, en cet endroit, me retourner, comme Orphée à la porte de l'enfer, pour regarder mon Eurydice, car elle avait malicieusement lâché le ruban et s'était vivement aventurée sur une planche jetée au flanc du sentier, par-dessus le vide, et appuyée sur une faible saillie du grand rocher. C'était une pure forfanterie, car cette planche ne conduisait à rien, ne tenait à rien, et présentait le plus épouvantable danger. Je vis qu'en effet ma princesse était brave et affrontait le vertige avec une surprenante tranquillité. Mais quoi ? c'est une Anglaise, et je me persuade toujours qu'il y a plus de fer et de bois que de sentiment et de volonté dans ces belles machines qui se donnent pour des femmes. Je crois bien que si elle était tombée, elle aurait pu se casser, mais qu'on eût pu la raccommoder, et qu'elle eût été miss Medora comme devant.

Néanmoins, mon premier mouvement fut une grande terreur et puis un accès de colère irréfrénable. Je courus à elle, je la pris très-rudement par le bras et je l'entraînai sous la voûte de la caverne, où je la forçai de s'asseoir, pour l'empêcher de recommencer quelque inutile expérience de son courage insensé.

Pour que vous compreniez comment je pouvais entrer dans une caverne où coule un bras de rivière impétueuse, il faut vous représenter la large ouverture de cette caverne dont une moitié seulement sert de lit à la course des eaux ; cette moitié est nécessairement la plus creuse ; l'autre, également pavée de grands feuillets ondulés et bosselés par les soulèvemens volcaniques, vous permet de monter, en tournant, jusque vers l'ouverture supérieure par laquelle le flot s'engage sous la voûte. Ainsi vous remontez, aisément et à couvert, la pente fortement inclinée et tourmentée d'un cours d'eau qui forme une cascade devant vous, et une autre cascade derrière vous. Cela m'expliquait la formidable basse continue que, du temple de la Sibylle, nous entendions monter de l'abîme invisible, tandis que la claire nappe argentée, qui léchait la perpendiculaire du grand rocher, dominait la sauvage harmonie par un chant plus frais et plus élevé.

L'endroit où j'avais fait asseoir, bon gré mal gré, Medora, forme une imposante et bizarre excavation, où pénètre, de l'issue supérieure invisible encore, une lueur bleue d'un effet fantastique. Les voûtes de la caverne où s'enroulent furieusement ces étranges formations minérales dont je vous ai parlé (ces prétendues plantes d'un monde antérieur colossal), prennent là le dessin et l'apparence d'un ciel de pierre labouré de ces lourdes nuées moutonneuses qu'imitèrent les statuaires italiens du dix-septième siècle, dans les *gloires* dont ils entourèrent leurs Madones ou leurs Saints équestres. En sculpture, c'est fort laid et fort bête ; mais, dans ce jeu de la nature, dans ce plafond de caverne éclairé d'un jour frisant et blafard qui en dessine les groupes fuyants et insensés, c'est étrange au point d'être sublime ; et, comme si la matière, dans ses transformations successives, se plaisait à conserver les apparences de couleur et de forme de ses premières opérations, on peut très-bien se figurer là, au lieu d'un fleuve d'eau qui descend, un fleuve de lave qui monte, et, au lieu d'une voûte de rochers, une voûte de lourdes vapeurs tordues et dispersées par les vents de l'enfer volcanique.

Je fus tellement saisi par l'aspect et le bruit de ce cercle dantesque, qu'à peine eus-je fait asseoir Medora, je l'oubliai complétement. Ma main, crispée par l'émotion qu'elle m'avait causée, tenait pourtant encore la sienne; mais c'était une sollicitude toute machinale, et je restai pétrifié comme le ciel de la grotte, curieux d'abord de comprendre à ma manière la scène étrange qui m'environnait, et puis ravi, pénétré, transporté dans le rêve d'un monde inconnu, enchaîné comme on l'est quand on n'a pas une parole pour formuler ce que l'on éprouve, et que l'on n'a pas auprès de soi un être vraiment sympathique, avec qui l'on puisse échanger le regard qui dit tout ce que l'on peut se dire.

Je ne sais pas si mon examen extatique dura une minute ou un quart d'heure. Lorsque je retrouvai la notion de moi-même, je vis que je tenais toujours la main de Medora, et qu'à force d'être comprimée dans la mienne, cette pauvre belle main, un vrai modèle de forme et de tissu, était devenue bleuâtre. Je fus honteux de ma préoccupation, et, me retournant vers ma victime, je voulus lui demander pardon. Je ne sais ce que je lui dis ni ce qu'elle me répondit. Le bruit du torrent roulant devant nous, ne nous permettait pas d'entendre le son de notre propre voix; mais je fus frappé de l'expression froide et hautaine de ces grands yeux d'un bleu sombre attachés sur les miens. Je ne pouvais exprimer mon repentir que par une pantomime, et je pliai un genou pour me faire comprendre. Elle sourit et se leva. Sa figure avait encore une expression ironique et courroucée, du moins à ce qu'il me sembla. Elle ne retira pourtant pas sa main, que je tenais toujours, mais non plus de manière à la meurtrir, et, comme son regard se portait vers le torrent, le mien s'y reporta aussi. On a beau se dire qu'on reviendra voir à loisir ces belles choses ; on se dit aussi qu'on sera peut-être empêché d'y revenir jamais, et qu'on ne retrouvera pas l'instant qu'on possède.

J'étais resté tombé sur mes genoux, non plus pour faire amende honorable à la beauté, mais pour regarder le dessous de l'excavation plus à mon aise. Comment vous dire ma surprise, lorsqu'au bout d'un instant, je sentis sur mon front, glacé par la vapeur du torrent, quelque chose de doux et de chaud comme un baiser ? Effaré, je retournai la tête, et je vis, à l'attitude de Medora, que ce n'était pas une hallucination.

Un cri de surprise, de colère réelle et de plaisir stupide tout à fait involontaire, sortit de moi et se perdit dans le vacarme du torrent. Je me reculai précipitamment, averti par ma conscience que tout élan de joie et de reconnaissance serait un mensonge de la vanité ou de la sensualité. La victoire eut peu de mérite : cette belle créature parlait médiocrement à mes sens, et nullement à mon cœur. Je ne saurais m'éprendre d'elle que par l'imagination, et j'en suis défendu par la certitude que son imagination seule s'est follement éprise de moi.

Eh quoi ! pas même son imagination ; je devrais dire son amour-propre, son dépit de mon indifférence, sa puérile jalousie de jolie femme contre la Daniella. Je me souvins, en cet instant, que celle-ci m'avait provoqué plus singulièrement encore en me baisant la main ; mais, de sa part, c'était l'action d'une servante qui croit, à tort, devoir s'humilier devant une supériorité sociale, et cette caresse, naïvement servile, m'avait donné envie de lui rendre la pareille pour rétablir la logique des choses. Rien de semblable ne me fut suggéré par la provocation de Medora.

C'était pourtant une provocation chaste à force d'être hardie. Je la crois même aussi froide qu'exaltée, cette Anglaise à passions de parti pris. Il n'y a place en elle, je l'ai senti à première vue, ni pour l'amitié tendre, ni pour l'amour ardent. Elle procède par coups de tête ; elle veut, ou vaincre ma résistance pour se moquer de moi ensuite, ou se persuader à elle-même qu'elle éprouve les émotions violentes d'un amour irrésistible. Elle veut peut-être recommencer le roman d'amour de sa tante Harriet, sauf à me mépriser le lendemain comme on méprise le pauvre lord B***. Ah ! grand merci ! me disais-je. Je ne serai pas si faible que lui. Je garderai ma liberté et ma fierté. Je ne deviendrai pas amoureux de cette beauté dangereuse et décevante, à qui ses millions persuaderaient bientôt qu'elle a le droit de m'avilir.

Je me disais tout cela, dégrisé de tout vin et de toute vanité, comme vous voyez ; et, malgré tout cela, j'étais tremblant de la tête aux pieds, comme on l'est à la suite d'une commotion violente ; car tout appel à l'amour remue en nous la source profonde, sinon des plus vives émotions de l'animal, du moins celle des plus hautes aspirations de l'âme.

Sottement troublé, follement éperdu, j'entraînai Medora hors de la caverne. J'avais besoin de l'air plein et du jour brillant pour me retrouver tout entier. A l'entrée de la grotte, nous vîmes lady Harriet et le guide qui faisaient une pause. Lady Harriet savait son Tivoli par cœur et ne daigna pas entrer dans la caverne, dont elle craignait la fraîcheur, ce qui ne l'empêcha pas de m'en parler avec enthousiasme, en phrases toutes faites, et en si beau style que rien n'y manquait pour dégoûter à jamais de l'expansion admirative.

Comme tout danger était franchi, à ce que nous assura le guide, je feignis de vouloir aller au devant de lord B***, qui n'arrivait pas, et je me mis à courir, résolu à ne plus échanger un mot ni un regard avec Medora. Je vis lord B*** beaucoup au-dessous de nous. Il nous avait dépassés et devisait avec Tartaglia, trop familièrement sans doute au gré de sa femme.

Pour les atteindre, je n'avais qu'à suivre le sentier qui s'enfonce en long corridor, taillé de main d'homme dans la roche. Cette galerie, percée de jours carrés comme des fenêtres, ne gâte rien dans le tableau. Elle vous fait tourner de plain-pied une face abrupte de la montagne, et quand on la voit du dehors, ses ouvertures ombragées de lianes, ressemblent à une suite d'ermitages abandonnés et devenus inaccessibles. Elle est propre et sèche dans toute son étendue; c'est là dedans qu'on voudrait demeurer si on pouvait choisir son gîte à Tivoli. On nous a dit que ce travail était beaucoup plus ancien que celui du général Miolis, et qu'il avait été fait pour les plaisirs d'un pape amoureux des grottes de Neptune.

J'allais sortir de ce défilé lorsqu'un frôlement de robe m'avertit que j'étais suivi. Je fis la sottise de me retourner, et je vis Medora, pâle et comme désespérée, qui courait littéralement après moi.

— Laissez-moi, lui dis-je résolûment, vous êtes folle!

— Oui, je le sais, répondit-elle avec énergie; c'est même pour vous en convaincre tout à fait que me voilà encore près de vous. Si vous trouvez là quelque chose de plaisant, vous pouvez en rire avec monsieur Brumières et tous ses amis de l'école de Rome...

— Vous me prenez pour un lâche ou pour un sot! Vous voyez donc bien que vous étiez folle de vous confier à ce point à un homme que vous ne connaissez pas.

— Si ! je vous connais, s'écria-t-elle. Ce n'est pas votre méchanceté ni votre indiscrétion que je crains ; c'est votre fierté puritaine. Vous savez que je vous aime, et moi je sais que vous m'aimez ; mais vous avez peur de mes millions, et vous croiriez vous abaisser en faisant la cour à une femme riche. Eh bien ! moi, je suis lasse d'être le but des ambitieux et l'effroi des hommes désintéressés. Je me suis dit que, le jour où je me sentirais aimée pour moi-même par un homme délicat, je l'aimerais aussi et le lui dirais sans détour. Vous êtes celui que j'ai résolu d'aimer et que je choisis. Il y a assez longtemps que vous résistez à vos sentiments et que vous vous faites souffrir vous-même en me tourmentant de votre prétendue antipathie. Finissons-en ; dites-moi la vérité, puisque je désire l'entendre, puisque je le veux.

J'espère, mon ami, que vous riez en vous représentant la figure ébahie de votre serviteur. Je me sentis l'air si bête que j'en fus honteux ; mais il me fut impossible de dire autre chose que ceci :

— En vérité !.. sur l'honneur !.. je jure, mademoiselle, que je ne me savais pas amoureux de vous !

— Mais, à présent, vous le savez, s'écria-t-elle ; vous le sentez, vous ne vous en défendez plus ? Est-ce là ce que vous voulez dire ?

— Non, non ! répondis-je avec effroi ; je ne dis pas cela.

— Non ? vous dites non ? alors je vous hais et vous méprise !

Elle était si belle, avec ses yeux secs enflammés, ses lèvres pâles et cette sorte de puissance que donne la douleur ou l'indignation, que je me sentis redevenir ivre. La beauté a un prestige contre lequel échouent tous les raisonnements, et, en ce moment, celle de Medora réalisait tout ce que peut rêver, tout ce qui peut faire battre *un cœur de jeune homme !*

car enfin, je suis homme, je suis jeune, et j'ai un cœur comme un autre ! Je la contemplais tout éperdu, et il me semblait qu'elle avait raison d'être furieuse ; que je n'étais qu'un sot, un poltron, un butor, un petit esprit, un cœur glacé. Je ne pouvais lui répondre. J'entendais, au fond de la galerie, la voix de lady Harriet qui s'approchait.

— Continuez la promenade sans moi, je vous en supplie, lui dis-je. Je suis trop troublé, je deviens fou ; laissez-moi me remettre, me recueillir avant de vous répondre... Tenez, on vient, nous causerons plus tard...

— Oui, oui, j'entends, dit-elle ; vous ferez vos réflexions, et vous nous quitterez sans me dire seulement adieu !

— De grâce, baissez la voix, votre tante... cet homme qui l'accompagne...

— Que m'importe ! s'écria-t-elle, comme décidée à tenter un effort suprême pour vaincre ma résistance. Ma tante sait que je vous aime ; je suis libre d'aimer, je suis libre de me perdre, je suis libre de mourir !... En disant ces derniers mots, elle pâlit. Ses yeux se voilèrent ; il me sembla qu'elle allait tomber évanouie ; je la retins dans mes bras. Sa belle tête se pencha sur mon épaule, sa chevelure de soie inonda, enveloppa mon visage. Le sang gronda dans ma tête et reflua vers mon cœur ; je ne sais ce que je lui dis ; je ne sais si ma bouche rencontra ses lèvres : ce fut un délire rapide comme l'éclair. Lady Harriet, arrivant à l'angle du chemin couvert, n'avait plus qu'un pas à faire pour nous surprendre. Saisi de honte et de terreur, je pris la fuite, seul, cette fois, et j'aurais été me cacher je ne sais au fond de quel antre, si je n'eusse rencontré, au bas du sentier, lord B***, qui, redevenu le plus sage de nous deux, m'arrêta au passage.

XVI

Frascati, 1er avril.

— C'est moi, me dit lord B***, de cet air mystérieux et profond que donne l'ivresse, c'est moi qui veux vous faire les honneurs de la grotte des Sirènes.

Je me laissai conduire, et, pendant quelques instants, me sentant de nouveau très-gris, je vis toutes choses d'un œil très-vague. Cependant je fus remis et calmé plus vite que je ne l'espérais.

Nous gagnâmes le fond resserré de l'entonnoir, qui en est la partie la plus délicieuse. Il est semé de blocs de rochers et de massifs d'arbres, et traversé par le bras de l'Anio, qui, arrivé à l'extrémité de ce petit cirque naturel, se précipite, s'engouffre et disparaît entièrement dans une dernière grotte tellement belle qu'on la prendrait pour un ouvrage d'art. Le sentier n'a eu pourtant qu'à côtoyer son rebord pour faire pont sur le torrent. Là, en sûreté derrière un parapet de roches à peine dégrossies, qui ne gâte pas la délicieuse sauvagerie du lieu, on plonge de l'œil dans la profondeur d'un nouvel abîme qui est comme la clef du dernier déversoir de cette onde fougueuse, car elle s'y perd avec une dernière clameur effroyable, dans des cavités dont on ne connaît pas l'issue.

— C'est ici, me dit lord B***, que deux Anglais se sont fait avaler par cette bouche béante. On prétend qu'ils sont descendus sur cette corniche étroite, mais parfaitement praticable, que vous voyez là-dessous, et que le pied leur a glissé. Moi, je trouve qu'il faut être bien maladroit pour ne pas s'y promener les mains dans ses poches, et vous remarquerez que la chute de l'eau est si nette et si absolue dans son puits naturel, qu'elle n'envoie pas une goutte de pluie sur ses margelles de rocher.

— Alors, vous croyez qu'ils se sont précipités volontairement?

— Et naturellement! dit-il en fixant sur le gouffre son œil mélancolique, terni par un reste d'ivresse.

— L'aventure n'est pas authentique, dis-je à Tartaglia; car le guide m'a parlé de trois Anglais, et voilà mylord qui parle de deux.

— Il n'y en a peut-être eu qu'un seul, répondit Tartaglia avec son insouciance habituelle sur le chapitre de la vérité; c'est un suicide qui aura fait des petits.

Ce trait d'esprit produisit sur lord B*** un effet qui m'eût fait frémir si j'eusse été seulement à trois pas de lui, car il enfourcha le parapet avec l'aisance d'un bon cavalier, et parut un instant disposé à descendre sur la corniche; mais j'avais été à temps de passer mon bras sous le sien, et je le tenais encore mieux que je n'avais tenu Medora quelques instants auparavant. Cette corniche me paraît aussi à moi très-praticable; mais, au milieu de la foudre de la cataracte qui la rase, je n'y voudrais pas voir marcher un Anglais sortant de table.

— Qu'est-ce que vous avez? me dit-il tranquillement en restant à cheval sur le parapet. Vous croyez que je veux aller faire une promenade dans les entrailles de la terre? Non! la vie est si courte, qu'elle ne vaut pas la peine qu'on l'abrége. Donnez-moi du feu pour rallumer mon cigare! quant à l'immoralité du suicide, en ma qualité d'Anglais de race pure, je proteste. Quand on se sent décidément et irrévocablement à charge aux autres...

Il s'interrompit pour rappeler son chien jaune qui était sauté sur le parapet et qui aboyait à la cascade.

— A bas, Buffalo, s'écria-t-il d'un ton de sollicitude. Descendez! ne faites pas de ces imprudences-là!

Et, en voulant repousser l'animal, il tourna ses deux jambes du côté du gouffre, avec une mollesse et une insouciance de mouvement qui me forcèrent à le prendre de nouveau à bras le corps.

— Bah! reprit-il, vous croyez que je suis gris? Pas plus que vous, mon cher! Je vous disais donc que quand on n'est agréable ni utile à personne, aimer et préserver sa vie est une lâcheté; mais, tant qu'on a un ami, ne fût-ce qu'un chien, on ne doit pas l'abandonner. Seulement... écoutez! S'il est vrai pour moi qu'on ne soit pas forcé d'exister à tout prix, le suicide n'en est pas moins une faute, parce qu'il est toujours le résultat d'un mauvais emploi de la vie. La vie n'est une chose insupportable que parce que nous l'avons faite ainsi. Il dépend de tout homme sage et intelligent de bien conduire la sienne, et, pour cela, il faut préserver sa liberté et ne pas tomber dans les piéges d'un amour mal assorti.

Je sentis le rouge me monter au front. La leçon m'arrivait si directe et si méritée, que je la crus à mon adresse. Je me trompais. Lord B*** ne songeait qu'à se juger lui-même; mais son attitude brisée sur le bord de l'abîme, sa figure décomposée par l'ennui, et sa tendresse de célibataire pour son chien parlaient si éloquemment que je me jurai à moi-même de ne jamais revoir Medora.

Cependant, comme lord B*** était réellement pris de sommeil au milieu de ses réflexions mélancoliques, et qu'il parlait de s'étendre, là où il était, pour dormir au bruit de la cataracte, il me fut impossible de le quitter, et les femmes nous eurent bientôt rejoints. Aussitôt que mylord entendit la voix sèchement doucereuse de mylady, qui lui demandait compte de son attitude négligée, il se remit sur ses pieds, et parla de poursuivre l'exploration, car nous n'avions encore vu, en fait de chute d'eaux, que les moindres curiosités de l'endroit ; mais la pluie commençait à tomber sérieusement, le ciel était envahi, le soleil éteint, et, bien que Medora insistât pour continuer, lady Harriet, qui se croit souffreteuse et délicate, voulut retourner à Rome. J'appuyai vivement cette idée. On amena les ânes, qui attendaient au fond du cratère, et les femmes remontèrent sans fatigue jusqu'au temple de la Sibylle, où, en peu d'instants, la voiture fut prête à les ramener.

C'est alors seulement que je manifestai l'intention de rester à Tivoli jusqu'au lendemain soir.

— Je comprends, dit lady Harriet, que vous désiriez voir tout ce que nous n'avons pu voir aujourd'hui ; mais ne vaudrait-il pas mieux revenir par un beau temps que de vous mouiller ce soir, et peut-être encore demain, pour voir un paysage sans soleil ?

J'insistai. Lord B*** voulut alors rester avec moi, ce que j'aurais accepté s'il eût été convenable et prudent de laisser les femmes traverser sans lui la Campagne de Rome. En dernier ressort, lady Harriet prononça, malgré mes refus et ma résistance, qu'elle me renverrait la voiture le lendemain ; et je fus obligé, pour conquérir ma liberté, de prononcer à mon tour que je resterais peut-être plusieurs jours à Tivoli pour dessiner.

Pendant ce débat, Medora demeura muette et les yeux attachés sur moi avec une expression d'anxiété d'abord, puis de reproche et de dédain qui me fut fort pénible à supporter. Enfin, la voiture partit, et je me sentis allégé du poids d'une montagne.

Voilà, mon ami, un récit bien long, et peut-être trop circonstancié de l'aventure qui me pousse à la solitude de Frascati. Je vous demande pardon de me laisser aller à vous tout dire; mais il me semble que, si je vous cachais quelque chose, il vaudrait mieux ne vous rien dire du tout.

Quand je me retrouvai seul à Tivoli, au lieu d'aller voir les autres cascades, je redescendis vers celles que je connaissais déjà. Le gardien, ancien soldat au service de la France, voulut bien avoir confiance en ma parole de ne pas attenter à mes jours (car, décidément, cet abîme est regardé comme tentateur), et j'eus la liberté d'aller rêver seul, à l'abri de la pluie, dans les cavernes.

Je ne rentrai pas sans remords dans celle où j'avais rendu ce maudit baiser. J'en ressentais encore le frémissement dangereux; mais, au lieu de m'y complaire, je me condamnai à un sévère examen de conscience, et je reconnus que j'avais été coupable d'imprudence. N'aurais-je pas dû, depuis les larmes bizarres que le soin d'apporter un chevreau avait fait répandre, et toutes les singularités du reste de la route, deviner, comprendre que j'étais l'objet d'un dépit tout prêt à se changer en caprice et à se faire baptiser du nom de passion? Eh bien, non! Je ne m'en étais pas douté, apparemment! J'avais observé, sans grand intérêt et comme malgré moi, cette étrange organisation. J'expliquais les premières larmes par quelque souvenir, peut-être un souvenir d'amour, réveillé en elle par une circonstance fortuite. J'expliquais la scène des bijoux jetés dans le bois par une colère de reine, échouant devant un sujet déterminé à ne pas être un courtisan. J'expliquais même le baiser sur le front, par une hallucination de sa part ou de la mienne. Jusque-là, jusqu'au moment où elle m'avait poursuivi pour me dire: *Je vous aime*, je m'étais obstiné à croire à je ne sais quelle méprise, ou, passez-moi le mot, à je ne sais quelle fumée d'hystérie nerveuse.

Me voilà donc, pensai-je, en présence d'un amour bon ou mauvais, senti ou rêvé, mais sincère à coup sûr, et aussi résolu que le mien serait timide et involontaire! Le mien! En me disant cela, je me tâtais le cœur, j'y appuyais les mains et j'en comptais les battements comme le médecin interroge le pouls d'un malade, et je découvrais, tantôt avec joie, tantôt avec effroi, qu'il n'y avait pas là d'amour vrai, c'est-à-dire pas de foi, pas d'enthousiasme pour cette incomparablement belle créature.

Le trouble que j'avais ressenti était donc tout simplement dans mes sens, et pouvais-je me croire *engagé,* pour un baiser involontaire, pour un mot que mes lèvres avaient prononcé, que mes oreilles n'avaient pas entendu, que mon esprit ne pouvait même pas ressaisir?

Il y aurait là, pensais-je, une question d'honneur vis-à-vis de lord B*** et de sa femme, qui m'ont témoigné la confiance que l'on doit à un homme de cœur. La moindre apparence, la moindre velléité de séduction auprès de leur héritière me ferait rougir à mes propres yeux, et la moindre expression, le moindre témoignage d'amour envers elle, serait tentative de séduction, puisque je sens que je ne l'aime pas.

Je n'ai pas eu cette pensée, l'ombre même de cette lâche pensée, un seul instant. Je la repousserais avec dégoût, si elle osait me venir; mais il y a eu une seconde, un éclair d'égarement des sens, et puisque dans de telles occasions (la première, à coup sûr, dans mon inexpérience des grandes aventures), je ne suis pas maître de moi, il faut que je m'en préserve avec la prudence d'un vieillard.

Cependant j'éprouvais encore un malaise dont j'eus peine à trouver la cause au fond de mon âme. Je me sentais honteux et comme avili d'être si froid de raisonnement et si décidément vertueux en présence d'une passion aussi échevelée que celle dont j'étais l'objet. Il me semblait que Medora, avec sa folie et son audace, mettait son vaillant pied de reine sur ma pauvre tête d'esclave craintif, et que mes scrupules me faisaient un rôle misérable au prix du sien. Je me confessai obstinément et je reconnus qu'il n'y avait, dans le sentiment de mon humiliation, rien de plus que la suggestion d'un sot amour-propre. Que venait donc faire l'amour-propre entre elle et moi? Pourquoi cet ennemi du juste et du vrai se glisse-t-il dans les cœurs à leur insu, et quel est ce besoin égoïste et vulgaire de jouer le premier rôle dans une partie qui ne devrait avoir que le ciel pour témoin et pour juge?

J'aime à croire que quand je ressentirai le véritable amour, je n'aurai pas à lutter contre cette vanité funeste, que je me sentirai complétement généreux et désarmé devant l'objet de mon adoration, complétement naïf vis-à-vis de moi-même. Mais cette simplicité de cœur et cette loyauté d'intentions, ne les dois-je pas également à la femme dont je repousse les sacrifices? — Va donc pour l'injuste mépris de cette amante superbe! m'écriai-je, et, débarrassé de toute hésitation, comme de tout mécontentement vis-à-vis de moi-même, je m'enveloppai de mon caban et allai voir les autres gambades fantastiques de l'Anio, le long du mont Catillo.

L'Anio, ou Teverone, ou Aniene, car il a tous ces noms, arrive ici des vallées élevées qui servent de bases aux groupes du Mont-Janvier. Il y rencontre la brusque coupure d'une gorge qui, par un détour, doit l'emmener, triste et souillé de toutes les eaux corrompues de la steppe de Rome, jusqu'au Tibre. Avant d'entrer dans l'affreux désert, il s'élance fier, bruyant et limpide, comme pour faire ses adieux à la vie, à l'air pur, aux splendeurs des hautes régions; mais cet emportement de puissance mettait en danger la montagne où est Tivoli. Par un très-beau travail, on a divisé son cours en plusieurs bras, et, laissant aux usines, aux ruines et aux touristes de Tivoli le courant mystérieux des grottes de Neptune et les ravissantes *cascatelles* et *cascàtellines* qui s'épanchent plus loin en ruisseaux d'argent sur le flanc de la montagne, on a contraint la plus forte masse des eaux à suivre paisiblement deux magnifiques tunnels situés à peu de distance de l'entonnoir naturel dont je vous ai parlé. C'est de ces tunnels jumeaux que le fleuve se laisse tomber dans son lit inférieur en cataracte tonnante, et cependant avec une effroyable tranquillité. On descend ensuite dans la gorge pour voir d'en bas toutes ces chutes. La gorge est charmante ; elle n'a qu'un défaut : c'est d'être couverte et remplie d'une végétation si splendide qu'il est presque impossible de trouver un endroit d'où l'on puisse voir l'ensemble de cette corniche si merveilleusement arrosée.

Les ruines de toutes les villas antiques dont les noms sont célèbres ne m'attirèrent nullement. Je suis las des ruines, et, devant la nature, à moins qu'elles ne lui servent d'ornement, comme ce charmant temple de la Sibylle au-dessus du gouffre de Tivoli, ou de la villa de Mécènes, qui couronne les Cascatelles, elles me deviennent honteusement indifférentes.

Je passai la nuit dans le plus affreux lit et dans la plus affreuse chambre de l'affreuse auberge de la Sibylle, un vrai coupe-gorge d'opéra-comique. Pourtant, je ne fus point assassiné, et les gens de la maison, malgré leur mauvaise mine, me parurent d'excellentes gens.

Le lendemain, malgré la pluie et un commencement de fièvre, je recommençai mes excursions ; mais rien de ce que je vis ne valait pour moi la grotte des Sirènes, et c'est là que je retournai contempler, pendant deux heures, le torrent engouffré dans son puits sans issue. Ce devait être là, certainement, l'antre favori de la fameuse sibylle tiburtine, lorsque ces abîmes n'étaient accessibles que par des voies mystérieuses, et que les *pâles mortels* n'en approchaient qu'en tremblant, effrayés du déchaînement des cataractes autant que des oracles du destin.

Aujourd'hui, c'est un lieu de délices. Ces tapis de violettes et ces buissons de myrtes par lesquels on descend mollement et sans danger jusqu'au milieu de cette grande scène; ce torrent diminué qui ne menace plus personne et qui n'a gardé de sa fureur que ce qu'il en faut pour donner une émotion puissante sans lassitude et sans anéantissement; cette grotte, dont les rudes anfractuosités s'embellissent de guirlandes de lierre et de chèvrefeuille, et qui, percée de larges crevasses, vous laisse voir, comme à travers un cadre, les profondeurs d'un paysage magique, tout cela exerça sur moi un magnétisme étrange, et j'ai rêvé là un bonheur que je demande pour paradis au Dieu bon. Oui, ce creux de rochers, d'eaux agitées et de plantes vigoureuses, avec du soleil et un air salubre, si c'était possible ; une grotte pour abri et une femme selon mon cœur, et je consens à être prisonnier sur parole durant l'éternité.

Ma contemplation était si douce et mon corps si fatigué, que je m'endormis comme lord B*** avait voulu s'endormir la veille, au bruit de la cataracte. Quand je m'éveillai, Tartaglia était auprès de moi.

— Vous avez tort de dormir là à l'humidité, me dit-il. Il y a de quoi être malade.

Il avait raison : je me sentais mal partout. J'eus peine à remonter au temple. Chemin faisant, Tartaglia, qui était retourné la veille à Rome, m'apprit qu'il venait me chercher avec une voiture par l'*ordre de la Medora*.

— C'est fort bien, lui répondis-je; tu vas t'en retourner comme tu es venu. Je compte rester ici huit ou dix jours.

— Vous n'y songez pas, *mossiou*. Vous êtes dans l'endroit le plus malsain de l'Italie, et vous allez y mourir. Prenez garde d'ailleurs à ce qui va arriver. Dès que la Medora vous saura malade, elle viendra avec sa famille, car ils font tous sa volonté, et elle est folle de vous...

— En voilà assez, répondis-je avec colère. Vous me portez sur les nerfs avec vos sottises. Il faut que tout cela finisse !

Et, prenant mon parti, je montai dans la voiture et donnai au cocher l'ordre de me conduire à Rome chez Brumières.

Je croyais être délivré du Tartaglia, qui, me voyant irrité et un peu en délire, avait fait mine de rester à Tivoli ; mais, à mi-chemin, m'éveillant d'un nouvel assoupissement fébrile, je vis qu'il était sur le siége avec le cocher. Je renouvelai à celui-ci l'injonction de me conduire chez Brumières. Mon intention était d'écrire, de chez lui, une lettre d'adieux à la famille B***, de faire prendre mes effets par Tartaglia et de quitter Rome à l'instant même. Le cocher fit un signe d'assentiment respectueux, et je me rendormis, vaincu par une torpeur insurmontable.

Quand je m'éveillai, j'étais si accablé que je ne compris pas où j'étais, et qu'il fallut les empressements de l'excellent lord B*** autour de moi pour m'éclairer sur la trahison de Tartaglia et du cocher. J'étais au palais *** ; je montais l'escalier de ma chambre, soutenu par l'Anglais et la Daniella. Vous savez le reste ; je dois ajouter que je me suis si bien arrangé pour ne pas sortir de ma chambre jusqu'au moment du départ, que je n'ai pas revu Medora. J'espère donc que son caprice est passé ; j'espère même qu'il n'y a pas eu caprice, et quand j'y songe, je reconnais que j'ai servi de titre à un roman dont elle avait fait le plan avant de me connaître. Elle a vingt-cinq ans, elle est froide, elle a refusé beaucoup de bons partis, à ce que l'on assure. Puis, l'ennui est venu, les sens peut-être ; elle a résolu, dit-elle, d'épouser le premier homme délicat qui l'aimerait sans le lui dire. Pourquoi s'est-elle imaginé que j'étais cet homme-là, moi qui ne l'aimais pas du tout? Ou elle a le ridicule de se croire irrésistible, ou il y a là-dessous l'intrigue impertinente de Tartaglia, qui a eu plus d'effet que je ne pensais.

Quoi qu'il en soit, me voilà loin de Rome, par un temps à ne pas mettre un chien dehors, et, dans quelques jours, quand mes forces seront revenues, s'il y a encore péril en la demeure comme disent les légistes, je me sauverai plus loin encore.

Mais ne trouvez-vous pas que ma terreur de *casto Giuseppe*, comme dit Tartaglia, dont je vous épargne les dernières remontrances, est d'une fatuité ridicule?

A propos de Tartaglia, je dois vous dire que le drôle m'a soigné paternellement, et que, maître de fouiller dans mes effets à toute heure, il a pleinement justifié ce que lord B*** me disait de lui : « C'est un vrai gredin, capable de vous arracher, par prières ou par intrigue, votre dernier écu ; mais c'est un valet fidèle, incapable de vous dérober une épingle si vous n'avez pas l'air de vous méfier de lui. En Italie, beaucoup de gens de cette classe sont ainsi faits : ils pillent ceux qu'ils détestent ; ils se font un plaisir de dévaliser ceux qui veulent lutter de finesse pour se garantir ; mais ils voleraient volontiers, pour enrichir ceux qui, par leur confiance absolue, obtiennent leur amitié. Ayez des serrures Fichet à vos coffres ; cachez votre bourse dans les trous de mur les plus invraisemblables : ils déjoueront toutes vos ruses. Laissez la clef à la porte et l'argent sur la table, ce sera chose sacrée pour eux. »

« Ce vaurien a donc du bon comme tous les vauriens... de même que tous les gens vertueux ont un coin de perversité. » C'est toujours lord B*** qui parle, et je vous fais grâce des blasphèmes de sa misanthropie. Tant il y a que le Tartaglia me fatiguait, et qu'après avoir bien payé, malgré lui, je dois le dire, ses bons services, je suis charmé d'être délivré de son babil, de sa protection et de ses suggestions matrimoniales.

Voici enfin un peu d'éclaircie dans le temps, et j'en vais profiter pour visiter les jardins Piccolomini et faire le tour de mes domaines.

XVII

5 avril, à Frascati.

Depuis deux jours, bien que le soleil ne se montre pas plus qu'à Londres, je me goberge de la douceur du temps. Les soirées sont froides dans l'intérieur de Piccolomini ; ma cheminée se garderait bien de ne pas fumer ; et d'ailleurs, le bois manque ; mais *quelqu'un* qui me choie m'a apporté un *brasero* [1], et cela me permet de me réchauffer les doigts pour vous écrire. Le reste du temps, je suis dehors jusqu'à l'heure de dormir, et je m'en trouve fort bien.

Ce *quelqu'un* vous intrigue un peu, j'espère ? Patience ! je vous raconterai. Il faut que je vous dise d'abord que je suis au beau milieu d'un paradis terrestre, moyennant quelque chose comme trois francs par jour, toutes dépenses comprises, ce qui me permettra de passer ici plusieurs mois sans me préoccuper de ma pauvreté.

J'ignore ce que deviendra le climat. On m'annonce des chaleurs qui me feront revenir de mes doutes sur le beau ciel

1. *Brasero* est le mot espagnol, apparemment familier à Jean Valreg.

de l'Italie. Dans l'état de faiblesse où je suis encore, le temps doux et voilé que nous tenons m'est fort agréable; mais il n'y aurait guère moyen de faire de la peinture sans soleil, et il faut que ce pays-ci soit bien beau puisqu'il l'est encore à travers son manteau de brouillard. Brumières, qui voulait que je l'attendisse pour venir ici, m'annonçait bien que je n'y trouverais pas encore le moindre effet pittoresque; mais je suis peut-être moins peintre que contemplatif, et quand je ne peux pas essayer d'être un interprète quelconque de la nature, je n'en reste pas moins son amant fidèle et ravi.

Figurez-vous que, sans sortir de *mon* jardin, j'ai la campagne, le verger, la solitude et le désert. Le parterre qui s'étend devant la maison n'annonce guère ce luxe; c'est un carré de légumes et de vigne, enfermé dans des haies de buis taillés. Au bout, la vue est terminée par une grande fontaine murale en hémicycle avec les niches et les bustes classiques. L'eau est limpide, les plantes grimpantes abondent, et, sur la terrasse dont cette architecture est le contrefort, de beaux arbres inclinent leurs branches touffues. Mais là n'est pas le charme de cet enclos dont l'ancienne splendeur a fait place, d'une part à l'abandon, de l'autre aux soins vulgaires de l'utilité domestique. Une belle allée d'arbres centenaires s'en va en montant rapidement vers des terres ensemencées et plantées d'oliviers. Heureusement on a laissé subsister ces arbres, et on n'a pu songer à niveler le terrain, de sorte que l'ancien parc des Piccolomini, sacrifié au prosaïsme de l'exploitation, a gardé ses chênes verts courbés en berceaux impénétrables au soleil et à la pluie, ses aspérités de montagne et son clair ruisselet qui court en bouillonnant sous des masses de fleurs sauvages. Il y a même un coin, tout à fait inculte, qui forme ravin et qui se compose tout aussi bien qu'un grand paysage. Le ruisseau qui sort d'une belle source dans la villa voisine, nous arrive de là hauteur et forme une cascatelle charmante qui, de son amphithéâtre de rochers et de verdure, arrose une petite prairie tout à fait naturelle, traverse l'enclos et s'en va réjouir une troisième villa contiguë à celle-ci. On voit qu'ici l'on ne s'est pas disputé l'eau courante. Bien au contraire, on se l'est libéralement distribuée, et, comme elle abonde partout, ceux qui ont bien voulu lui permettre de rire et de sauter à travers leurs jardins ont rendu à leurs voisins un véritable service.

Les collines Tusculanes ne sont, d'ici à leur point le plus élevé (Tusculum), qu'un immense jardin partagé entre quatre ou cinq familles princières. Et quels jardins! celui de Piccolomini ne compte plus. Vendu à des bourgeois qui font argent de leur propriété, il n'a de beau que ce que l'on n'a pu lui ôter. Mais la villa Falconieri, qui le borne à l'est, et la villa Aldobrandini, qui le borne au couchant, la villa Conti, qui touche à cette dernière; plus haut, la Ruffinella, et, en revenant vers l'est, la Taverna et Mondragone, tout cela se tient et communique, si bien que j'en aurais pour trois heures à vous décrire ces lieux enchantés, ces futaies monstrueuses, ces fontaines, ces bosquets et ces escarpements semés de ruines romaines et pélasgiques; ces ravins de lierre, de liseron et de vigne sauvage, où pendent des restes de temples, et où tombent des eaux cristallines. Je renonce au détail qui viendra peut-être par le menu; je ne peux que vous donner une notion de l'ensemble.

Le caractère général est de deux sortes : celui de l'ancien goût italien, et celui de la nature locale qui a repris le dessus, grâce à l'indifférence ou à la décadence pécuniaire des maîtres de ces folles et magnifiques résidences. Si vous voulez une exacte description de ces résidences, telles qu'elles étaient encore il y a cent ans, vous la trouverez dans les spirituelles lettres du président de Brosses, un des hommes qui, malgré son apparente légèreté, a le mieux vu l'Italie de son temps. Il s'est beaucoup moqué des *jeux* d'eaux et girandes, des statues grotesques et des concerts hydrauliques de ces villégiatures de Frascati. Il a eu raison. Lorsqu'il voyait dépenser des sommes folles et des efforts d'imagination puérile pour créer ces choses insensées, il s'indignait de cette décadence du goût dans le pays de l'art, et il riait au nez de tous ces vilains faunes et de toutes ces grimaçantes naïades outrageusement mêlés aux débris de la statuaire antique. Il appelait cela gâter l'art et la nature à grands frais d'argent et de bêtise, et je m'imagine que, dans ce temps-là, quand tous ces fétiches étaient encore frais, quand ces eaux sifflaient dans des flûtes, que les arbres étaient taillés en poires, les gazons bien tondus et les allées bien tracées, un homme de sens et de liberté comme lui devait, à bon droit, s'indigner et se moquer.

Mais s'il revenait ici, il y trouverait un grand et heureux changement : les Pans n'ont plus de flûte, les nymphes n'ont plus de nez. A beaucoup de dieux badins, il manque davantage encore, puisqu'il n'en reste qu'une jambe sur le socle. Le reste gît au fond des bassins. Les eaux ne soufflent plus dans des tuyaux d'orgue; elles bondissent encore dans des conques de marbre et le long des grandes girandes; mais elles y chantent de leur voix naturelle. Les rocailles se sont tapissées de vertes chevelures, qui les rendent à la vérité. Les arbres ont repris leur essor puissant sous un climat énergique, et sont devenus des colosses encore jeunes et pleins de santé. Ceux qui sont morts ont dérangé la symétrie des allées; les parterres se sont remplis de folles herbes; les fraises et les violettes ont tracé des arabesques aux contours des tapis verts; la mousse a mis du velours sur les mosaïques criardes : tout a pris un air de révolte, un cachet d'abandon, un ton de ruine et un chant de solitude.

Et maintenant, ces grands parcs jetés aux flancs des montagnes, forment, dans leurs plis verdoyants, des vallées de Tempé, où les ruines rococo et les ruines antiques dévorées par la même végétation parasite donnent à la victoire de la nature un air de gaieté extraordinaire. Comme en somme, les palais sont d'une coquetterie princière ou d'un goût charmant; que ces jardins, surchargés de détails puérils, avaient été dessinés avec beaucoup d'intelligence sur les ondulations gracieuses du sol, et plantés avec un vrai sentiment de la beauté des sites; enfin, comme les sources abondantes y ont été habilement dirigées pour assainir et vivifier cette région bocagère, il ne serait pas rigoureusement vrai de dire que la nature y a été mutilée et insultée. Les brimborions fragiles y tombent en poussière; mais les longues terrasses d'où l'on dominait l'immense tableau de la plaine, des montagnes et de la mer; les gigantesques perrons de marbre et de lave qui soutiennent les ressauts du terrain, et qui ont, certes, un grand caractère; les allées couvertes qui rendent ces vieux Édens praticables en tout temps; enfin tout ce qui, travail élégant, utile ou solide, a survécu au caprice de la mode, ajoute au charme de ces solitudes, et sert à conserver, comme dans des sanctuaires, les heureuses combinaisons de la nature et la monumentale beauté des ombrages. Il suffit de voir, autour des collines de Frascati, l'aride nudité des monts Tusculans, ou l'humidité malsaine des vallées, pour reconnaître que l'art est parfois bien nécessaire à l'œuvre de la création.

Mais voyez donc, mon ami, comme je défends *mes villas* contre les injures du président de Brosses, et peut-être contre les critiques que j'appréhende de votre part! C'est que l'amour de la propriété s'est emparé de moi, quand je me suis vu ici seul, absolument seul de mon espèce artiste, jouissant de toutes ces résidences désertes. D'ici à un ou deux mois, me dit-on, il ne viendra à Frascati ni seigneurs indigènes, ni *forestieri*, et, sous ce dernier titre, on confond les artistes, les touristes et les malades de tout genre qui cherchent l'air salubre au commencement des grandes chaleurs. En attendant, les villas ne sont habitées que par leurs gardiens, de bons vieux serviteurs qui me confient les clefs des parcs avec une bonne grâce charmante, ce qui me permet de choisir chaque jour celui qui me plaît, ou de les parcourir tous dans une grande excursion, si j'ai de bonnes jambes.

Quelle douce manière de posséder, n'est-ce pas? N'avoir rien à surveiller, rien à ordonner, rien à réparer; quitter quand bon me semblera, sans me soucier de ce que les choses deviendront en mon absence; revenir de même, sans que personne fasse attention à moi; jouir sans contrôle et sans contestation de plusieurs Trianons de caractères différents; me promener en pantoufles dans tous les paysages de Watteau, sans risquer de rencontrer personne à qui je doive mes égards et ma conversation! Vraiment, je suis trop heureux, et j'ai peur que ce ne soit un rêve. Tout cela à moi, pauvre diable qui ai vécu trois ans à Paris, triste et courbé sous la préoccuption de payer la vue des gouttières et les bottes à tremper dans la boue liquide des rues! A moi tout cela pour trois francs par jour, sans que j'aie à me tourmenter de cette responsabilité de soi-même, si rigoureuse pour la dignité de l'individu, mais si funeste à la poésie et à l'indépendance, dans les grands centres de civilisation! Par quelles vertus ai-je mérité d'être gâté à ce point? Et la Mariuccia, qui plaint ma figure absorbée, mon air nonchalant, et qui regarde avec une maternelle pitié mon mince bagage, et ma bourse plus mince encore!

Cette Mariuccia est un être excellent et divertissant au possible. Elle est rieuse et bavarde comme le ruisseau de son jardin, et, pour peu qu'on l'excite par des questions, elle arrive à une éloquence pétulante, accompagnée d'une mimique exaltée qui la transfigure en une sorte de pythonisse rustique. Elle est un spécimen si complet et si naïf de sa classe et de sa localité, que je vois, mieux que dans un livre, à travers ses descriptions, ses préjugés et ses raisonnements, le caractère du milieu où je me trouve jeté.

Mais un autre type plus étrange encore aux yeux d'un homme naïf tel que moi, c'est ce quelqu'un dont il faut enfin que je vous entretienne. Aussi, je reprends mon récit où je l'ai laissé.

Hier matin, je demandai à la Mariuccia si elle avait fait blanchir mon linge.

— Certainement, dit-elle en apportant une corbeille de linge blanc, humide et frippé. La vieille femme qui m'aide à mes lessives s'en est chargée.

— C'est fort bien; mais je ne peux pas porter ce linge sans qu'il soit repassé.

Le mot *repasser* m'embarrassa; car, si je sais un peu ma littérature italienne, je n'ai pas encore à mon service tout le vocabulaire de la vie pratique, et la Mariuccia n'entend pas un mot de français. J'appelai la pantomime à mon secours, et, comme si un gueux de mon espèce eût prétendu à un grand luxe en exigeant du linge passé au fer, elle s'écria d'un air stupéfait :

— Vous voulez la *stiratrice?*

— C'est cela! la repasseuse! Est-ce une industrie inusitée à Frascati?

— Oh! oui dà, reprit-elle avec orgueil; il n'y a pas de pays au monde où l'on trouve de meilleures *artisanes*.

— Eh bien, confiez ceci à une de vos merveilleues ouvrières?

— Voulez-vous que ce soit ma nièce?

— Je ne demande pas mieux, répondis-je, étonné du regard clair et pénétrant que son petit œil gris attachait sur le mien.

Elle remporta la corbeille, et, à l'heure où je rentrais pour souper, car je me suis arrangé pour rester dehors le plus tard possible, je trouvai installées autour d'un brasero, dans une grande pièce du rez-de-chaussée, où la Mariuccia juge plus commode de me servir mes repas, trois personnes qui causaient, les pieds sur la cendre chaude et les coudes sur les genoux : c'était la vieille femme en haillons qui fait la perpétuelle *biancheria* de Mariuccia, un gros capucin de bonne mine, et une fille mince dont un grand mouchoir de laine rouge enveloppait la tête et les épaules. Les deux femmes ne se dérangèrent pas. Le capucin seul se leva et me fit des politesses qui aboutirent à l'humble demande d'un baïoque, un sou du pays, pour les besoins de son ordre. Je lui en donnai cinq, qu'il reçut avec une profonde reconnaissance.

— *Cristo!* s'écria la vieille femme, à laquelle il montra, d'un air naïf, cette grosse pièce de cuivre dans sa main crasseuse, quelle générosité! et, se tournant vers moi, elle m'accabla d'une grêle d'épithètes élogieuses. Pour n'être pas enivré de ses flatteries, je lui donnai vite deux baïoques qui restaient dans ma poche, et elle se confondit en révérences et en tentatives de baisements de main auxquelles je me hâtai de me soustraire.

Mais, voulant savoir jusqu'où allait cette misère ou cette passion pour la mendicité, je m'adressai à la jeune fille, dont je ne voyais pas la figure cachée sous son châle, et qui me semblait très-proprement habillée. — Et vous, mademoiselle, lui dis-je en m'asseyant sur l'escabeau qu'avait laissé libre le frère quêteur à côté d'elle, est-ce que vous ne me demandez rien ?

Elle releva la tête, écarta son châle rouge, et me tendit la main sans rien dire.

— Daniella! m'écriai-je en la reconnaissant à la pâle lueur que le brasero renvoyait à sa figure ; Daniella à Frascati ! Daniella qui tend la main...

— Pour que vous y mettiez la vôtre, répondit-elle en souriant. Vous êtes cause que j'ai perdu une bonne place ; mais je ne la regrette pas, s'il me reste votre amitié.

— Parlez plus bas, lui dis-je ; expliquez-moi...

— Oh ! je n'ai pas besoin d'en faire un secret, reprit-elle ; je n'ai rien fait de mal ; et, d'ailleurs, le frère Cyprien est mon oncle, et la Mariuccia est ma tante. C'est moi qui suis la *stiratrice,* et je vous rapporte votre *biancheria.*

— Oui, oui, dit la Mariuccia, qui venait d'entrer et qui posait mon humble dîner sur la table, nous sommes tous parents : le capucin est mon frère, la vieille femme est ma tante, à moi, et vous pouvez parler tous les deux devant nous ; c'est en famille, rien ne sortira d'ici.

C'est très-bien, pensai-je ; il n'y manque que le cousin Tartaglia pour que tout Frascati sache les particularités sérieuses ou ridicules de ma retraite à Frascati.

— Daniella, dis-je à la jeune fille, je vous prie de ne pas...

— C'est bien, c'est bien, dit la vieille femme en sortant ; causez ensemble ; nous savons toute l'histoire. Pauvre Daniella ! ce n'est pas sa faute, c'est une bonne fille qui nous a tout dit.

— Et moi, dit le capucin en ramassant sa besace et son bâton, je vous présente mes révérences, seigneur étranger... *Danieluccia,* je prierai pour toi, afin que l'orgueil de cette Anglaise soit vaincu par la miséricorde divine !

Je vous laisse à penser si j'étais de bonne humeur de voir ébruiter ainsi ce qui avait pu se passer à propos de moi dans la famille B***. Je voulus faire expliquer la Daniella.— Non, pas à présent, me répondit-elle ; vous me paraissez en colère. Je vas porter votre linge dans votre chambre et je reviendrai.

XVIII

3 avril.

— Qu'est-ce ? qu'y a-t-il ? demandai-je à la Mariuccia. Que vous a-t-elle donc dit, à tous tant que vous êtes ?

— Les choses comme elles se sont passées, répondit-elle ; cette Anglaise, la grosse dame, je la connais bien ! Elle vient presque tous les ans à Frascati ; mais je n'ai jamais pu dire son nom...

— Eh bien ?

— Eh bien, il y a deux ans, elle a pris ma nièce en amitié et elle l'a emmenée. Elle la payait bien et la rendait très-heureuse ; et puis, quand elles ont été là-bas, en Angleterre, je crois, lady Bo..., lady Bi..., au diable son nom ! a pris une nièce, la, là...

— N'importe !

— La Medora ! Voilà son nom, à elle ! Il paraît qu'elle est belle : comment la trouvez-vous ?

— Je n'en sais rien ; allez toujours.

— Eh ! vous savez bien qu'elle est belle et riche, mais méchante... Non : la Daniella dit qu'elle est bonne, mais folle. Elle a commencé par aimer ma nièce comme si la pauvre fille eût été sa sœur. Elle a voulu l'avoir à elle seule pour son service. Elle lui donnait des robes de soie, des bijoux, de l'argent. Oh ! dans une année, la Daniella a plus gagné qu'elle ne gagnera dans tout le reste de sa vie, à moins qu'elle ne veuille encore quitter le pays et suivre d'autres *forestieri;* mais je ne le lui conseille pas: vous autres étrangers, vous êtes tous maniaques, bizarres!

— Merci; après?

— Après, après! Vous savez bien que vous avez dit à ma nièce qu'elle était plus jolie que sa maîtresse. Depuis ce moment-là, la signorina n'a plus voulu la supporter; elle l'a tourmentée, chagrinée, offensée. La petite a répondu deux ou trois paroles un peu vives, et, pendant que vous étiez encore malade, on l'a renvoyée. Allons, il n'y a pas grand mal; on lui a fait un beau cadeau, et elle pourra bien se marier ici avec qui elle voudra. On est toujours mieux dans son pays que sur les chemins; et si vous l'aimez, ma nièce, si elle vous plaît, et que vous souhaitiez rester chez nous, il ne tient qu'à vous d'être son mari. Vous êtes peintre, vous trouverez de l'ouvrage dans les villas. Justement, la princesse Borghèse veut faire réparer Mondragone. Vous ferez de la fresque et vous gagnerez bien de quoi élever vos enfants.

— Ainsi, répondis-je, émerveillé du plan rapide de la Mariuccia, vous avez arrangé tout cela en famille, avec la vieille femme, le capucin et... la Daniella?

— La Daniella ne dit rien du tout; on ne sait pas si elle vous aime; mais...

— Mais vous le pensez, puisque vous me mariez avec elle?

— Eh! qui sait?

Le *chi lo sa* de la Mariuccia est son grand et dernier argument. Elle le dit si souvent à tout propos, que j'ai déjà compris que cela signifiait en certaines occasions, *laissez-moi faire,* et en certaines autres, *je n'y tiens pas.*

Cette fois, l'accent était problématique, et je dus insister pour savoir si j'étais tombé dans une de ces intrigues dont Brumières et Tartaglia m'avaient signalé les fâcheuses conséquences; mais l'œil clair et la figure enjouée de Mariuccia ne permettaient pas le soupçon, et, dans ses réponses subséquentes, je ne vis que l'empressement d'une bienveillance irréfléchie pour sa nièce et pour moi.

S'il en est ainsi, pensai-je, je dois avoir une franchise égale; et comme la Daniella ne reparaissait pas, je priai sa tante de monter avec moi dans ma chambre, où nous la trouvâmes occupée à brosser mes habits et à ranger mes ustensiles de toilette, comme si elle eût été à mon service.

— Que faites-vous là? lui dis-je en entrant, avec un peu de dureté.

Elle me regarda avec un mélange de décision et de douceur qui paraît être dans son caractère comme sur sa physionomie : — Je nettoie et je range votre appartement, dit-elle, comme je faisais à Rome, pendant que vous étiez malade.

Le souvenir des soins empressés et intelligents de cette bonne fille me fit rougir de ma brusquerie.

— Ma chère enfant, lui dis-je, asseyez-vous, et causons. Je veux savoir comment je suis la cause de votre séparation d'avec la famille B***. Vous avez dit, à ce sujet, ce que vous avez cru devoir dire; il faut que je le sache, afin de redresser la vérité si vous vous êtes trompée en ce qui me concerne.

— C'est aisé à dire, répondit-elle avec assurance. Vous avez fait le projet d'épouser la Medora. Comme vous avez beaucoup d'esprit, vous avez deviné que, pour la rendre amoureuse de vous, elle qui n'a jamais pu être amoureuse de personne, il fallait faire semblant de devenir amoureux d'une autre, sous son nez, et vous avez réussi à le lui persuader. Moi, j'aurais été sacrifiée à ce jeu-là, si j'avais eu affaire à de mauvais maîtres; mais lady Harriet est généreuse, et, avec ce qu'elle m'a donné en me congédiant, j'aurais tort de me plaindre. N'est-ce pas là ce que j'ai dit, ma tante Mariuccia?

— Peut-être, répondit la tante, mais j'avais compris que le *signore* te plaisait, et je pensais que tu lui avais plu. A présent, si les choses vont autrement, s'il doit épouser l'Anglaise et que ton dos lui ait servi d'échelle, il te devra un beau cadeau de noces, et tout est dit.

Bien que l'explication de la Daniella dût couper court à toute pensée d'alliance entre elle et moi dans l'esprit de ses parents, je ne pus supporter le plan ridiculement fourbe qu'elle m'attribuait à l'égard de sa maîtresse. Je crus devoir m'en expliquer avec elle.

— Ma chère, lui dis-je, il vous a plu d'interpréter ma conduite dans un sens que je désavoue absolument. Je n'ai pas fait semblant d'être épris de vos charmes. Ç'a été une plaisanterie dont j'étais loin de prévoir les conséquences et que personne, je l'espère encore, n'a prise au sérieux. Quoi qu'il en soit, j'ai eu un grand tort, puisque le résultat de ceci a été une mésintelligence momentanée entre vous et des personnes auxquelles vous deviez être attachée. Je suis assez coupable sans que vous me prêtiez un projet aussi absurde et aussi cupide que celui de vouloir me faire aimer d'une personne trop riche pour moi et que je ne connais pas assez pour l'aimer moi-même. Je vous prie donc, dans vos épanchements avec votre nombreuse famille, de ne pas me faire jouer inutilement ce vilain rôle.

— Inutilement? reprit-elle en français, français qu'il me faut vous traduire plus que si c'était de l'italien. Vous consentiriez cependant à ce que je le fisse utilement?

— Voulez-vous bien vous expliquer?

— Si ma famille se persuadait que nous nous aimons, vous et moi, il y aurait pour vous quelque inconvénient à le laisser croire, et il vaudrait mieux donner à penser que vous ne songez qu'à la Medora.

— Et quel serait l'inconvénient dont vous parlez ?

— Des coups de couteau pour vous et des coups de poing pour moi.

— De la part de qui ? Je veux tout savoir.

— De la part de mon frère, un méchant homme, je vous avertis. Je ne dépends que de lui, je n'ai plus ni père ni mère.

— Alors, c'est une menace sous laquelle il vous a plu de me placer, en faisant vos confidences...

— Moi, vous menacer et vous exposer ! s'écria la Daniella en levant au ciel ses yeux étincelants. *Cristo !* croyez-vous que j'aurais dit seulement que je vous connaissais, si Tartaglia ne fût venu ici ce matin ?

— Tartaglia ? Bon ! voici le bouquet ! Et qu'est-il venu faire à Frascati ?

— Il est venu savoir de vos nouvelles de la part de la Medora, mais en secret, et en se servant d'un prétexte, car il paraît qu'elle est inquiète de vous et qu'elle s'en cache, parce qu'elle craint de vous avoir fâché par ses refus. Alors, comme ce pauvre garçon s'est mis en tête de faire réussir votre mariage avec elle, il a dit à la Mariuccia qu'il fallait m'empêcher de vous voir, parce que vous me feriez la cour et que vous ne m'épouseriez pas. Voilà comment, en venant ici rapporter votre linge, j'ai été forcée de répondre à des questions, et si tout cela s'est embrouillé dans la cervelle de ma tante, ce n'est pas de ma faute ; mais le capucin est prudent, la vieille femme est bonne, la Mariuccia est excellente, et les choses en resteront là, pourvu que vous me permettiez de leur dire que vous ne pensez qu'à la Medora. Autrement...

— Autrement ?

— Autrement, des idées viendront à mon frère, et il vous fera un mauvais parti.

— C'est assez revenir sur ce danger-là, ma chère, lui dis-je avec impatience. Je ne suis pas habitué à me battre au couteau ; mais, de quelque façon que je m'y prenne, gare à votre frère et à tous vos parents et amis, s'ils me cherchent noise. Je suis d'un naturel très-doux ; mais je sens qu'avec des exploiteurs comme avec des bandits, je peux devenir très-méchant et vendre ma peau extrêmement cher à quelques-uns.

En parlant ainsi à Daniella, en italien, afin que la Mariuccia l'entendît, je les observais attentivement l'une et l'autre, la première surtout, que je crois assez rusée et qui pourrait bien avoir pour moi, non pas une passion de keepsake, comme miss Medora, mais un sentiment fondé sur des vues intéressées. La Mariuccia, quoique fine, me parut n'avoir que de bonnes intentions. Quant à la *stiratrice*, il me fut difficile de pénétrer ses sentiments. Elle semblait épier les miens propres : nous restions donc tous deux sur la défensive.

Quand j'eus fini de parler, elle garda un instant le silence, comme pour chercher une solution à une situation qu'il lui plaisait apparemment de croire embarrassante ou périlleuse ; et, tout à coup, au lieu de me répondre, elle s'adressa à sa tante.

— Je vous ai raconté, lui dit-elle, que le *signore* avait tué un voleur et mis deux autres en fuite auprès de Casalmorte. Je sais comme il est hardi, et plus fort qu'il n'en a l'air : je l'ai vu se battre avec ces mauvaises gens. Si quelqu'un doit avoir peur, ce n'est pas lui, et Masolino fera bien de se tenir tranquille. Puis, se retournant vers moi, elle ajouta en français : Mais pourquoi donc, pour éviter des querelles, ne voulez-vous point passer pour amoureux de la Medora ?

— Parce que cela n'est pas vrai, et que je déteste le mensonge, répondis-je avec impatience. Il vous a plu d'inventer cela ; mais soyez sûre que si j'établis ici quelque relation qui me mette à même de vous démentir, je n'y manquerai dans aucune occasion.

Ses yeux brillèrent d'une satifaction si vive que je compris qu'entre la maîtresse et la suivante, il y avait un duel de vanité féminine en règle, dont le hasard m'avait rendu l'objet litigieux.

— C'est étonnant, cela ! dit-elle en se maniérant avec beaucoup de gentillesse, il faut l'avouer. Comment est-il possible que vous ne vouliez pas d'elle, qui vous aime tant ?

Sur ce mot-là, je me fâchai tout rouge. Que Medora se soit follement confiée à mon honneur, cela n'est pas douteux ; mais il ne sera pas dit qu'elle s'y soit confiée en vain ; et fût-elle tout à fait indigne de ma loyauté, il me resterait encore à la disculper pour l'honneur de lady Harriet et de l'excellent lord B***. J'imposai donc silence aux malices de la soubrette avec tant de sévérité, qu'elle baissa les yeux comme effrayée, et se retira bientôt avec une confusion feinte ou réelle.

Je regrettai qu'elle n'eût pas témoigné quelque regret qui me permît de la congédier plus amicalement. Elle m'a soigné si bien que je lui dois de la reconnaissance, et je n'ai pu encore trouver le moment de la lui exprimer, puisqu'elle avait disparu du palais *** avant mon départ de Rome.

En outre, bien que j'aie d'elle une médiocre opinion, je dois reconnaître que j'ai pour sa figure et ses manières des moments de sympathie réelle. Je l'entendis causer jusqu'à minuit avec la Mariuccia dans le grenier voisin de ma chambre. Je ne voulais ni ne pouvais saisir un mot de leurs longs discours ; mais je vis bien à l'intonation tantôt narrative, tantôt gaie de leur dialogue, que Daniella n'était pas très-inquiète de son sort. La durée de ce tranquille babillage, qui accompagnait je ne sais quel travail, me prouvait aussi qu'elle n'était pas sous le coup d'une surveillance bien redoutable. Enfin, j'entendis ouvrir les portes, descendre l'escalier de bois de l'étage que nous occupons, Mariuccia et moi, et grincer sur ses gonds la grille de l'enclos qui donne sur la ruelle malpropre et montueuse décorée du nom emphatique de *Via Piccolomini*.

XIX

3 avril.

Ce matin, vers six heures, je fus éveillé par une voix douce et pleine qui, du dehors, appelait Rosa : c'est le nom de la vieille femme, tante et servante de la Mariuccia. Cette manière d'appeler résumait tout le chant de la langue italienne. Tandis que nous autres, quand nous voulons nous faire entendre au loin, nous escamotons la première syllabe et prolongeons le son sur la dernière, on fait ici tout l'opposé ; et le nom de Rosa, crié, ou plutôt chanté en octave descendante, avait une euphonie très-agréable. En me frottant les yeux pour m'éveiller tout à fait, je reconnus que c'était la voix de la *stiratrice*. Je me levai pour regarder à travers ma persienne : je la vis dans la rue apportant un très-joli brasero de forme ancienne et d'un poli étincelant. Au bout de quelques instants, la Mariuccia mit la tête à sa fenêtre et tira successivement deux cordes. La grille du jardin s'ouvrit, puis la porte d'entrée de la maison, pour donner passage à la Daniella.

Une demi-heure après, la Mariuccia entrait chez moi avec

ce brasero tout allumé. — J'espère que vous n'aurez plus froid, me dit-elle. Le brasier d'en bas est trop grand pour votre chambre ; il vous aurait donné mal à la tête, et ma nièce m'a empêché hier soir de vous le monter ; mais elle en avait un plus petit que voilà.

— Elle s'en prive pour moi ? C'est ce que je ne veux pas. Et j'appelai la Daniella, qui chantait dans le grenier voisin.

— Vous êtes beaucoup trop bonne pour moi, lui dis-je, pour moi qui ne suis plus malade, et qui n'ai été dans votre vie qu'un incident fâcheux et désagréable. Je vous remercie bien amicalement et bien fraternellement ; mais je vous prie de garder pour vous ce meuble, encore utile dans la saison où nous sommes.

— Et qu'en ferais-je? répondit-elle : je ne rentre dans ma chambre que pour dormir.

Et, sans attendre ma réponse, elle dit à la Mariuccia que mon déjeuner était prêt, et qu'elle allait me le servir.

— Ne tardez pas à descendre, ajouta-t-elle en s'adressant à moi avec gaieté, si vous ne voulez pas que vos œufs frais soient durs, comme hier !

Et elle descendit légèrement le dédale d'escaliers rapides qui conduit aux degrés de pierre des étages inférieurs.

— Comme hier? dis-je à la Mariuccia, qui commençait à ranger ma chambre. Votre nièce était donc ici déjà hier matin? Elle y vient donc tous les jours?

—Mais certainement. Elle n'a pas encore beaucoup d'ouvrage dans le pays. Elle a un peu perdu sa clientèle, mais elle la retrouvera vite : elle est si aimée et si bonne ouvrière ! En attendant, elle m'aidera à mon ouvrage comme elle faisait souvent autrefois. C'est une bonne fille qui m'aime bien et qui est vive comme un papillon, douce comme un enfant, complaisante *comme un ange*. Est-ce que cela vous gêne qu'elle trotte dans la maison autour de moi? Ça ne vous coûtera pas un sou de plus; c'est moi qu'elle sert, et non pas vous.

Les choses me paraissant arrangées ainsi, il ne me restait qu'à les accepter dans la mesure où elles me sembleraient acceptables. Mon déjeuner me fut servi par la jeune fille, dont la propreté, beaucoup moins suspecte que celle de sa tante, la vivacité et les délicates attentions m'eussent été très-agréables, si je ne sais quelle méfiance ne m'eût tenu sur la défensive. Il y avait, dans ses manières avec moi, une provocation évidente, mais une provocation tendre et comme maternelle dont je ne pouvais me défendre d'être encore plus touché que flatté. Je résolus d'en avoir le cœur net, et comme, en se baissant vers moi pour me servir du café, sa joue effleurait la mienne plus que de raison, je lui donnai de grand cœur le baiser qu'elle semblait appeler.

Je fus étonné de la voir rougir et frissonner, comme si cette liberté l'eût prise au dépourvu. Je suppose pourtant qu'elle n'est pas grisette, Italienne et jolie, et qu'elle n'a pas couru le monde deux ans en qualité de soubrette élégante, sans avoir eu bon nombre d'aventures plus sérieuses. Aussi, pour en finir avec toute comédie de sa part ou de la mienne, je crus devoir lui poser nettement la question.

— Vous ai-je offensée? lui dis-je en l'attirant près de moi.

— Non, répondit-elle sans hésiter, et en me caressant de son plus beau regard.

— Vous ai-je déplu?

— Non.

— Vous me permettrez donc d'espérer...

— Tout, si vous m'aimez; rien, si vous ne m'aimez pas.

Cela était dit si nettement que j'en fus tout abasourdi.

— Qu'entendez-vous par aimer? repris-je.

— Si vous le demandez, vous ne savez donc pas ce que c'est?

— Je n'ai jamais aimé.

— Pourquoi ?

— Parce que je n'ai rencontré apparemment aucune femme qui me parût digne d'un amour comme je l'entendais.

— Vous n'avez donc pas cherché ?

— L'amour ne se trouve pas en le cherchant. On le rencontre peut-être au moment où l'on ne s'y attend pas.

— Suis-je celle qui vous paraîtrait digne de l'amour comme vous l'entendez?

— Comment le savoir ?

— Il y a quinze jours que vous me connaissez !

— Je ne vous connais pas plus que vous ne me connaissez vous-même.

— Vous croyez donc qu'il faut se connaître depuis quinze ans pour s'aimer ? Il y en a qui disent le contraire.

— Vous ne m'avez pas répondu. Qu'entendez-vous par aimer, vous ?

— Être l'un à l'autre.

— Pour combien de temps ?

— Pour tout le temps qu'on s'aime.

— Chacun a sa mesure de fidélité. Je ne connais pas la mienne. Quelle est la vôtre ?

— Je ne la connais pas non plus.

— Ah bah ! vous ne l'avez jamais mise à l'épreuve ? lui dis-je d'un air sérieux ; et, en moi-même, je pensais : A d'autres, ma mignonne !

— Je ne l'ai pas mise à l'épreuve, dit-elle, parce que je n'ai jamais connu l'amour partagé.

— Voyons, soyons amis ; ça ne vous engage à rien, et contez-moi ça.

— La première fois, c'était ici ; j'avais quatorze ans. J'ai aimé... Tartaglia.

— Merci de moi ! j'aurais dû m'en douter !

— Non! C'était si bête de ma part, et il était déjà si laid ! Mais j'avais besoin d'aimer. Il était le premier qui me parlait d'amour comme à une jeune fille, et j'étais lasse d'être une enfant.

— Fort bien, au moins vous êtes franche. Et... il fut votre amant?

— Il aurait pu l'être s'il eût su mieux me tromper; mais j'avais une amie qu'il courtisait en même temps que moi et qui m'en fit la confidence. A nous deux, après avoir bien pleuré ensemble, nous fîmes le serment de le mépriser, de nous moquer de lui; et, à nous deux, à force de nous faire remarquer l'une à l'autre, par suite d'un reste de jalousie, sa laideur et sa sottise, nous en vînmes à nous guérir si bien de l'aimer, que nous ne pouvions le regarder, ni même parler de lui sans rire.

— Allons, quant à celui-là, je respire! Et le second ?

— Le second vint beaucoup plus tard. A quelque chose malheur est bon. Le dépit et la confusion d'avoir rêvé à Tartaglia me rendirent plus méfiante et plus patiente. Beaucoup de garçons me firent la cour; aucun ne me plaisait. Je méprisais les hommes, et, comme cela me posait en fille fière et difficile, ma coquetterie et mon orgueil y trouvaient leur compte. Cela m'ennuyait bien quelquefois d'être si hautaine; mais c'était encore heureux pour moi de persister à l'être. N'ayant rien, si je m'étais mariée toute jeune, je serais aujourd'hui dans la misère, avec des enfants, peut-être avec un mari brutal, ivrogne ou paresseux par-dessus le marché.

— Et le second amour?

— Attendez! Ce fut lord B***.

— Aïe! moi qui le croyais vertueux!

— Il est vertueux. Il ne m'a jamais fait la cour, et il n'a jamais su qu'il eût pu me la faire.

— Encore un amour pur ?

— Un amour est toujours pur quand il est sincère, et puisque lady Harriet ne veut pas entendre parler de son mari, bien qu'elle en soit jalouse pour le *qu'en dira-t-on*, j'aurais pu être honnêtement sa rivale en secret et sans troubler le ménage ; mais cela ne fut pas, parce que... un jour, à Paris, je vis mylord ivre. Cela ne lui arrive pas souvent : c'est quand il a un surcroît de chagrin. J'eus à le soigner pour que sa femme ne s'aperçût de rien. Je le trouvai si laid dans le vin, si vieux avec sa figure pâle et son front sans perruque, si drôle enfin dans son malheur, qu'il ne me fut plus possible de le prendre au sérieux. C'est un homme excellent que j'aimerai toujours, le seul que je regrette dans la famille, mais si on me l'offrait pour père ou pour mari, je le choisirais pour père.

— Allons ! et de deux avec qui vous avez eu la bonne chance de vous désillusionner à temps ; mais le troisième ?

— Le troisième ? C'est vous.

Cette parole aimable méritait encore un baiser.

— Attendez ! dit-elle après me l'avoir laissé prendre. Puisque vous êtes un homme sincère, je dois tout vous dire. Je vous ai aimé à la folie, mais cela a beaucoup diminué, et, à présent, je pourrais m'en guérir comme je me suis guérie des autres.

— Dites-moi ce qu'il faudrait faire pour cela, afin que je ne le fasse pas.

— Il faudrait essayer de me tromper, et comme vous n'en viendriez pas à bout... je me dégoûterais de vous tout de suite.

— Qu'appelez-vous donc tromper ?

— Aimer la Medora et vouloir me faire croire le contraire.

— Sur l'honneur, je ne l'aime pas ! A présent, m'aimez-vous ?

— Oui, dit-elle avec résolution, mais en s'échappant de mes bras. Cependant, écoutez ce que je veux vous dire encore.

— Je le sais, lui dis-je avec humeur : vous voulez que je vous épouse ?

— Non ! je ne veux pas me marier sans avoir éprouvé la constance de mon amant et la mienne pendant plusieurs années; et comme à cet égard vous ne me promettez rien, comme je ne peux rien vous promettre non plus, je ne songe pas avec vous au mariage.

— Alors, qui vous fait hésiter ?

— C'est que vous ne m'avez pas encore dit que vous m'aimez.

— D'après votre définition de l'amour, qui est d'être l'un à l'autre, nous ne pouvons pas encore nous aimer l'un l'autre.

— Oh ! attendez, *signor mio !* s'écria-t-elle en m'enveloppant de son regard limpide, comme d'un flot de volupté, mais en me retirant ses mains que j'avais prises par-dessus la table. Vous êtes subtil, et je ne suis pas sotte. Au point où nous en sommes, s'aimer, c'est avoir envie de s'aimer. Il faut que le désir soit grand de part et d'autre. Celui d'une femme n'est jamais douteux, puisqu'elle y risque son honneur. Celui d'un homme peut bien n'être qu'un petit moment de caprice, puisqu'il n'y risque rien.

— Il paraît pourtant que j'y risque ma vie, si ce que vous m'avez dit de votre frère et de vos autres parents est vrai ?

— C'est malheureusement très-vrai. Mon frère, presque toujours ivre ou absent, ne me surveille pas; mais qu'une méchante langue lui monte la tête, il peut vous assassiner.

— Eh bien ! tant mieux, Daniella ! Je suis charmé d'avoir ce risque à courir pour vous prouver...

— Que vous n'êtes pas poltron ? Ça ne prouve pas autre chose ! Il me faut une certitude de votre amour en échange de mon honneur.

— Ah ! ma chère, m'écriai-je impatienté, voilà deux fois que vous prononcez ce gros mot ; ne le dites pas une troisième, car tout serait fini entre nous.

Elle me regarda avec surprise, puis, haussant les épaules :

— Je comprends, dit-elle, vous n'y croyez pas ? Et pourquoi n'y croyez-vous pas ?

— Ne vous fâchez pas ! Si je savais ce que vous entendez par là, peut-être y croirais-je.

— Il n'y a pas deux manières de l'entendre. Une fille qui aime hors de la pensée du mariage est déchue. Tous les hommes se croient le droit de lui demander d'être à eux, et si elle leur résiste, ils la décrient et l'insultent.

— Vous me parlez, ma chère, comme si vous n'aviez jamais appartenu à aucun homme. S'il en était ainsi, je vous donne ma parole d'honneur que je ne chercherais point à être le premier.

— Et pourquoi cela ?

— Parce que je suis trop jeune et trop pauvre pour devenir votre soutien, dans le cas où notre amour prendrait de la durée ; et parce que, s'il n'en devait point avoir, je me reprocherais de nuire à une personne qui m'a donné des soins et témoigné de l'amitié.

— C'est bien, dit-elle après avoir réfléchi ; et quand elle réfléchit ainsi, sa figure, hardie et sensuelle, prend une singulière expression d'énergie. Puis elle se leva et se mit en devoir d'enlever le couvert pour rompre notre entretien. Je voulus le renouer ; elle secoua la tête en silence et descendit légèrement l'escalier du jardin. J'eus fort envie de l'y suivre pour la forcer à me pardonner, car, de la fenêtre, je vis qu'elle y était seule. Je la rappelai, elle ne bougea pas. J'hésitai quelques moments, en proie à une agitation dont la vivacité m'effraya moi-même. Ce n'était pas seulement, comme avec Medora, une tentation des sens; c'était un attrait plus vif, et que la réflexion ne venait ni démentir ni calmer.

Et que m'importait que cette Daniella fût menteuse et galante? Elle ne m'en plaisait pas moins. J'avais été bien sot de vouloir la confesser. Il y a en nous un fond de pédanterie qui nous gâte toute la spontanéité de l'existence.

Mais elle avait eu la maladresse de parler de son honneur : c'était faire appel au mien; la folie d'exiger de l'amour : Honneur et amour! ces deux mots n'avaient certainement pas la même portée, le même sens pour elle et pour moi. Ah! s'il était vrai qu'elle eût le droit de les invoquer, combien peu je me soucierais de ce que l'on en pourrait dire et penser! Combien il me serait facile de purifier, par mon dévouement et ma sincérité, le charme vulgaire que je subis!... Mais s'il était vrai, combien ma manière d'être avec elle aurait été grossière et indigne d'elle jusqu'à ce moment! Quelles mauvaises pensées et quelle injurieuse familiarité j'aurais à me faire pardonner, avant d'accepter ce premier amour si vaillamment et si naïvement offert!

La crainte de faire une erreur stupide en sollicitant grossièrement une vierge s'empara de moi au milieu du délire qui me gagnait. Partagé entre cette terreur et celle, beaucoup moins vive, d'être pris pour dupe, je résolus d'attendre à mieux connaître cette fille pour reprendre un entretien si délicat, et je me sauvai dans la campagne. J'y promenai d'abord une émotion chagrine, une inquiétude pénible. Enfin, la beauté de ces solitudes, où je suis roi, me calma, et je vins à bout d'oublier une tentation beaucoup trop soudaine pour ne pas créer quelque danger nouveau à ma raison ou à ma conscience.

Je suis rentré, comme de coutume, à huit heures du soir. J'emporte dans ces excursions un morceau de pain pour ne pas souffrir de la faim entre mes deux repas, distants d'environ douze heures. L'*eau pure des fontaines* ne me manque pas, et suffit parfaitement à ma sensualité, car elle est délicieuse.

Quand je pense au peu de besoins de bien-être auquel peut se réduire un homme qui vit beaucoup par l'esprit, la soif des richesses et le désir de luxe me jettent toujours dans un grand étonnement. Me voici dans un pays où l'insouciance d'une part, et la pauvreté de l'autre, rendent inconnues les mille recherches de nos climats et de notre civilisation. Le premier aspect de ce dénûment étonne, parce qu'il fait contraste violent et comique avec le goût de l'ornementation ; mais on s'y habitue bien vite, et même on est tenté de chercher à simplifier encore cette vie d'Arabe sous la tente.

Quand je me rappelle ce que, dans la limite du plus humble nécessaire, il faut penser à se procurer chez nous pour arranger son existence, soit dans une grande ville, soit à la campagne, je reconnais que la vie de campement est, pour les pauvres, la seule rationnelle, libre et vraie. Peut-être les riches font-ils le même rêve. Je m'imagine que les devoirs se multiplient en raison des ressources, et que le riche libéral a tout autant de sollicitude, de soucis, par conséquent, pour dépenser noblement ses richesses, que l'avare en a pour les conserver et les cacher. Si la propreté, qui est la grande volupté de la vie animale, et dont les bêtes elles-mêmes nous donnent l'exemple, était compatible avec la sobriété d'habitudes de ces peuples méridionaux, il faudrait reconnaître que c'est nous qui sommes insensés d'avoir compliqué les embarras de ce court voyage sur la terre, où nous nous installons comme si nous étions sûrs d'y voir lever le soleil qui se couche.

Mais la malpropreté et le dénûment vont ensemble presque partout, et l'homme semble fait de manière à ne pas trouver de milieu entre le nécessaire et le superflu. Au fait, n'en est-il pas ainsi dans toutes les manifestations de sa vie intellectuelle, morale et sociale?

Je n'ai pas revu la Daniella ce soir. Toujours partagé entre la crainte de me livrer à elle plus ou moins qu'elle ne le mérite, j'ai eu sur moi assez d'empire pour ne pas m'informer d'elle. Mariuccia n'est pas venue, comme les autres jours, au devant de mon expansion, et je suis rentré chez moi sans apercevoir d'autre visage que le sien et sans échanger une parole avec elle. Pourtant, voilà sur ma table deux vases de fleurs qui n'y étaient pas ce matin. Ce sont de grands iris d'un blanc de lait, bien plus beaux que des lys, et d'un parfum plus fin. Je me suis hasardé, tout à l'heure, à demander à la Mariuccia, au moment où elle m'apportait ma petite lampe, si ces fleurs venaient du jardin de Piccolomini. Je savais bien que non; mais j'espérais qu'elle me dirait d'où elles venaient. Elle a fait d'abord semblant de ne pas m'entendre; puis elle m'a dit d'un air terriblement narquois:

— C'est mon frère le capucin qui vous envoie cela.

Je n'ai pas osé faire semblant d'en douter; seulement, quand elle est sortie, je lui ai crié en riant: Vous l'embrasserez pour moi.

— Qui? a-t-elle répondu; et voyant que je lui montrais les fleurs: *Cristo!* s'est-elle écriée avec sa mimique expressive: embrasser pour vous le capucin?

Faut-il conclure vis-à-vis de moi-même? Faut-il prononcer, avant de m'endormir, ce mot joyeux ou terrible:

Je suis amoureux ? Non, pas encore. C'est peut-être une folle brise qui passe et dont je ferai aussi bien de ne pas m'enivrer. Si c'est un vent d'orage... Que le ciel m'en préserve, moi qui, pour la première fois depuis les années du presbytère, me trouve dans des conditions où le calme de l'esprit et l'oubli de ma personnalité me seraient si salutaires et si doux !

XX

4 avril.

Je me suis distrait forcément aujourd'hui de la préoccupation d'hier. Brumières m'est arrivé vers dix heures avec un appétit d'enfer. La Mariuccia a trouvé moyen de le faire déjeûner, et nous avons loué deux rosses efflanquées qui nous ont portés, tant bien que mal, à Albano. Notre première station a été au couvent de Grotta-Ferrata, que je pris d'abord pour une forteresse. C'est une communauté très-riche de l'ordre de Saint-Basile. Nous nous y arrêtâmes pour voir les fresques de la sacristie.

Ces fresques sont du Dominiquin et très-bien conservées. C'est là qu'est la composition célèbre du *Jeune possédé,* une très-belle chose comme sentiment, quoique d'une exécution un peu trop naïve. En repassant dans l'église, je vis une cérémonie bizarre. Une confrérie de paysans revêtus de robes jadis blanches, à revers rouges, et la tête couverte de leurs mouchoirs sales, étalés de manière à leur couvrir le visage, entourait une sorte de lit noir et or, en psalmodiant des prières. Au bout d'un instant, ils remirent précipitamment leurs mouchoirs dans leurs poches, jetèrent çà et là leurs costumes, et s'enfuirent en causant et en riant, comme pressés de se débarrasser d'une corvée dégoûtante.

Je m'approchai du lit, qui restait au milieu de l'église déserte, et j'y vis un objet que j'eus besoin de toucher pour le comprendre. Brumières, qui était resté dans la sacristie, approcha à son tour, et s'y méprit.

— Qu'est-ce que cela? dit-il ; je ne connaissais pas cela. C'est magnifique ! quelle vérité, quel caractère ! Voyez ! on a imité jusqu'à la bouffissure des mains malades.

— Que croyez-vous donc que ce soit? lui demandai-je : une figure de cire ou de bois peint ?

Il eut alors quelque doute, et appuya son doigt sur la main enflée, qui se creusa sous cette empreinte.

— Pouah! fit-il, c'est une morte pour de bon! Que ne le disait-elle?

C'était une petite vieille qui devait rester exposée sur ce catafalque funéraire jusqu'au moment de la sépulture. Elle paraissait au moins centenaire, et pourtant elle était très-belle dans le calme de la mort : sa peau avait le ton mat et uni de la cire vierge ; ses traits, fortement accentués, n'avaient pas de sexe, car un duvet, blanc comme la neige, ombrageait ses lèvres rigidement fermées. Vêtue d'une robe de linge blanc nouée au cou et aux poignets par des rubans noirs, la tête ombragée d'un voile de mousseline, qui lui donnait l'aspect d'une religieuse, elle semblait dormir dans une attitude aisée, les mains pendantes sur le bord du lit mortuaire. Elle paraissait si recueillie et si satisfaite dans son éternel sommeil; son mouvement semblait si bien dire, comme le *Sonno* de Michel-Ange : *Ne m'éveillez pas !* qu'elle donnait envie d'être mort comme elle, sans convulsion, sans regret, semblable au voyageur qui trouve enfin un bon lit après les fatigues d'une longue route.

Comme je m'étonnais de l'abandon de ce cadavre si proprement arrangé et apporté là en cérémonie, puis tout à coup laissé sans surveillance et sans prières dans l'église ouverte à la curiosité des passants :

— C'est toujours comme cela, me dit Brumières. La mort, en Italie, n'a rien de sérieux, les honneurs qu'on lui rend ont plutôt un air de fête ; les larmes des parents et des amis n'accompagnent le défunt que jusqu'à la porte de la maison. Le reste est pour le coup d'œil, et même quelquefois pour la farce. J'ai vu autrefois, sur la grande route de la Spezia, un pauvre diable que deux hommes portaient au cimetière. Le prêtre marchait d'un air allègre, regardant les filles qui passaient et leur souriant, tout en marmottant les prières d'usage. Derrière lui et autour de lui, sautait et gambadait, sans qu'il en parût choqué ou seulement étonné, un jeune gars, vêtu de la robe noire et masqué de la hideuse cagoule, portant une grande croix de bois noir et remplissant l'office de *frère de la mort*. Ce garçon faisait mille contorsions burlesques, courait après les filles pour les effrayer, et les embrassait bel et bien sous le nez du prêtre, qui paraissait trouver la chose fort plaisante. Je demandai aux passants ce que cela signifiait. Cela ne fait pas de mal aux morts, me fut-il philosophiquement répondu. Et comme je demandais si on en usait aussi cavalièrement avec tous, un bourgeois me dit : Non, sans doute, mais celui-ci n'est pas du pays.

« Une autre fois, à Naples, continua Brumières, j'ai vu porter à l'église le cadavre d'un gros vieux cardinal, en grande pompe et à visage découvert, comme c'est l'usage. On lui avait mis une couronne de roses, et, le croiriez-vous ? du fard sur les joues, pour réjouir la vue des assistants. »

A Castel-Gandolfo, en longeant à pied les murs extérieurs d'un autre couvent, — Tenez, me dit Brumières en s'arrêtant devant une petite fenêtre grillée, voici autre chose qui vous fera voir comme on joue ici avec la mort. Je m'approchai, et je vis dans l'intérieur d'une petite chapelle, une hideuse bouffonnerie : un squelette tombant en poussière était agenouillé dans une attitude suppliante, devant un autel fait d'ossements humains. La croix, les flambeaux, un lustre en roue suspendu à la voûte, étaient composés de tibias, de côtes, de mâchoires et de vertèbres artistement agencés, dans l'intention, à la fois lugubre et facétieuse, d'appeler l'attention des passants. C'était un appel à la charité publique, et, dans ce pays de misère, la dévotion trouvait le moyen d'y répondre, car le pavé de la chapelle était littéralement jonché de gros sous.

C'était, en effet, quelque chose de bien caractéristique que ce squelette agenouillé qui représentait, non la prière, mais la mendicité.

— Vous le voyez, me dit Brumières, ici, les morts mêmes tendent la main aux passants.

Nous nous retournâmes pour voir, d'une terrasse ombragée de grands arbres, le lac d'Albano. Pour un lac, c'est bien peu de chose, et, comme les collines environnantes sont sans haute végétation et sans caractère, il me fut impossible de partager l'admiration de mon compagnon. C'est un garçon d'esprit et un artiste intelligent devant les choses d'art ; mais, tout littérateur qu'il est en même temps que peintre, car il écrit des articles très-spirituels pour ce que l'on appelle, à Paris, la *petite presse,* je crois qu'il n'aime pas la nature, ou, du moins, qu'il ne porte, dans son amour pour elle, aucune délicatesse, aucun discernement. Il l'accepte partout ici telle qu'elle est, comme un écolier ou comme un moine cloîtré accepterait n'importe quelle femme, vieille ou jeune, noire ou blanche. Pourvu qu'il y ait de l'air vif, du ciel bleu, des lignes crues, et surtout des noms et des souvenirs, il croit que le plus pauvre coin de la nature méridionale est préférable aux plus beaux sites et aux plus beaux aspects de celle du Nord. Nous sommes en discussion perpétuelle sur ce point. Il est, du reste, comme beaucoup de touristes qui ne croient qu'aux choses lointaines ou célèbres. Les humbles beautés de leurs champs paternels n'existent pas pour eux, et l'amour des pays de tradition et de soleil est chez eux à l'état de fétichisme.

— Au fait, me répondait-il en riant, quelle description oserait-on faire de Château-Chinon ou de toute autre bourgade de votre France centrale? Qui dit Auvergne, Marche ou Limousin, dit quelque chose que tout le monde est censé connaître !

— Et que personne ne connaît !

— J'en conviens; mais vous-même, vous voilà ici cherchant un beau ciel et de beaux sites?

— Oui, je les cherche, et je trouve un ciel gris et des sites très au-dessous de leur réputation. Maintenant que je me rappelle certains aspects des environs de Marseille, où vous n'avez pas voulu me suivre, je me demande si ce que j'ai vu de la Provence n'est pas infiniment plus beau que ce que je vois de l'Italie. Ce qu'il y a de certain, c'est que je n'ai pas encore rencontré ici une aussi belle journée que celle que j'ai passée sur les hauteurs de Saint-Joseph, et cependant c'était jour de mistral.

» Tout à l'heure, dans la gorge boisée de Marino, ajoutai-je, je vous disais que j'avais été élevé dans des ravins cent fois plus pittoresques, et que cette gorge rocailleuse, avec son ruisseau maigre et son village perché sur la colline, me paraissaient jolis, mais tout petits.

— Mais la tristesse de ce site, mais son caractère à nul autre semblable ?

— Il n'est pas un coin de l'univers, si vulgaire qu'il paraisse, qui n'ait son caractère unique au monde, pour qui est disposé à le comprendre ou à le sentir. Mais avouez que l'imagination est souvent pour beaucoup dans nos impressions, et que si l'on ne vous disait pas que Marino est un ancien repaire de brigands, sur cette route de Terracine féconde en sujets de mélodrames; enfin, que si vous rencontriez ce village et ce site sur un chemin de fer, à vingt-cinq lieues de Paris, vous n'y feriez pas la moindre attention?

— J'en conviens de tout mon cœur. Il n'a pour moi des airs de drame et de roman que parce qu'il est sur la terre du roman et du drame. Donc, je suis un voyageur naïf, tandis que vous, avec votre prétention de voir les choses par elles-mêmes, et de ne les juger que par ce qu'elles sont, vous vous ôtez tout le plaisir qu'elles vous donneraient, si vous les acceptiez pour ce qu'elles paraissent ou pour ce qu'elles rappellent.

Tout en cheminant, à grand renfort d'éperons, pour soutenir le trot de nos montures, je me demandais si Brumières avait raison, et si, avec sa nature parisienne irréfléchie, à la fois moutonnière et fantaisiste, il n'était pas plus aisément satisfait, par conséquent plus heureux que moi. Après y avoir réfléchi et fait un notable effort pour suivre vos conseils, c'est-à-dire pour me rendre compte de moi-même, je fus en mesure de lui répondre.

Nous étions arrivés à l'Aricia, l'antique Aricia des Latins, aujourd'hui une toute petite bourgade gracieusement située. Nos chevaux se reposaient, et, appuyés sur le parapet d'un magnifique pont à trois rangées d'arches superposées, ouvrage moderne digne des anciens Romains, nous reprîmes la conversation. Ce site-là était vraiment bien joli. Le pont monumental remplit un profond ravin pour mettre de plain-pied la route d'Aricia à Albano. Il passe donc par-dessus tout un paysage vu en profondeur, et ce paysage est rempli par une forêt vierge jetée dans un abîme. Une forêt vierge fermée de murs, c'est là une de ces fantaisies que des princes peuvent seuls se passer. Il y a cinquante ans que la main de l'homme n'a abattu une branche et que son pied n'a tracé un sentier dans la forêt Chigi. Pourquoi ? *Chi lo sa ?* vous disent les indigènes.

Cela m'a rappelé ce que vous me racontiez d'un palais aux portes et aux fenêtres murées depuis vingt ans, sur le boulevard de Palma, à l'île Majorque, par suite d'une volonté testamentaire dont nul ne savait la cause. Il y a, dans ces contrées de vieille aristocratie omnipotente, des mystères qui défrayeraient nos romanciers, et qui excitent en vain nos imaginations inquiètes. Les murs se taisent, et les gens du pays s'étonnent moins que nous, habitués qu'ils sont à ne pas savoir la cause de faits bien plus graves dans leur existence sociale.

Au reste, ce caprice-là, qui serait bien concevable de la part d'un propriétaire artiste, est une agréable surprise pour l'artiste qui passe. Sur les flancs du ravin s'échelonnent les têtes vénérables des vieux chênes soutenant dans leur robuste branchage les squelettes penchés de leurs voisins morts, qui tombent en poussière sous une mousse desséchée d'un blanc livide. Le lierre court sur ces ruines végétales, et, sous l'impénétrable abri de ces réseaux de verdure vigoureuse et de pâles ossements, un pêle-mêle de ronces, d'herbes et de rochers va se baigner dans un ruisseau sans rivages praticables. Si l'on n'était sur une grande route, avec une ville derrière soi, on se croirait dans une forêt du nouveau monde.

En fait d'arbres, je n'ai jamais rien vu d'aussi monstrueux que les chênes verts des *galeries* d'Albano. On appelle ainsi les chemins qui entourent cette localité célèbre en suivant une corniche faite de main d'homme, au-dessus de la plaine immense que dentèle la Méditerranée. Ce pays du Latium est largement ouvert, fertile, plantureux et pittoresque. Je vous dirai, par le menu, ce qui manque à cette riche nature; mais je n'oublie pas que je suis sur le pont gigantesque d'Aricia, planant sur la forêt Chigi, et causant avec Brumières.

— J'étends votre raisonnement et le mien à toutes choses, lui disais-je, et cela n'en prouve qu'une seule, c'est que chaque organisation suit sa logique personnelle et croit tenir la vraie notion, la vraie jouissance des biens terrestres. Je vous avoue donc humblement que je me crois infiniment mieux partagé que vous. Je n'ai pas cette bienveillance sans bornes et sans conteste que vous accordez à tout ce qui est réputé précieux. Je suis privé, en effet, de cette expansion continuelle d'une âme continuellement satisfaite; mais j'ai en moi des trésors de volupté pour les joies qui s'adaptent bien à mon cœur et à mon intelligence. J'ai l'esprit un peu critique peut-être, ou un peu rebelle à l'admiration de commande; mais quand je rencontre ce que je peux considérer comme mien, par la parfaite concordance de l'objet avec mon sentiment intérieur, je suis si heureux dans mon silence que je ne peux m'en arracher. J'ai toujours pensé que le jour où je rencontrerai le coin de terre dont je me sentirai véritablement épris, je n'en sortirai jamais, cela fût-il aux antipodes ou à Nanterre, cela s'appelât-il Carthage ou Pézénas; de même que...

J'achevai ma phrase en moi-même, comme vous m'avez souvent reproché de le faire; mais Brumières, perspicace en ce moment, l'acheva tout haut.

— De même, dit-il, que le jour où vous rencontrerez la femme dont vous vous sentirez complétement amoureux, qu'elle soit reine de Golconde ou laveuse de vaisselle, vous serez à elle éternellement... mais non pas exclusivement, j'espère?

— Exclusivement, je vous le jure ; ne voyez-vous pas, par mes continuelles restrictions, que je porte en moi, dans le sentiment de la nature et de la vie, un idéal qui n'a pas encore été satisfait et que je ne serai pas assez sot pour laisser échapper s'il se présente?

— Diantre ! s'écria mon compagnon, je suis heureux que ma *princesse* (c'est ainsi qu'il persiste à appeler Medora) ne vous entende pas parler de la sorte. Je serais enfoncé à cent pieds au-dessous du niveau de la mer ! D'autant plus que depuis cette course, sans moi, à Tivoli, c'est étonnant comme mes actions ont baissé !

— Allons donc !

— Je ne plaisante pas. Soit que vous ayez été délicieux durant cette promenade, soit que votre maladie vous ait rendu ensuite très-intéressant, ou enfin que votre exploit sur la *via Aurelia* ait laissé un souvenir ineffaçable, je trouve, surtout depuis votre départ, que vous faites des progrès effrayants, tandis que j'en fais à reculons dans le cœur de cette belle. Jean Valreg, ajouta-t-il moitié riant, moitié menaçant, si je pensais que vous vous moquez de moi, et que vous agissez pour votre propre compte...

— Si vous me demandez cela avec des yeux flamboyants et le ton terrible, je vas vous envoyer promener, mon cher ami ! mais si vous faites sérieusement un dernier appel à ma loyauté, avec la volonté de prendre ma parole pour une chose sérieuse..., dites, est-ce ainsi que vous m'interrogez ?

— Oui, sur votre honneur et sur le mien !

— Eh bien ! sur mon honneur et sur le vôtre, je vous renouvelle mon serment de ne jamais songer à miss Medora.

— Vous êtes donc bien sûr de pouvoir le tenir ? Voyons, cher ami, ne vous fâchez pas: je suis l'homme du doute, puisque je doute de moi-même ; puisque moi, je n'oserais pas vous faire, en pareille circonstance, le serment que vous me faites si résolûment.

— Alors, gardez vos soupçons. Que voulez-vous que j'y fasse ?

— Non ! non ! j'accepte votre parole ! Je la tiens pour sacrée quant à présent ; mais songez que, d'un jour à l'autre, vous pouvez regretter de me l'avoir donnée !

— Pourquoi, et comment cela ?

— Eh ! mon Dieu ! on ne sait ce qui peut se passer dans la cervelle d'une jeune fille aussi exaltée que Medora le paraît dans de certains moments. Si elle concevait pour vous... une fantaisie, je suppose ; si elle vous avouait une préférence...

— En sommes-nous là ? lui dis-je pour couper court à des suppositions qui m'embarrassaient un peu : venez-vous, rival débonnaire, me signaler les dangers, c'est-à-dire les avantages de ma situation ?

Brumières sentit la crainte du ridicule et s'empressa de me rassurer ; mais au retour, tout le long du chemin, il ne put se défendre de revenir sur ce sujet, et j'eus bien de la peine à me préserver des questions directes ; questions auxquelles je n'aurais pas hésité à répondre par autant de mensonges effrontés. Cette éventualité me prouve bien que la vérité absolue n'est pas possible quand il s'agit de femmes.

Je vins à bout de calmer Brumières par une vérité, qui est la déclaration obstinée de mon absence de penchant pour Medora. Mais, quand cela fut bien posé, sa satisfaction se changea en un certain dépit contre l'insulte que ce dédain faisait à son idole, et il épuisa toutes les formules de l'admiration pour me prouver que j'étais aveugle et que je me connaissais en femmes comme un *croque-mort en baptêmes.*

Cette conversation m'ennuya considérablement, car elle m'empêcha de donner aux objets extérieurs l'attention que j'aime à leur donner quand je me mets en route dans ce but. Décidément il vaut mieux être seul que dans un tête-à-tête où le cœur n'a rien à voir. Je n'avais pas mis dans les prévisions de ma journée, en m'éveillant, que je passerais cette journée de loisir à parler de miss Medora. Pouah, la discussion! pouah, l'esprit! pouah, les préoccupations d'avenir et de fortune! Je ne suis bon à rien de tout cela, et il me tardait de me retrouver seul; je me disais involontairement tout bas : J'ai assez vu Brumières aujourd'hui.

XXI

4 avril.

Comme nous rentrions à Frascati, nous nous trouvâmes, sur la place extérieure, face à face avec la Daniella, belle comme un astre. Elle avait une robe de soie aventurine, un tablier tourterelle, un châle de crêpe de Chine écarlate sur la tête, du corail en collier et en pendants d'oreilles; enfin, tout attifée de la défroque de lady Harriet, mélangée et rajustée à la mode de Frascati, elle avait l'air d'une perdrix rouge.

Je ne sais trop pourquoi je fis semblant de ne pas la voir, peut-être par un sentiment de jalousie que je n'eus pas le temps de raisonner. J'espérais peut-être que Brumières ne la verrait pas; mais il la vit, jeta la bride sur le cou de son cheval, et, courant à elle, il lui fit fête comme à une amie favorable à sa cause. Je vis alors qu'il ne savait rien du renvoi de la soubrette, et que, dans la famille B***, on disait avoir accordé à celle-ci la permission d'aller passer quelques jours dans sa famille.

— Vous allez sans doute revenir bientôt, lui disait Brumières : voulez-vous que je vous remmène ce soir à Rome ?

— Jamais ! répliqua la *stiratrice* d'un air de reine, après l'avoir laissé jusque-là dans son erreur, comme par malice.

— Comment, jamais ? s'écria Brumières ; vous êtes donc brouillée avec votre belle maîtresse ?

— A jamais ! répéta Daniella avec le même accent d'orgueil indomptable.

— Contez-moi donc ça ? dit Brumières, curieux de tout ce qui pouvait lui révéler quelque particularité du caractère de Medora.

— Jamais ! répondit la Frascatane pour la troisième fois en tournant les talons.

Brumières la retint. — Faudra-t-il lui faire cette réponse de votre part, si elle m'interroge sur votre compte ?

— Si vous lui dites que vous m'avez vue, et si elle vous demande comment je parle d'elle, vous lui direz que je lui pardonne, mais que je ne retournerai jamais avec elle, quand elle me donnerait mon pesant d'or.

Elle s'éloigna sans m'accorder un regard, et Brumières m'accabla de questions. C'est ce que je redoutais, étant las de toute cette diplomatie. Je m'en tirai comme je pus, en feignant de ne rien savoir et de n'avoir échangé que quelques mots avec la Daniella depuis mon retour à Frascati. Je me gardai de lui dire sa parenté avec la Mariuccia et ses habitudes à la villa Piccolomini.

En me taisant ainsi et en feignant la plus profonde indifférence, je sentis que je devenais de plus en plus mécontent de la façon légère dont Brumières parlait d'elle. — Que se sera-t-il donc passé entre la maîtresse et la servante ? disait-il. Je donnerais gros pour le savoir. Voyons, vous ne l'ignorez pas, vous qui avez été au mieux à Rome avec cette fille ! Et, comme je m'en défendais, il se moqua de moi. — Vous me faites *poser,* dit-il tout à coup, comme frappé d'un trait de lumière. Elle est votre maîtrese ! C'est pour cela qu'on l'a renvoyée, et c'est parce qu'on l'a renvoyée que vous êtes ici !

— Je serais très-honteux que vous eussiez deviné juste, lui répondis-je. Ce serait bien grossier de ma part d'avoir pris ainsi mes aises dans une maison respectable et d'en avoir fait chasser cette pauvre fille, qui, après tout, peut être fort honnête, quoi que vous en pensiez.

Le voiturin qui va tous les jours de Frascati à Rome, sous le titre usurpé de diligence, arriva sur la place, et Brumières n'eut que le temps de me dire adieu.

Pour revenir à Piccolomini, je fis un détour, suivant au hasard, et comme malgré moi, la direction que, quelques moments auparavant, j'avais vu prendre à la *stiratrice.*

La ruelle dans laquelle je m'engageai me conduisit au faubourg qui forme ravin, du côté des anciennes constructions romaines. Tout cet escarpement est très-pittoresque. De vieilles maisons démesurément hautes, et plongeant à pic dans le précipice, sont assises sur des masses qui se confondent avec les rochers et qui sont d'énormes blocs de ruines antiques. Sous la gigantesque végétation qui les recouvre, on reconnaît des pans de murailles colossales, revêtues de *mattoni,* des escaliers et des portes qui, liés à des fragments entiers d'édifices par l'indestructible ciment des anciens, sont tombés là sur le flanc ou à la renverse. Et, pour soutenir tout cet éboulement, qui lui-même soutient les constructions modernes, on a fiché, çà et là, de vieilles poutres qui portent le tout tant bien que mal, jusqu'à ce qu'un de ces petits et fréquents tremblements de terre, dont on ne s'occupe guère ici, achève de tout emporter dans la plaine. Il y a de la place en bas; c'est apparemment tout ce qu'il faut.

Parmi ces décombres, dont plusieurs laissent à nu de profondes excavations pleines d'eau, les habitants du faubourg ont établi des caves, des lavoirs, des celliers et des terrasses. Sur le couronnement d'une petite tour ruinée, je vis, au milieu du splendide revêtement de mousse qui miroitait sur tout ce tableau au soleil couchant, de grosses touffes d'iris blancs sortant des fentes du ciment. Quelque chose de mystérieux m'avertit que c'était là le jardin de la Daniella, et je m'imaginai que je devais la trouver elle-même dans cette maison, ou plutôt dans cette tour carrée que flanquent, jusqu'à la moitié, deux restes de tourelles rondes de construction plus ancienne. Cette habitation est la plus étrange et la plus démesurée du faubourg. Elle a une porte en arceau qui donne sur la rue basse, et dont la largeur occupe presque toute la façade d'entrée, si toutefois on peut appeler façade un long tuyau de maçonnerie perpendiculaire. Un sale ruisseau passe sous le seuil et va se perdre, tout à côté, dans un de ces cloaques antiques qui sont des abîmes.

J'entrai d'autant plus aisément que cette ouverture n'avait aucune espèce de porte. Je montai un grand escalier malpropre et usé qui me parut être le chemin commun à plusieurs des habitations superposées le long du précipice. Celle-ci présente sur la rue une face d'environ vingt pieds de large sur au moins cent pieds de hauteur, percée irrégulièrement, et comme au hasard, de petites ouvertures qu'on n'oserait appeler des fenêtres. Quand j'eus gravi à peu près soixante marches, je trouvai une autre porte sur le flanc de la maison, et je me vis de niveau avec le sommet des tourelles antiques, par conséquent avec le parterre de deux mètres carrés où croissaient les iris blanches. Je ne pus résister à l'envie de sortir de la cage de l'escalier où, jusquelà, je n'avais été vu de personne, pour explorer cette petite plate-forme, que couvrait un berceau de roses grimpantes.

Il n'y a rien de plus joli que ces grappes de petites roses jaunes ; le feuillage, ressemblant à celui du frêne, est superbe, et la tige prend les proportions sans fin du lierre et de la vigne. Ce rosier se plaît beaucoup ici, et celui-ci a toute l'élévation des tours, c'est-à-dire une cinquantaine de pieds. Ses rameaux, entrelacés sur des cannes de roseau, ombragent la petite plate-forme et reprennent leur ascension sur le flanc de la maison, bien décidés à grimper aussi haut qu'il y aura du mur pour les porter.

Sous ce berceau, un petit tombeau de marbre blanc, en forme d'autel antique, ramassé dans les décombres et couché sur le flanc, sert de siége. Quelques giroflées garnissent irrégulièrement le pourtour ébréché de la plate-forme, et, sur la terre rapportée qui les nourrit, je vis la trace d'un tout petit pied dont le talon, creusé plus que le reste, indiquait une bottine de femme, chaussure plus élégante que celle des pauvres artisanes de Frascati, et qui m'avait paru n'être portée que par la Daniella. Cette trace approchait du bord de la plate-forme, et une empreinte plus arrondie me fit deviner qu'on s'était agenouillé là, tout au bord, pour atteindre, en se penchant sur l'abîme, les fleurs d'iris blancs sortant du mur, deux pieds plus bas.

Comme ce jardin, ou plutôt cette tonnelle, n'a aucune espèce de rebord, et que le ciment des pierres ébranlées criait sous le pied, il me passa un frisson par tout le corps, en songeant à ce que j'éprouverais en voyant là une femme aimée se pencher en dehors, ou seulement s'asseoir sur le tombeau adossé au fragile édifice de bambous romains qui porte les branches légères du rosier.

Je m'y assis un instant pour me rendre compte, ou plutôt pour me rendre maître d'une émotion si soudaine et si vive; car je me ferais en vain illusion, chaque minute qui s'écoule accélère les battements de mon cœur, et, désir ou affection, sympathie ou caprice, je me sens envahi par quelque chose d'irrésistible.

Je vins à bout, cependant, de me raisonner. Si c'était là, en effet, la résidence de la *stiratrice* et que cette fille fût honnête, devais-je m'engager plus avant dans une visite qui pouvait lui attirer des chagrins ou des dangers? Et si elle n'était qu'une vulgaire intrigante, qu'allais-je faire en donnant, bien que dûment averti, tête baissée dans un guêpier? De toutes manières, la raison me disait de fuir avant que les commères du voisinage ne m'eussent aperçu.

Je m'arrêtai à une autre solution passablement absurde, qui était d'explorer consciencieusement l'intérieur de cette grande vilaine bâtisse, où je supposais que la pimpante soubrette de miss Medora devait habiter quelque affreux bouge. Quand j'aurai surpris là, pensai-je, la hideuse malpropreté qui m'a fait reculer devant des maisons de meilleure apparence, je serai si bien guéri de ma fantaisie qu'elle ne mettra plus en péril ni le repos de cette fille ni le mien.

Je quittai donc la plate-forme; je rentrai dans l'intérieur; je commençai à gravir l'escalier, qui, jusque-là, n'était, en effet, qu'un passage public, c'est-à-dire une *servitude* commune à huit ou dix maisons adjacentes, posées trop au bord de l'escarpement pour avoir d'autre issue.

L'escalier, tout en moellons, dont plusieurs portaient des traces d'inscriptions romaines, devenait de plus en plus rapide, étroit et sombre. De temps en temps, je rencontrais un palier ou une échelle conduisant à des portes cadenassées. Plusieurs étaient en si mauvais état que je pus regarder à travers : c'étaient des chambres hideuses, meublées d'un ou de plusieurs grabats énormes, de quelques chaises de paille plus ou moins cassées, et de cette multitude de pots et de cruches de toute matière et de toute dimension qui sont ici le fonds du mobilier.

Dans une pièce plus vaste, également déserte et cadenassée, je vis une grande table et un attirail de fers et de fourneaux. Bon! pensai-je, voilà l'atelier de la *stiratrice*. Le local était tellement nu, qu'il n'y avait rien à conclure pour ou contre la propreté qui pouvait y régner d'habitude.

Je montai encore. Mais comment se faisait-il que cette maison, évidemment habitée, n'eût pas, en ce moment, une seule figure humaine à me montrer, une seule parole humaine à me faire entendre? En passant la tête par un des *jours* de l'escalier, je plongeais dans toutes les fenêtres ouvertes des maisons voisines, et je voyais ces maisons également désertes et silencieuses, bien que les chiffons pendus à des cordes et les vases égueulés sur les fenêtres me prouvassent qu'elles n'étaient pas abandonnées à la ruine qui les menace. Enfin, je me rappelai que la Mariuccia m'avait parlé d'un fameux capucin qui devait prêcher, à cette heure-là précisément, dans une des églises de la ville, et je m'expliquai le désert qui m'environnait et la brillante toilette de la Daniella. Sans aucun doute, toute la population était au sermon, et je pouvais continuer sans danger mon exploration. Le son de la cloche m'avertirait du moment où je ferais bien de déguerpir.

Ainsi rassuré, j'arrivai au dernier étage. Une porte, dont la gâche ne mordait plus, s'ouvrit comme d'elle-même quand j'y appuyai la main. L'escalier continuait, mais ce n'était plus qu'une vis en bois sans rampe, une sorte d'échelle. Si je n'étais pas chez la *stiratrice*, j'étais du moins chez quelque personnage mystérieux dont les habitudes ou les besoins d'élégance contrastaient singulièrement avec le reste de ce taudis, car les degrés de bois étaient couverts d'une natte de jonc très-propre, et la porte à laquelle ils s'arrêtaient était fermée, en guise de loquet, par un bout de ruban rose passé dans deux pitons.

Je me résolus à frapper. Personne ne répondit. J'hésitai à dénouer le ruban, qui me semblait une marque de confiance respectable ; mais ce pouvait bien être aussi l'enseigne d'une demeure suspecte. Je cédai à la curiosité : j'entrai.

C'était une assez grande pièce, puisqu'elle occupait tout le carré du faîte de la maison. Les murs, récemment blanchis au lait de chaux, n'avaient pour ornements qu'un crucifix, un joli bénitier de faïence ancienne et quelques gravures de dévotion. Une statuette d'ange, moulée en plâtre, était posée dans une petite niche, à la tête du lit. Une grande palme bénite de la fête des Rameaux, toute fraîche encore, ombrageait l'oreiller. Le lit blanc, d'un aspect virginal, le carreau recouvert de nattes, les deux chaises de fabrique frascatine, en paille tressée et en bois orné de dorures naïves ; la table de toilette avec sa nappe garnie de grosses dentelles de coton, sa glace brillante, et tous les petits ustensiles qui attestent un soin consciencieux et même recherché de la personne ; de gros bouquets de cyclamens roses dans des vases de terre cuite, qui étaient peut-être des urnes cinéraires ; un rideau de mousseline, non encore ourlé, à l'unique fenêtre : je ne sais quel air embaumé de propreté scrupuleuse et de sensualité chaste, voilà quel était l'intérieur, tout fraîchement arrangé, de la *stiratrice*.

Mais étais-je bien chez elle ? Et si j'étais chez elle, en effet, ne pouvais-je pas m'attendre à voir arriver quelque chaland initié à la honteuse signification du ruban rose ? Était-il possible, encore une fois, qu'une jolie fille, libre d'allures et de principes comme elle paraissait l'être, comme elle l'avait été en me disant : « *espérez tout* si vous m'aimez, » vécût là saintement dans un sanctuaire d'innocence, au milieu des humbles recherches féminines d'une coquetterie bien entendue, sans songer à tirer parti de sa supériorité d'esprit, de luxe et de manières sur toutes ses compagnes? Imaginer une grisette de Frascati vertueuse ou seulement désintéressée, n'était-ce pas, selon Brumières, le comble du don quichottisme?

Que m'importait, après tout? Et pourquoi cette dévorante inquiétude? Pourquoi vouloir trouver une vestale dans une fillette à l'œil provoquant et à la démarche voluptueuse? N'était-ce pas assez de voir qu'elle avait, relativement, autant de soin de sa jeunesse et de ses charmes que miss Medora elle-même? Rencontrer cette initiation à la vie civilisée chez une Italienne de cette classe, n'était-ce pas une bonne fortune à ne pas dédaigner?

Au beau milieu de ces réflexions d'une grossière philosophie, je devins d'une tristesse mortelle, sans trop savoir pourquoi. J'étais assis sur la chaise peinte et dorée, auprès de la fenêtre. A travers les fleurs d'une grosse touffe de pétunia blanche, qui poussait d'elle-même dans les fentes d'une pierre, comme chez nous les violiers jaunes, je pouvais plonger de l'œil dans le gouffre immonde de la *Clóaca*, où se précipitaient des ruisseaux d'eau de lessive et de fumier. Et pourtant, un air vif, passant, à la hauteur où j'étais, sur toutes ces émanations pestilentielles, ne s'imprégnait autour de moi que des parfums de ces fleurs et de cette chambre. La splendide verdure des rochers et des ruines tendait à couvrir et à cacher la sentine impure, et, dans le ciel immense qui s'étendait sur la Campagne de Rome et sur les montagnes bleues de l'horizon, il y avait quelque chose de si doux et de si pur, qu'on ne pouvait allier la pensée du vice avec celle de l'habitante de cette cellule aérienne.

Mais quoi, pensais-je en m'arrachant au charme qui me

dominait, ce vaste ciel et ces sales décombres, ces fleurs luxuriantes et ces égouts infects, ces yeux enivrants et ces cœurs souillés, n'est-ce pas là toute l'Italie, vierge prostituée à tous les bandits de l'univers, immortelle beauté que rien ne peut détruire, mais qu'aussi rien ne saurait purifier ?

Le son de la cloche m'avertit que l'on sortait de l'église. Comme j'allais quitter cette chambre, incertain encore de la réalité de ma découverte, un objet qui n'avait pas encore frappé mes regards me prouva que j'étais bien chez la Daniella, et cette preuve fut en même temps une révélation émouvante. Dans la niche qui contenait la statuette de l'ange gardien, je remarquai une pierre d'une forme étrange : c'était un de ces petits cônes de lave sulfureuse que j'avais cassés à la solfatare, sur la route de Tivoli. J'aurais hésité à le reconnaître si, dans le tube qui perfore ces petits cratères, on n'eût planté une fleur de pervenche desséchée, et cette fleur, je la reconnus pour l'avoir cueillie auprès du temple de la sibylle. Medora l'avait prise et mise avec soin dans du papier, circonstance qu'en ce moment-là je n'avais attribuée qu'à une sentimentalité anglaise pour le sol de l'Italie. Elle m'avait aussi demandé un de mes échantillons de la solfatare, et j'y vis une petite étiquette marquant la date de cette promenade. Daniella lui avait-elle volé ce souvenir, ou l'avait-elle ramassé dans les balayures? C'est ce que je me promis de savoir. Quoi qu'il en soit, je fus touché de le voir là, posé au chevet de son lit comme une relique, et j'y crus trouver une réponse éloquente à tous mes soupçons, tant il est vrai que la femme qui nous aime se purifie, par ce seul fait, dans notre ombrageuse imagination.

Des voix lointaines, qui chantaient horriblement faux je ne sais quels cantiques, me donnèrent un second avertissement. Je renouai le ruban rose à la porte; puis, entraîné par ma fantaisie de cœur, je le dénouai, et je rentrai dans la chambre pour placer, sur la pierre de soufre, une petite bague antique assez jolie, que j'avais achetée à Rome, au columbarium de Pietro. Enfin, je me hâtai de sortir, de descendre et de regagner l'intérieur de la ville, avant que les habitants du faubourg eussent reparu sur les hauteurs.

En traversant la rue de la *Tomba di Lucullo* (on dit qu'une vieille tour qui est encastrée dans une des maisons de la ville est le tombeau de Lucullus), je me rendis compte des chants discordants que j'avais entendus. Une cinquantaine d'enfants des deux sexes, agenouillés dans la crotte, glapissaient un cantique devant trois petites bougies allumées autour d'une madone peinte à fresque sur le mur. J'allais passer insoucieux, quand je vis arriver une douzaine de jeunes filles portant des fleurs dont elles voilèrent complétement la madone, en les piquant, une à une, dans le petit grillage de laiton qui la protégeait. La Daniella était parmi elles, et chantait aussi; mais sa voix était perdue dans ce vacarme, et je ne pus savoir si elle chantait plus ou moins faux que les autres. Elle me vit, et me suivit des yeux en souriant, mais sans cesser de chanter et sans se déranger de la cérémonie.

Je n'osai m'arrêter, car on me regardait curieusement, et l'acte de dévotion qu'on accomplissait n'empêchait pas les chuchoteries des jeunes filles.

Je rentrai donc sans avoir pu échanger un mot avec la *stiratrice,* et cela fait maintenant deux jours passés ainsi, ce qui est étrange après la conversation que nous avons eue ensemble. Je crois bien qu'elle me boude sérieusement, car j'ai fait le coup de tête de demander à la Mariuccia pourquoi sa nièce ne venait plus la voir, et elle m'a répondu : — « Elle vient aux heures où vous n'y êtes pas. »

XXII

5 avril. — Frascati.

Il a fait aujourd'hui un temps délicieux, clair et presque chaud. C'était bien le cas de faire enfin, hors des villas, une belle promenade à ma guise, et pourtant je n'en avais nulle envie. Après mon déjeuner, je suis remonté à mon grenier. Grenier est le mot, car je suis de plain-pied avec celui de la maison, et il faut même que je le traverse pour arriver à mon logement; cela me fait une situation isolée qui ne me déplaît pas.

La Mariuccia est arrivée pour faire mon ménage, et m'a poussé dehors pour balayer. Je me tenais dans le grenier; elle m'a grondé parce que j'y fumais mon cigare et risquais, selon elle, d'y mettre le feu.

— Est-ce que vous n'allez pas courir aujourd'hui? Il n'a pas fait si beau depuis un mois! (Et, comme je trouvais des prétextes pour ne pas sortir,) Eh bien! a-t-elle ajouté, vous n'aurez pas besoin de moi, et, si vous restez, je vous confierai la garde de la maison.

— Vous allez donc sortir, Mariuccia?

— Eh! n'est-ce pas aujourd'hui le jeudi saint? Il faut que je m'occupe de mes dévotions.

— Dites-moi à qui je dois ouvrir si l'on sonne.

— Personne ne sonnera.

— Pas même la Daniella?

— Elle moins que toute autre.

— Pourquoi ça?

— Parce qu'elle a fait un vœu hier, en sortant du sermon. Oh! le beau sermon! Jamais je n'ai entendu mieux prêcher!

Vous avez eu grand tort de ne pas venir entendre cela. La Daniella a tant pleuré qu'elle a juré de faire ses pâques plus chrétiennement qu'elle ne les a encore faites, et, pour s'y disposer, elle a été mettre des fleurs à la madone de *Lucullo.*

— Qu'est-ce que cela veut dire?

— Qu'elle faisait un vœu.

— Lequel ?

— Ah dame ! vous êtes curieux !

— Très-curieux, vous voyez !

— Eh bien, voilà ce que je leur ai conseillé à toutes, à la Daniella et à une douzaine d'autres jeunes filles, qui me demandaient par quel vœu elles devaient se sanctifier avant le jour de Pâques. Portez des fleurs à la Vierge, leur ai-je dit, et promettez-lui de ne pas parler à vos amants avant d'avoir reçu l'absolution et la communion.

— Vous avez eu là une belle idée, Mariuccia !

— Elles l'ont trouvée belle, puisqu'elles l'ont suivie. Ainsi, vous ne verrez ma nièce ni aujourd'hui, ni demain, ni samedi.

— Votre nièce a donc un amant dans la maison?

— Eh ! *chi lo sa ?* dit la vieille fille en me regardant avec malice; puis elle rangea son balai et courut se faire belle pour aller entendre les offices à l'église des Capucins. Je pensai que la Daniella l'y rejoindrait, et je guettai sa sortie pour la suivre à distance.

Elle traversa l'enclos et en sortit par le petit chemin rapide qui sépare les villas Piccolomini et Aldobrandini. Quand on a grimpé un quart d'heure, on tourne à gauche et on grimpe encore l'avenue du couvent, qui est vaste et ombragée. L'édifice est à mi-côte, tapi comme un nid sous la verdure. Quand monsieur de Lamennais vint demeurer ici en 1832, il demeura chez ces capucins, dont il pensait beaucoup de bien. Il aimait aussi, m'a-t-on dit, cette retraite cachée dans la riche végétation de la montagne, thébaïde charmante entourée de villas désertes et silencieuses.

Je regardai dans toute l'église; la Daniella n'y était pas, et, comme les petits yeux malins de la Mariuccia m'observaient, je fus forcé de me retirer. J'attendis un peu sur le chemin; ce fut en vain. Rien ne prouvait que Daniella dût venir là. Je montai au-dessus du couvent et vis ouverte la porte d'une villa que je n'ai pas encore explorée. C'est la Ruffinella, qui a successivement appartenu à Lucien Bonaparte, aux jésuites et à la reine de Sardaigne. Les jardins sont vastes et dominent, de plus haut que tous les autres, la belle vue que j'ai déjà de ma fenêtre de Piccolomini, à une demi-lieue plus bas. Le palais n'est qu'une grande vilaine maison de plaisance, où la reine de Sardaigne n'est, je crois, jamais venue. Cependant elle a fait faire des fouilles aux environs, et, comme ce palais se nomme aussi villa Tusculana, je pensai que les ruines de Tusculum devaient être par là quelque part, et je les cherchai, sans demander de renseignements aux jardiniers, voulant garder le plaisir d'aller seul à la découverte.

J'escaladai le jardin, qui monte toujours, par une allée fort extraordinaire. C'est encore un de ces caprices italiens dont on n'a point d'idée chez nous. Sur un terrain en pente semi-verticale, on a écrit, c'est-à-dire planté en buis nain et en caractères d'un mètre de haut, cent noms de poëtes et d'écrivains illustres. Cela commence vers Hésiode et Homère, et finit vers Chateaubriand et Byron. Voltaire et Rousseau n'ont pas été oubliés sur cette liste, qui a été dressée avec goût et sans partialité, par Lucien probablement. Les jésuites l'ont respectée. Un petit sentier passe transversalement entre chaque nom, et, au milieu de l'abandon général des choses de luxe de ce jardin, cette fantaisie est encore entretenue avec soin.

Je parvins au sommet de la montagne, en m'égarant dans de superbes bosquets. Puis, je me trouvai sur un long plateau dont le versant est aussi nu et aussi désert que celui que l'on monte depuis Frascati est ombragé et habité. Devant moi se présentait une petite voie antique, bordée d'arbres, qui, suivant à plat la crête douce de la montagne, devait me conduire à Tusculum.

J'arrivai bientôt en vue d'un petit cirque de fin gazon, bordé de vestiges de constructions romaines. Un peu au-dessous, je pénétrai, à travers les ronces, dans la galerie souterraine par laquelle, au moyen de trappes, les animaux féroces, destinés aux combats, surgissaient tout à coup dans l'arène, aux yeux des spectateurs impatients. Ce cirque n'a de remarquable que sa situation. Assis sur le roc, au bout le plus élevé d'une étroite gorge en pente, qui s'en va rejoindre, en sauts gracieux et verdoyants, les collines plus basses de Frascati et ensuite la plaine, il est là comme un beau siége de gazon, installé pour offrir au voyageur le plaisir de contempler à l'aise cette triste vue de la Campagne de Rome, qui devient magnifique, encadrée ainsi. Le renflement de la colline autour du cirque le préserve des vents maritimes. Ce serait un emplacement délicieux pour une villa d'hiver.

J'y pris quelques moments de repos. Pour la première fois depuis que j'ai quitté Gênes, il faisait un temps clair. Les montagnes lointaines étaient d'un ton superbe, et Rome se voyait distinctement au fond de la plaine. Je fus étonné de l'emplacement énorme qu'elle occupe, et de l'importance du dôme de Saint-Pierre, qui, tout le monde vous l'a dit, ne fait pas grand effet, vu de plus près.

Un bruit mystérieux s'empara de ma rêverie. C'était

comme une plainte, ou plutôt comme un soupir harmonieux et plaintif de la voix humaine. Comme tout était désert autour de moi, j'eus quelque peine à découvrir la cause de ce bruit intermittent, toujours répété et toujours le même. Enfin, je m'assurai qu'il sortait de la galerie souterraine, où le bruit de mes pas m'avait empêché de l'entendre quand j'y avais pénétré. J'y retournai. Ce n'était que le murmure d'une goutte d'eau filtrant de la voûte et tombant dans une petite flaque perdue dans les ténèbres. L'écho du souterrain lui donnait cette rare sonorité, qui ressemblait au gémissement d'une divinité captive et mourante, ou plutôt à l'âme de quelque vierge martyre s'exhalant sous l'horrible étreinte des bêtes du cirque.

En quittant cet amphithéâtre, je suivis, dans le désert, un chemin jonché de mosaïques des marbres les plus précieux, de verroteries, de tessons de vases étrusques et de gravats de plâtre encore revêtus des tons de la fresque antique. Je ramassai un assez beau fragment de terre cuite, représentant le combat d'un lion et d'un dragon. Je dédaignai de remplir mes poches d'autres débris : il y en avait trop pour me tenter. La colline n'est qu'un amas de ces débris, et la pluie qui lave les chemins en met chaque jour à nu de nouvelles couches. Ce sol, quoique souvent fouillé en divers endroits, doit cacher encore des richesses.

Le plateau supérieur est une vaste bruyère. C'était jadis, probablement, le beau quartier de la ville, car cette steppe est semée de dalles ou de moellons de marbre blanc. Le chemin était, sans doute, la belle rue patricienne. Des fondations de maisons des deux côtés attestent qu'elle était étroite, comme toutes celles des villes antiques. Au bout de cette plaine, le chemin aboutit au théâtre. Il est petit, mais d'une jolie coupe romaine. L'orchestre, les degrés de l'hémicycle sont entiers, ainsi que la base des constructions de la scène et les marches latérales pour y monter. L'avant-scène et les voies de dégagement nécessaires à l'action scénique sont sur place et suffisamment indiquées par leurs bases, pour faire comprendre l'usage de ces théâtres, la place des chœurs et même celle du décor.

Derrière le théâtre est une piscine parfaitement entière sauf la voûte. On est là en pleine ville romaine. On n'a plus qu'à atteindre le faîte de la montagne pour trouver la partie pélagique, la ville de Télégone, fils d'Ulysse et de Circé.

Là, ces ruines prennent un autre caractère, un autre intérêt. C'est la cité primitive, c'est-à-dire la citadelle escarpée, repaire d'une bande d'aventuriers, berceau d'une société future. Les temples et les tombeaux des ancêtres y étaient sous la protection du fort. La montagne, semée de bases de colonnes qui indiquent l'emplacement des édifices sacrés, et bordée de blocs bruts dont l'arrangement dessine encore des remparts, des poternes et des portes, s'incline rapidement vers d'autres gorges bientôt relevées en collines et en montagnes plus hautes. Ce sont les monts Albains. Dans une de ces prairies humides où paissent les troupeaux, était le lac Régille, on ne sait pas où précisément. Le sort de la jeune Rome, aux prises avec celui des antiques nationalités du Latium, a été décidé là, quelque part, dans ces agrestes solitudes. Soixante-dix mille hommes ont combattu pour *être* ou *n'être pas,* et le destin de Rome, qui, en ce terrible jour, écrasa les forces de trente cités latines, a passé sur l'Agro Tusculan comme l'orage, dont la trace est vite effacée par l'herbe et les fleurs nouvelles.

Vous savez l'histoire de Tusculum ? Elle se résume en quelques mots comme celles de toutes les petites sociétés antiques du Latium : établissements hasardeux, quelquefois à main armée, sur des terres mal défendues, puis fortifiées par l'esprit d'association civique, par la fertilité du sol, et souvent

par la situation inexpugnable; extension de l'association par
la ligue avec les établissements voisins; affermissement de
l'existence et commencements de civilisation, aussitôt que cessent le pillage et l'hostilité entre les membres de cette race
d'aventuriers fondateurs de villes; puis les grandes luttes
contre l'ennemi commun, Rome, qui, née la dernière, grandit à pas de géant, comme un fléau vengeur des premières
spoliations du sol antique; défaites tantôt partielles, tantôt
générales de la confédération latine; alliances subies plutôt
qu'acceptées avec le vainqueur; conspirations et révoltes,
toujours écrasées par l'implacable droit du plus fort: effacement final des nationalités partielles, et fusion politique
dans la grande nationalité romaine.

Mais c'est ici que l'histoire très-confuse de ces nationalités
vaincues prendrait de l'intérêt si elle avait de plus grandes
proportions, et si elle n'était bouleversée à chaque instant
par le flot des invasions barbares. Ces peuples d'origines différentes, qui tantôt faisaient alliance avec les Romains
contre leurs voisins, et tantôt revenaient à l'alliance naturelle contre Rome, conservèrent toujours un sentiment de
patriotisme étroit, ou plutôt un secret orgueil de race qui
leur fit même préférer le joug de l'étranger à celui de Rome.
Tusculum persista, jusqu'au douzième siècle, à trahir en
toute occasion la cause romaine, aimant mieux épouser celle
des Allemands que celle des papes, comme si l'affront subi
au lac Régille n'eût pas été effacé après un millier d'années
d'apparentes réconciliations. Enfin, les haines du moyen
âge rallumèrent, dans toute sa rudesse barbare, l'antique
inimitié. Les Romains fondirent sur Tusculum, la pillèrent
et la détruisirent de fond en comble sous le pontificat du
pape Célestin III. Une circonstance caractéristique, c'est que
le pape avait fait de l'abandon de la citadelle de Tusculum
la condition du couronnement de l'empereur, et qu'à peine

les Allemands étaient-ils sortis par une porte, les Romains entrèrent par l'autre, livrant cette pauvre ville à toutes les horreurs de la guerre. Et pourtant, Jésus avait passé dans l'histoire des hommes; ses autels avaient remplacé ceux des Némésis païennes. Le vainqueur ne s'appelait plus Furius, mais Célestin.

La société tusculane disparut avec sa ville, avec sa citadelle, ses temples et ses théâtres. Les fugitifs se dispersèrent. Quelques-uns se groupèrent autour d'une chapelle située dans des bosquets naturels, sur les gradins inférieurs de leur montagne, et qu'on appelait la Madone des Feuillages (*Frasche*). De là le nom, de là la ville de Frascati ; de là le dédain et l'aversion de tout véritable *Frascatino* pour Rome et ses habitants, *tutti ladri, tutti birbanti,* s'écrie à chaque instant la Tusculane Mariuccia, quand on réveille le levain de ses passions latines. Et pourtant la Mariuccia sait si peu l'histoire de son pays, qu'elle prend Lucullus pour un pape, et la villa Piccolomini pour le berceau de la race pélagique. Elle n'est jamais allée jusqu'à Tusculum, bien qu'il n'y ait guère plus d'une lieue de distance ; mais elle a des dictons flétrissants pour toutes les autres villes du Latium, dictons qui semblent le reflet d'antiques traditions de rivalité, au temps où les Èques, les Sabins, les Albains, les Erniques et les Tusculans ravageaient, à tour de rôle, leurs établissements naissants, et s'enlevaient leurs troupeaux errants sur des terrains en litige.

La vue que l'on embrasse du sommet de l'*arx* de Tusculum est des plus romantiques. Là, on tourne le dos à l'éternelle Rome. Quand les bois de châtaigniers sont feuillus, cette vue doit être plus belle encore; mais, alors, des caravanes de peintres et de touristes envahissent ces solitudes, et je m'applaudis d'être venu ici avant le beau temps, puisque je possède ces lieux célèbres dans tout leur caractère de mélancolique austérité. Les dévotions de la semaine sainte concentrent la population indigène, déjà si clair-semée, dans les couvents et dans les églises. Aussi loin que ma vue pouvait s'étendre, il n'y avait sous le ciel d'autre créature humaine que moi et un berger assis sur la bruyère entre ses deux chiens.

Je m'approchai de lui et lui offris de partager mon *repas*, c'est-à-dire mon morceau de pain, et quelques amandes de pin grillées, que la Mariuccia avait mises dans ma gibecière de promenade.

— Non, merci, me dit-il ; c'est jour de jeûne, et je ne peux accepter ; mais je causerai avec vous, si vous vous ennuyez d'être seul.

C'était un robuste paysan de la marche d'Ancône, d'une quarantaine d'années et d'une figure douce et sérieuse. Son grand nez aquilin ne manquait pas de race ; mais sa haute taille, ses cheveux blonds, ses manières calmes, son parler lent et judicieux ne répondaient pas à l'idée que je me serais faite d'un type de pâtre dans la Campagne de Rome. Des pieds à la tête, il était vêtu de cuir et de peaux comme un Mohican. Il fait ses habits lui-même et les porte un an sans les quitter. Alors ils sont usés et il s'en fabrique d'autres.

Après m'avoir donné quelques détails sur son genre de vie, il me parla du lieu où nous étions. Il n'y a pas, dans tout Rome, me dit-il, un théâtre aussi entier et aussi intéressant que celui de Tusculum. Et puis, c'est plus agréable, n'est-ce pas, de regarder des ruines dans un endroit comme celui-ci, où personne ne vous gêne, et où il n'y a pas de maisons nouvelles pour vous déranger vos souvenirs ?

J'étais fort de son avis. C'étaient là, en effet, les premières ruines qui m'avaient ému réellement. A des vestiges illustres, à des souvenirs historiques, il faut un cadre austère, des montagnes, du ciel, de la solitude surtout. Ce berger est érudit; c'est, à l'occasion, une espèce de cicérone; mais il est discret, sobre de paroles, et bienveillant sans familiarité importune et sans mendicité. Il passe sa vie à gratter la terre, et il a chez lui, dans une cabane qu'il me montra au fond du vallon, un petit musée d'antiquités ramassées à Tusculum. Je montai avec lui sur la roche la plus élevée, et il me décrivit la vaste étendue déployée autour de nous comme une carte géographique. Grâce à lui, je sais maintenant mon Latium sur le bout du doigt, et je pourrai aller partout sans guide. Rien n'est plus facile, aussitôt que l'on connaît les principales montagnes par leurs noms et par leurs formes.

Je me suis donc promené avec les yeux et j'ai parcouru, en désir et en espérance, des sites ravissants ou sévères. J'ai oublié, dans ce voyage, mes préoccupations de ce matin. La locomotion, l'amour des découvertes, ce je ne sais quoi d'enivrant dans la solitude inexplorée, ce sont là d'exquises jouissances, et je me demande quelle société de femme m'en donnerait de plus vraies.

Oui ! voilà ce qu'on se dit tant que la femme est loin !

— Où est la maison où Cicéron composa ses *Tusculanes?* demandai-je au pâtre, pour voir jusqu'où allait son érudition.

— *Chi lo sà?* répondit-il, en me montrant, non loin du cirque où j'avais fait ma première station, un édifice assez bien conservé. Les uns disent que c'est ici; d'autres disent que c'est le jardin où est maintenant la Ruffinella. Toutes les fois qu'on déterre une nouvelle ruine, les savants décident que c'est la chose tant cherchée, et que toutes les anciennes ne valent plus rien. Mais qu'est-ce que cela vous fait? Il n'y a pas, sur toute cette montagne, un endroit où Annibal, Pompée, Camille, Pline, Cicéron et cent autres personnages puisants, rois, empereurs, généraux, consuls, savants ou papes, n'aient foulé la bruyère où voilà vos pieds, et respiré l'air que vous respirez maintenant.

— Je ne crois pas, répondis-je ; la bruyère est jeune, l'air est vieux et corrompu. Il était pur et salubre quand Rome était puissante. Croyez-vous qu'un État pareil eût pu avoir son siége dans ce marécage empesté qui est là-bas derrière nous ?

— Eh bien ! du moins, les gens célèbres que vous savez, ont regardé les montagnes que vous regardez, et quand ils vinrent ici pour la première fois, ils demandèrent peut-être les noms des cimes et des vallées à quelque pauvre diable comme moi, de même que vous me les demandez maintenant. Vous me direz qu'ils ont aussi regardé le même soleil et la même lune que vous pouvez regarder à toute heure du jour et de la nuit. C'est ce que je me suis dit souvent.

— Il y a cette différence entre eux et moi, que je ne suis qu'un pauvre diable comme vous.

— Eh ! *chi lo sà ?* Il paraît qu'il vient ici, tous les ans, des personnes célèbres qui aiment à voir Tusculum, et dont on m'a dit les noms ; mais je n'en ai pas retenu un seul. Dans mille ans d'ici, les bergers de Tusculum les auront appris par la tradition et les diront comme je vous dirais ceux de Galba, de Mamilius ou de Sulpicius.

— Vous en concluez donc que les hommes célèbres ne font pas tant d'effet de près que de loin ?

— Toutes choses sont ainsi. Voyez, ce pays est assez beau ; mais j'en connais bien qui sont plus beaux, et où personne ne va. Cependant on dit qu'il vient ici des voyageurs du fond de l'Amérique, le plus éloigné de tous les pays si je ne me trompe, pour voir ces morceaux de marbre que je retourne avec mon pied. Ils y ramassent des briques, des cassures de verre et des mosaïques, et les emportent chez eux. On dit qu'il n'y a pas un coin sur la terre où quelqu'un ne conserve précieusement un petit morceau de ce qui traîne à terre dans la Campagne de Rome. Vous voyez donc bien que ce qui est ancien et lointain paraît plus précieux que ce qui est nouveau et proche.

— Vous dites vrai; mais la raison de cela?

Il haussa les épaules, et je vis qu'il allait, encore une fois, se tirer d'affaires par l'éternel *chi lo sà*, si commode à la paresse italienne. *Chi lo sà*, lui dis-je bien vite, n'est pas une réponse qui convienne à un homme de réflexion comme vous. Cherchez-en une meilleure, et, quelle qu'elle soit, dites-la-moi.

— Eh bien! reprit-il, voilà ce que je m'imagine : quand nous vivons, nous vivons; c'est-à-dire que, grands ou petits, nous sommes sujets aux mêmes besoins, et les grands ne peuvent pas se faire passer pour des dieux. Quand ils n'y sont plus depuis longtemps, on s'imagine qu'ils étaient faits autrement que les autres; mais moi, je ne m'imagine pas cela, et je dis qu'un vivant que personne ne connaît est plus heureux qu'un mort dont tout le monde parle.

— Vivre vous paraît donc bien doux ?

— Eh ! la vie est dure, et cependant on la trouve toujours trop courte. Elle pèse, mais on l'aime. C'est comme l'amour : on donne la femme au diable ; mais on ne peut se passer d'elle.

— Êtes-vous donc marié?

— Quant à moi, non. Un pâtre ne peut guère se marier, tant qu'il court les pâturages. Mais vous ? vous devez avoir femme et enfants ?

— Mais non! Je n'ai que vingt-quatre ans !

— Eh bien ! voulez-vous attendre que vous soyez vieux ? Quel est le plus grand bonheur de l'homme ? C'est la femme qui lui plaît, et, quand on est riche, je ne comprends pas qu'on vive seul.

— Je vous ai dit que j'étais pauvre.

— Pauvre avec des habits de drap, de bons souliers et des chemises fines ? Si j'avais de quoi acheter ce que vous avez là sur le corps, je garderais mon argent pour avoir un lit. Quand on a le lit, on est vite marié. Si vous couchiez, comme moi, en toute saison sur la paille, je vous permettrais de dire que vous êtes forcé de rester garçon. Tenez ! regardez ce désert; nous n'y sommes que trois, et deux de nous sont forcés à la solitude !

Je suivis la direction de son regard, et je vis un moine noir et blanc qui traversait le théâtre de Tusculum. — Celui-ci, reprit le pâtre, est esclave de son vœu, comme je suis esclave de ma pauvreté. Vous, vous êtes libre, et ce n'est ni au moine ni à moi de vous plaindre. Mais voilà que le soleil baisse. La bergerie est loin ; il faut que je vous quitte. Reviendrez-vous ici ?

— Certainement, quand ce ne serait que pour causer avec vous. Comment vous nommez-vous, pour que je vous appelle, si vous êtes dans une de ces gorges ?

— Je m'appelle Onofrio. Et vous ?

— Valreg. A revoir !

Nous nous serrâmes la main et je redescendis vers le théâtre, regardant l'attitude pensive du moine qui s'était arrêté au milieu des ruines. Le coucher du soleil était admirable. Ces terrains, à coupures brusques et à plateaux superposés couverts de verdure, prenaient des tons éblouissants, éclairés ainsi de reflets obliques. Les courts gazons brillaient tantôt comme l'émeraude et tantôt comme la topaze. Au loin, la mer était une zone d'or pâle sous un ciel de feu clair et doux. Les montagnes lointaines étaient d'un ton si fin qu'on les eût prises pour des nuages, tandis que les déchirures et les ruines des premiers plans accusaient nettement leurs masses noires sur le sol brillant. Le moine, immobile comme une colonne, projetait une ombre gigantesque.

Je passai tout près de lui, comptant qu'il me tendrait la main, et que, pour un sou, j'aurais de lui quelque parole qui serait le résultat de sa méditation. Mais, soit qu'il n'appartînt pas à un ordre mendiant, soit qu'il eût peur de se trouver seul avec un inconnu dans ce lieu désert, il me regarda avec méfiance et appuya la main sur son bâton. Ce geste m'étonna, et je le saluai pour le tranquilliser. Il me rendit mon salut, mais se détourna de manière à me cacher sa figure, qui m'avait paru belle et fortement caractérisée.

Je passai outre, non sans me retourner pour me rendre compte de l'inquiétude de cet homme, dont le vœu de pauvreté devrait être au moins une source d'insouciance et de sécurité. Il avait disparu précipitamment vers les gradins de l'hémicycle.

Je m'en allai, pensant aux paroles naïves et sensées du pâtre philosophe: « Le plus grand bonheur de l'homme, c'est la liberté d'aimer. »

En effet, tout le monde n'a pas cette liberté. Et moi, qui la possède, j'ai déjà laissé passer des années qui eussent pu être pleines de bonheur. A quoi les ai-je employées? A interroger mes forces, mon intelligence, mon avenir, et à sacrifier, à cette attente de l'inconnu, les plus beaux jours de ma jeunesse. Moi, qui me croyais parfois un peu plus sage que mon siècle, j'ai fait comme lui : j'ai lâché la proie pour l'ombre, le certain pour le douteux, le temps qui s'écoulait pour un temps qui ne sera peut-être pas. Qu'est-ce que cette chimère du travail, ce besoin de développer l'intelligence au détriment des forces du cœur? Ne les use-t-on pas à les laisser dans l'inaction? Et pourquoi, pour qui cette tension de la volonté vers un but aussi incertain que le talent? Comment se fait-il que je n'aie pas encore rencontré l'amour sur mon chemin? Est-ce parce que je suis plus difficile, plus exigeant qu'un autre? Non, car mon idéal a toujours été vague en moi-même. Je ne me suis jamais fait le portrait de la femme à qui je dois me livrer sans réserve. Je me promettais de la reconnaître en la rencontrant; mais je ne me disais pas qu'elle dût être grande ou petite, blonde ou brune. Elle viendra, me disais-je, quand je serai digne d'être aimé; c'est-à-dire quand j'aurai fait de grands efforts de courage, de patience et de sobriété pour être tout ce que je puis être en ce monde. Il me semblait suivre un bon raisonnement, cultiver ma vie comme un jardin d'espérance; mais n'était-ce pas là une suggestion de l'orgueil? Apparemment je comptais, comme Brumières, trouver une des merveilles de ce monde, puisque je m'appliquais à faire une merveille de moi-même. Ne pouvais-je me contenter d'une humble fille de ma classe, qui m'eût accepté tel que je suis, et qui m'eût aimé naïvement, saintement, et sans rien concevoir de mieux que mon amour?

Et j'aurais été heureux! tandis que je n'ai été que prudent et raisonnable, vous aviez mille fois raison de le penser. J'ai, mille fois peut-être, étouffé le cri de mon cœur; peut-être ai-je passé mille fois auprès de la femme qui m'eût révélé le vrai de la vie. Je me suis acharné à voir les dangers d'une passion prématurée; je n'ai pas compris l'ivresse de ces dangers, et ce vaillant, ce généreux sacrifice de la raison qui accepte la grande folie de l'amour, telle que Dieu nous l'a donnée.

Je songeais ainsi en descendant de Tusculum, à travers les taillis de chênes. Le rapide sentier, tout pavé en polygones de lave, était encore une rue de la ville antique, et, sous les racines des arbres, je voyais apparaître des restes de constructions enfouies. Je passai devant le couvent des

Camaldules et devant la villa Mondragone, qui était fermée, et je rentrai à Piccolomini par des chemins étroits, encaissés, où je devins tout rêveur, tout agité de mon problème personnel.

Les objets extérieurs agissent sur moi d'une manière souveraine. Devant un beau site, je m'oublie, je m'absente pour ainsi dire de moi-même ; mais quand je marche dans un endroit sombre et monotone, je m'interroge et me querelle. Cela m'arrive, du moins, depuis quelque temps. Je n'avais jamais tant pensé à moi. Sera-ce un bien ou un mal? La solitude que je suis venu chercher me rendra-t-elle sage ou insensé? C'est-à-dire étais-je insensé ou sage avant cette épreuve? Je crois que nous nous acclimatons rapidement, au moral comme au physique, et que je deviens déjà romain, c'est-à-dire porté à la vie de sensation plus qu'à la vie de réflexion. Quand j'ai fait un effort pour savoir si j'appartiendrai à l'une ou à l'autre, je suis bien tenté de me tranquilliser avec le *chi lo sà* de la Mariuccia et du berger de Tusculum.

XXIII

9 avril, villa Mondragone.

Je vous écris au crayon dans des ruines. Toujours des ruines ! J'aime beaucoup l'endroit où je suis ; j'y peux passer la journée entière dans un immense palais abandonné, dont j'ai les clefs à ma ceinture. Mais j'ai bien des choses à vous raconter, et je reprends mon récit où je l'ai laissé l'autre jour.

En dînant, pour ainsi dire, avec la Mariuccia, qui s'assied

auprès de ma chaise pendant que je mange, j'arrivai, je ne sais comment, à reparler du vœu de la Daniella. Ainsi, disais-je, elle ne parlera à aucun homme avant le jour de Pâques? — Je n'ai pas dit comme cela. J'ai dit qu'elle ne parlerait pas à son amant avant d'avoir fait toutes ses dévotions; mais je n'ai pas dit que, tout de suite après, elle recommencerait à lui parler.

— Ah oui-da! Ainsi ce pauvre amant est condamné à attendre son bon plaisir?

— Ou celui de la madone.

— Ah! il arrivera un moment où la madone fera savoir qu'elle autorise...?

— Quand toutes les fleurs seront séchées et tombées.... Mais je vous en dis trop; vous êtes un hérétique, un païen, un *mahométan!* Vous ne devez rien savoir de tout cela.

Je pressai la bonne fille de s'expliquer. Elle aime à causer, et elle céda. J'appris donc que les rigueurs de la Daniella dureraient aussi longtemps que les fleurs piquées par elle dans le grillage qui protége la madone de la *Tomba di Lucullo* ne seraient pas entièrement tombées en poussière ou emportées par le vent, disparues, en un mot.

Il me vint à l'esprit de faire une folie des plus innocentes. Sur le minuit, je mis le nez à la fenêtre: il pleuvait; la nuit était noire. Le vent soufflait avec force. Toute la ville de Frascati dormait. Je m'enveloppai de mon caban, je sortis facilement de l'enclos. En escaladant les rochers au-dessus de la petite cascade, je me trouvai de plain-pied sur le chemin, vis-à-vis le parc de la villa Aldobrandini. Redescendre jusqu'à la tombe de Lucullus fut l'affaire de quelques instants. Je n'avais pas rencontré une âme. Sans la lampe qui l'éclaire toute la nuit, j'aurais eu quelque peine à retrouver, dans les ténèbres, la petite fresque de la madone. Ce pâle rayon me permit de reconnaître les jonquilles que j'avais très-bien remarquées, la veille, dans les mains de la Daniella, au moment où, avec son sourire mystérieux, elle avait accompli cette dévotion devant moi. Je respectai les violettes et les anémones des autres jeunes filles, mais j'enlevai avec soin, jusqu'à la dernière, les jonquilles flétries de mon *amoureuse,* et je les mis dans ma poche. Ce larcin *perpétré,* je descendais de la borne sur laquelle j'étais grimpé pour atteindre le grillage, lorsqu'une voix d'homme fit entendre l'exclamation suivante :

— *Cristo!* quel est le brigand qui profane la sainte image de la Vierge?

Dans ce pays d'espionnage et de délation, mon espièglerie sentimentale pouvait être incriminée et m'attirer quelque désagrément. J'eus la présence d'esprit de ne pas me retourner et de souffler rapidement la petite lampe. Enhardi par ma prudence, l'inconnu m'accabla d'un déluge d'injures pieuses : j'étais un chien, un fils de chien, un turc, un juif, un Lucifer; je méritais d'être pendu, écartelé, et mille autres douceurs. J'avais bonne envie de régaler le dos du saint homme, quel qu'il fût, d'une série de répliques muettes proportionnées à l'éloquence de son indignation ; mais la raison me conseillait de profiter des ténèbres pour m'esquiver sans l'attirer sur mes traces.

C'est le parti que j'allais prendre, lorsque je me sentis saisir le bras par une main incertaine, qui m'avait cherché à tâtons contre le mur. Je n'hésitai plus alors à me débarrasser du curieux, par un mirifique coup de poing, accompagné d'un plantureux coup de pied qui l'atteignit n'importe où. Je l'entendis trébucher contre la borne, glisser et tomber n'importe dans quoi ; ce qui me permit de jouer des jambes et de rentrer chez moi sans m'être trahi par une seule parole. Comme le quidam m'avait paru passablement ivre, je ne pensai pas qu'après avoir fait un somme dans la boue où je l'avais décidé à se coucher, il se souvînt de l'aventure.

La journée du vendredi saint s'annonçant pluvieuse et sombre, je me permis de dormir la grasse matinée. La Mariuccia, s'impatientant contre ma paresse, entra dans ma chambre, et quand je m'éveillai, je la vis, méditant sur ma chaussure crottée et sur mon caban encore humide.

— Eh bien, Mariuccia, qu'y a-t-il? lui dis-je en me frottant les yeux.

— Il y a que vous êtes sorti cette nuit! répondit-elle d'un air de consternation si comique que je ne pus m'empêcher d'en rire. — Oui, oui, riez! reprit-elle : vous avez fait là une belle affaire!

Et, comme j'essayais de nier, elle me montra les jonquilles flétries que j'avais mises sur la cheminée.

— Eh bien ! après ? que voulez-vous dire ?

— Que ces fleurs-là étaient sur le grillage de la sainte madone, et que vous avez été, cette nuit, les retirer, pour empêcher ma nièce de tenir son vœu. Voilà les amoureux! Mais, malheureux enfant, vous avez fait là un péché mortel; vous avez outragé la sainte madone ; vous avez éteint la lampe, et, ce qu'il y a de pis, c'est que vous avez été vu.

— Par qui?

— Par mon neveu Masolino, le frère de la Daniella, le plus méchant homme qu'il y ait à Frascati. Heureusement, il avait bu, selon sa coutume, et il ne vous a pas reconnu ; mais il a déjà fait son rapport, et je suis sûre que les soupçons pèseront sur vous, parce que vous êtes le seul étranger qu'il y ait maintenant dans le pays. On enverra des espions ici pour me questionner. Donnez-moi ce caban que je le cache, et brûlez-moi bien vite ces maudites fleurs.

— A quoi bon? Dites la vérité. Je n'ai fait aucune profanation. J'ai pris ces fleurs pour taquiner une jeune fille qu'il n'est pas nécessaire de nommer...

— Et vous croyez que l'on ne se doutera pas de son nom? On prétend que l'on vous a vu entrer avant-hier dans la maison qu'habite ma nièce. Est-ce vrai, cela?

La Mariuccia est si brave femme, que je n'hésitai pas à me confesser. Elle fut touchée de ma sincérité, et je vis, du reste, qu'elle était flattée de mon goût pour sa nièce.

— Allons, allons, dit-elle, il ne faut plus faire de pareilles imprudences. Si Masolino vous eût surpris dans la chambre de sa sœur, il vous eût tué.

— Je ne crois pas, ma chère! Sans me piquer d'être un champion bien robuste, je le suis assez pour me défendre d'un ivrogne; et il est heureux pour votre neveu que je ne l'aie pas rencontré, cette nuit, en haut de l'escalier de la maison dont vous parlez.

— *Cristo!* l'auriez-vous frappé, cette nuit?

— J'espère que oui. Il m'avait beaucoup insulté, et il mettait la main sur moi. Je me suis débarrassé de lui sans peine.

— Il ne s'est pas vanté de cela! Peut-être ne l'a-t-il pas senti : les ivrognes ont le corps si souple! Mais il n'était pas assez ivre, cependant, pour ne pas voir et entendre. Avez-vous parlé?

— Non.

— Pas un mot?

— Pas une syllabe.

— C'est bien! mais, pour l'amour de Dieu et de vous-même, n'avouez rien à personne. S'il se souvient d'avoir été battu, et s'il apprend que c'est par vous, il s'en vengera!

— Je l'attends de pied ferme; mais je veux tout savoir,

Mariuccia ! Votre neveu est-il homme à vouloir exploiter mon inclination pour sa sœur?

— Masolino Belli est capable de tout.

— Mais quel intérêt peut-il avoir à me vouloir pour beau-frère? Je ne suis pas riche, vous le voyez bien !

— Allons donc ! Vous savez peindre, et, avec cela, on gagne toujours de quoi être bien habillé, bien logé et bien nourri comme vous voilà. Tout est relatif. Vous êtes très-riche en comparaison de n'importe quel artisan de Frascati, et si Masolino se mettait dans la tête de vous faire épouser sa sœur, ou de vous forcer à donner de l'argent, il sait bien qu'un *cavaliere* comme vous trouve toujours à gagner ou à emprunter une centaine d'écus romains pour sauver sa vie d'un guet-apens.

— Merci, ma chère Mariuccia ! Me voilà renseigné, et je sais à qui j'ai affaire. Messire Masolino Belli n'a qu'à bien se tenir ; j'aurai toujours une centaine de coups de bâton français à son service.

— Ne riez pas avec cela. Ils peuvent se mettre dix contre vous. Le mieux, mon cher enfant, sera de vous bien cacher dans vos amours, et de ne jamais voir la petite hors de cette maison-ci, où mon neveu ne met jamais les pieds.

— Et qui l'en empêche?

— Moi, qui le lui ai défendu une fois pour toutes. Il ne se gênerait pas pour me désobéir et me frapper, s'il ne me devait quelque argent ; mais je le tiens par la crainte d'avoir à me payer.

Par la suite de la conversation, j'appris, sur ce fameux Masolino, des détails assez curieux. Cet homme n'est peut-être pas toujours aussi réellement ivre qu'il le paraît. Son existence est mystérieuse. Il est censé demeurer à Frascati, mais on ne sait jamais précisément où il est. Sa famille passe fort bien un mois et plus sans l'apercevoir. Il occupe une chambre dans la maison où Daniella est établie ; mais personne n'entre jamais dans cette chambre, et si l'on frappe à la porte, qu'il y soit ou non, il ne répond jamais. Ses absences et ses apparitions sont tout à fait imprévues. Il est toujours censé boire en secret dans quelque cabaret du lieu ou des environs, avec des amis. C'est une habitude de cachotterie qu'il a prise pour échapper aux réprimandes de sa femme, et qu'il a gardée depuis qu'il est veuf ; mais sa femme disait autrefois qu'il devait cacher ses orgies dans quelque souterrain inconnu, dans quelque lieu inaccessible, car elle l'avait maintes fois cherché des semaines entières, jusque dans les égouts de la ville, sans retrouver aucune trace de lui. Quand il reparaissait, il lui échappait des paroles qui pouvaient faire croire qu'il venait de loin ; mais, quelque pris de vin qu'il fût ou qu'il parût être, jamais son secret ne s'était formulé clairement. Il a exercé dans sa jeunesse la profession de corroyeur ; mais, depuis une dizaine d'années, il n'a fait œuvre de ses bras, et on ne sait pas de quoi il a vécu ; il faut pourtant, ajoute la Mariuccia, qu'il ait plus que le nécessaire, puisqu'il trouve moyen de boire plus que sa soif.

D'après tous ces renseignements, je soupçonne ce *galantuomo* d'être un faux ivrogne, ou de s'adonner à la boisson dans ses moments perdus. Je pense que le fond de son existence est le brigandage ou l'espionnage ; peut-être l'un et l'autre, car il paraît qu'autour de Rome ces deux professions ne sont pas incompatibles.

Ce qu'il m'importait plus que tout ceci, c'était de savoir si la Daniella se croirait suffisamment relevée de son vœu pour reparaître à Piccolomini, et je l'attendais avec une vive impatience. Chaque fois que sonnait la cloche de la grille, je courais à ma croisée ; mais c'était une suite de visites de commères ou de voisines qui venaient s'entretenir avec la

Mariuccia des affaires de la maison et de la propriété Piccolomini, de la taille des oliviers ou de la vigne, de la lessive, de l'emmagasinement des pois, du sermon de fra Sinforiano, et, par occasion, de la profanation de la madone. J'entendais les conversations établies sur le perron, et il me sembla que plusieurs de ces personnages étaient plus curieux que de raison. La Mariuccia m'avait dit : « Dans notre pays, on ne sait jamais qui est espion ou qui ne l'est pas. » J'admirai l'adresse et le sang-froid des réponses de la bonne fille, et j'entendis même qu'elle me faisait passer pour malade depuis la veille.

— Le pauvre enfant, disait-elle, a eu la fièvre cette nuit, et je l'ai veillé, sans le quitter, jusqu'au jour. » Mon alibi ainsi constaté, les questionneurs se retiraient plus ou moins persuadés.

Enfin, la Mariuccia vint m'annoncer qu'elle allait visiter les chapelles du saint sépulcre, et qu'elle me priait de n'ouvrir à personne, pas même à sa nièce, si je la voyais paraître à la grille.

— Oh! pour cela, je ne vous le promets pas du tout, lui dis-je.

— Il faut me le promettre, reprit-elle. La Daniella a une clef, et si elle veut venir, elle viendra sans que vous tiriez la corde de ma fenêtre. Dans votre impatience, il ne faut pas vous montrer à ceux qui pourraient passer devant la grille dans ce moment-là.

Quand la Mariuccia fut sortie, je descendis au jardin, malgré la pluie, pour examiner le local sous un rapport que je n'avais pas encore songé à constater, à savoir si on pouvait y entretenir une intrigue avec mystère et sécurité. Je vis que cela était impossible, à moins que les gens de la maison, c'est-à-dire Mariuccia, la vieille Rosa, et les quatre ouvriers employés au jardin et aux terres adjacentes fussent dans la confidence; pourvu que le jardin eût une clôture réelle au-delà du potager; pourvu que l'on n'entrât et ne sortît point par la grille à claire-voie qui donne en pleine rue; pourvu, enfin, que l'on ne risquât point de rendez-vous les jours de fête et les dimanches, parce que, ces jours-là, l'autre grille de Piccolomini, qui donne sur la via Aldobrandini, est ouverte au public, et que le haut du jardin sert de promenade ou de passage aux gens de la ville.

Je conclus de mes observations que le secret de mes relations futures avec la *stiratrice* était une plaisanterie, et j'avoue que j'entrai en méfiance contre les avertissements et les précautions illusoires de la bonne Mariuccia.

Je remontai à mon grenier, bien résolu, quand même, à risquer l'aventure, dès que je serais assuré du courage et de la résolution de ma complice.

Mais quoi! elle était là, dans ma chambre, elle m'attendait. Elle était entrée par une porte de dégagement que je ne connaissais pas et qui aboutit aux caves de la maison. Elle avait ma bague au doigt. Ses beaux cheveux étaient ondés avec soin. Malgré une robe noire et une tenue de dévote, elle avait l'œil brillant et le sourire voluptueux d'une fiancée vivement éprise. Je me sentais violemment épris pour mon compte. J'avais soif de ses baisers; mais elle se déroba à mes caresses. — Vous m'avez relevée de mon vœu, dit-elle; vous êtes venu jusque dans ma chambre m'apporter l'anneau du mariage... Laissez-moi faire mes Pâques; après cela, nous serons unis.

Je retombai du ciel en terre. — Le mariage! m'écriai-je; le mariage?... — Elle m'interrompit par son beau rire harmonieux et frais. Puis elle reprit sérieusement : — Le mariage des cœurs, le mariage devant Dieu. Je sais bien que c'est un péché de se passer de prêtre et de témoins; mais c'est un péché que Dieu pardonne quand on s'aime.

— Il est donc bien vrai que vous m'aimez, chère enfant?

— Vous verrez! Je ne puis vous rien dire encore. Il faut que je pense à mon salut, et que je tourne mon cœur vers Dieu si ardemment, qu'il bénisse nos amours et nous pardonne d'avance la faute que nous voulons commettre. Je prierai pour nous deux, et je prierai si bien, qu'il ne nous arrivera point de malheur. Mais, pour aujourd'hui, ne me dites rien, ne me tentez pas. Il faut que je me confesse, que je me repente et que je reçoive l'absolution pour le passé et pour l'avenir.

Tel fut le résumé de l'étrange système de piété de cette Italienne. J'avais bien ouï dire que ces femmes-là voilaient l'image de la Vierge en ouvrant la porte à leurs amants; mais je n'avais pas l'idée d'un repentir par anticipation et d'un péché *réservé,* comme ceux dont j'entendais parler avec tant d'assurance et de conviction. J'essayai de combattre cette religion facile; mais je la trouvai très-obstinée, et je fus véhémentement accusé de manquer d'amour, parce que je manquais de foi.

— Adieu, me dit-elle; l'heure du sermon sonne, et j'ai encore trois chapelles à visiter aujourd'hui. Demain, vous ne me verrez pas, ni dimanche non plus. Je ne suis venue que pour vous dire de ne pas faire d'imprudence, et de ne pas chercher à me voir, parce que, d'une part, je dois me sanctifier, et que, de l'autre, mon frère est à Frascati.

— Dites-moi, Daniella, est-il vrai que votre frère vous maltraiterait s'il me voyait occupé de vous?

— Oui, quand ce ne serait que pour savoir s'il peut vous effrayer.

— Vous avez donc l'expérience de ce qu'il peut faire en pareil cas?

— Oui, à propos de vous. Il a déjà entendu dire que le Français de Piccolomini était venu dans notre maison, et il m'a fait, ce matin, de terribles menaces. Vous me défendriez contre lui, je le sais; mais vous ne serez pas toujours là, et les coups seraient pour moi.

— Alors, je serai prudent, je vous le jure!

Le roulement d'une voiture et le son de la cloche interrompirent la conversation.

— C'est lord B*** qui vient nous voir, dit-elle après avoir regardé furtivement par la fenêtre; je reconnais son chien jaune. Lord B*** vient sûrement vous chercher pour vous faire voir le jour de Pâques à Rome; allez-y, vous me rendrez service; mais revenez le soir!

— Vous n'êtes donc plus jalouse de...

— De la Medora?... N'ai-je pas votre anneau? Si, après cela, vous étiez capable de me tromper, je vous mépriserais tant, que je ne vous aimerais plus.

XXIV

9 avril.

On sonnait à casser la cloche. La jeune fille se sauva par où elle était venue en me criant : *A dimanche soir!* et j'allai ouvrir à Jord B***, qui venait effectivement me chercher. Je me laissai emmener,

— Tout va au plus mal depuis que vous n'êtes plus chez nous, me dit-il quand nous fûmes sur la route de Rome. Lady Harriet me trouvait moins maussade quand vous étiez là pour me faire valoir, en m'aidant à développer mes idées.

J'ai eu le malheur de recourir au moyen extrême contre l'ennui et la tristesse : je me suis enivré tous les soirs, seul dans ma chambre. Cela m'arrive rarement; mais il y a des temps si sombres dans ma vie, qu'il faut bien que cela arrive. Ma femme n'en sait rien ; mais, comme je suis plus calme et plus abattu aux heures où elle me voit, elle s'impatiente davantage. J'y gagne seulement d'être plus indifférent à ses impatiences.

— Et votre nièce ? n'est-elle pas un peu meilleure pour vous que par le passé ? Il m'avait semblé, le jour de notre promenade à Tivoli, qu'elle y était disposée ?

— Vous vous serez trompé. Ma nièce, c'est-à-dire la nièce de ma femme, est d'une humeur massacrante depuis votre départ. C'est à croire, Dieu me damne, qu'elle était amoureuse de vous... et, s'il faut vous dire tout...

Je me hâtai d'interrompre lord B***. Il a des moments de trop grande expansion, comme doit les avoir un cœur trop souvent refoulé, et je ne veux pas savoir par lui ce que je sais par moi-même.

— Si une pareille maladie avait pu s'emparer du cerveau de miss Medora, lui dis-je, il est à croire que cela n'aurait pas survécu à mon départ.

— C'est ce que je me suis dit. Elle a, d'ailleurs, tant monté à cheval avec un de nos cousins qui est arrivé cette semaine, qu'elle doit avoir secoué rudement ses vapeurs. A vous dire vrai, c'est aujourd'hui seulement, depuis cinq jours, que je suis un peu lucide. Il se pourrait que, pendant *mon absence intellectuelle,* Medora fût devenue amoureuse de ce cousin, qui est beau, riche et grand amateur de chevaux et de voyages. Il m'a semblé, ce matin, qu'elle était fort impatiente de sortir avec lui, et que, de son côté, Richard B*** se faisait attendre avec l'impertinence d'un homme aimé.

A la bonne heure, pensai-je ; la crise de Tivoli est oubliée, et il m'est permis de l'oublier aussi. Quoique, jusque-là, j'eusse résisté au désir de lord B*** en refusant d'aller demeurer chez lui, je cédai à ses instances, n'y voyant plus d'inconvénients, et pensant qu'il y en aurait, au contraire, à paraître fuir son hospitalité.

J'employai le reste du voyage à le sermonner sur son désespoir bachique, et à le supplier de renoncer à ce funeste moyen de combattre le dégoût de la vie.

— Aimez-vous donc mieux, disait-il, que je me brûle la cervelle, un jour que le spleen sera trop violent? Cependant il avouait qu'après avoir eu recours à ce *contre-spleen* pendant quelques jours, il retombait dans une tristesse plus profonde et contre laquelle il sentait en lui-même moins de forces pour réagir. Il parut surpris et touché de l'intérêt avec lequel je le prêchais.

— Vous avez donc encore de l'amitié pour moi? me dit-il. Je croyais vous avoir paru si ennuyeux et si nul, que vous quittiez Rome à cause de moi plus encore qu'à cause de Rome. Eh bien, puisque j'ai un ami en ce monde, je tâcherai de ne pas devenir indigne de son estime, et je sens bien que cela m'arriverait si je cédais à la tentation de m'abrutir.

— Il faut faire plus que de tâcher, il faut vouloir.

J'obtins de lui la promesse formelle, et sur l'honneur, qu'il passerait un mois entier sans boire. Je ne pus obtenir davantage.

Nous approchions de Rome, lorsque nous vîmes déboucher devant nous, sur la route, trois cavaliers dans un nuage, non de poussière, il pleuvait toujours, mais de sable liquide soulevé par le pied des chevaux. J'eus quelque peine à reconnaître miss Medora en amazone, mouillée, crottée, jaunie, jusque sur son voile et ses cheveux, par cette bouillie des chemins de traverse où elle semblait clapoter avec délices.

Cela ne l'empêchait pas d'être admirablement belle avec sa figure animée et son attitude impérieuse.

Les Anglaises que je vois ici montent bien à cheval; mais presque toujours elles sont mal arrangées et manquent de grâce. Medora, qui n'est qu'à moitié Anglaise, est admirablement souple et bien posée. Son vêtement de cheval dessinait sa belle taille, et elle maniait sa monture ardente et magnifique avec une *maestria* véritable. Le cousin est un Anglais blond vif, avec beaucoup de barbe et une riche chevelure séparée en deux masses, rigidement égales, par une raie qui va du milieu du front à la nuque. Il est d'une incontestable et splendide beauté, comme lignes et comme ton; mais je ne sais comment il se fait que, pour nos yeux français, la plupart des Anglais, quelque beaux qu'ils puissent être, ont toujours quelque chose de singulier qui tourne au comique; je ne sais quelle gaucherie typique dans la physionomie ou dans l'habillement, qui ne s'efface pas, même après beaucoup d'années passées sur le continent.

Derrière ce beau couple au galop trottaient, avec autant d'agilité que de disgrace, deux laquais de pure race anglaise. Tout cela passa près de nous comme la foudre, sans que la belle Medora daignât tourner la tête de notre côté, bien que *Buffalo*, perché sur le siége et aboyant de tous ses poumons, rendît notre véhicule assez reconnaissable.

Deux heures plus tard, nous étions tous à table dans la triste et immense salle du palais ***. Lord B*** buvait de l'eau; lady Harriet m'accablait de tendres reproches sur ma fuite à Frascati; le cousin mangeait et buvait comme quatre; Medora, richement parée, et belle comme elle sait que je ne l'aime pas, m'avait à peine honoré d'un froid bonjour et parlait anglais à sir Richard B*** avec autant d'affectation que de volubilité. Je n'entends pas l'anglais et je n'en aime pas la musique. Medora s'en est maintes fois aperçue; je vis donc que j'étais au plus bas dans son estime, et cela me mit fort à l'aise.

Après le dessert, les deux Anglais restèrent à table, et je suivis les femmes au salon. Nous y trouvâmes Brumières et plusieurs Anglais des deux sexes, avec lesquels Medora se remit à blaiser et à siffler de plus belle dans la langue de ses pères.

— Eh bien! me dit Brumières, vous avez vu le cousin? Voilà un *Bonington* qui nous fait bien du tort!

— Parlez pour vous; moi, qui ne suis pas sur les rangs, je m'arrange très-bien de la présence du cousin.

— Ah! vous persistez à soupirer pour la petite Frascatane? Je crois, à présent, que j'aurais mieux fait de penser comme vous. Celle-là doit être moins cruelle et moins capricieuse.

Comme nous plaisantions depuis quelques instants sur ce ton, Brumières me menaçant de venir à Frascati me taquiner, et moi affectant la plus superbe indifférence pour toutes les beautés de l'Angleterre et de l'Italie, le nom de Daniella, prononcé par lui un peu trop haut, parvint jusqu'à l'oreille de miss Medora, et je la vis tressaillir comme si elle avait été piquée d'une guêpe. Une minute ne s'était pas écoulée qu'elle était auprès de nous, dans notre coin, daignant se montrer fort aimable, à seules fins de ramener adroitement la conversation sur le compte de la pauvre *stiratrice*. J'éludais de mon mieux ses questions sur l'emploi de mon temps et de mes pensées dans la solitude de Frascati; mais le perfide Brumières, toujours soigneux de me rendre haïssable, eut l'art de seconder la belle Anglaise, si bien que la question me fut carrément posée par elle: Avez-vous revu ma femme de chambre, à Frascati?

Il y avait, dans l'accent dont cela fut dit, tant d'aigreur et de dédain, que j'en sentis la morsure et répondis avec un empressement qui devança celui de Brumières : — Oui, je l'ai revue plusieurs fois, et ce matin encore.

— Pourquoi dites-vous cela d'un ton de triomphe? répliqua-t-elle avec un regard d'insolence foudroyant. Nous savions bien pourquoi vous aviez choisi Frascati pour votre séjour. Mais il n'y a pas tant de quoi vous vanter! Vous succédez à Tartaglia et à beaucoup d'autres du même genre.

Je répondis, avec aigreur, que, si cela était, je trouvais étrange de l'apprendre de la bouche pudique d'une jeune Anglaise ; et la querelle fût devenue encore plus amère sans l'arrivée du cousin Richard, qui, s'approchant de nous, changea forcément le cours de nos paroles. Medora trouva pourtant moyen d'essayer, à mots couverts, de me mortifier encore ; mais j'avais repris assez d'empire sur moi-même pour faire semblant de ne plus comprendre.

Je passai la journée du lendemain à visiter les églises et à regarder l'aspect de la population. Toutes mes impressions se trouvèrent résumées, le jour suivant, à la grande cérémonie du dimanche de Pâques. Je vous parlerai de ce que j'ai vu et de ce que j'ai pensé de tout cela. Maintenant je ne veux pas, je ne peux pas interrompre mon récit.

— Écoutez, me dit lord B*** en revenant à pied de Saint-Pierre par le pont Saint-Ange, j'ai entendu, avant-hier soir, des mots aigres échangés, à propos de la petite Daniella, entre ma nièce et vous. Je vois que vous avez furieusement blessé l'amour-propre de cette reine de beauté en ayant des yeux pour la gentillesse de sa suivante : c'était votre droit; mais, cependant, prenez garde aux conséquences d'une amourette, dans un pays où les étrangers sont regardés comme une proie, et où, d'ailleurs, tout est sujet de spéculation. Cette jeune fille est bonne et charmante ; je la crois honnête, mais non pas désintéressée ; sincère, mais non pas chaste... Je crois qu'elle a eu beaucoup d'amants, bien que je n'aie pas la certitude du fait; mais, enfin, telle que je la juge, je ne voudrais pas qu'elle vous en imposât par ces mensonges que la plupart de ses pareilles soutiennent avec une grande audace.

— Voyons, mylord, répondis-je, hasardant moi-même un mensonge pour m'emparer de la vérité : elle a été votre maîtresse, je le sais.

— Vous vous trompez, répondit-il avec calme. Je n'ai jamais eu cette pensée. Une maîtresse dans la maison de ma femme? Jamais! Fi donc!

— Alors... pour avoir l'opinion qu'elle est de mœurs faciles, il faut que vous ayez des preuves...

— Je vous l'ai dit, je n'en ai pas; mais sa figure est si provocante, elle a si bien l'air d'une fieffée coquette de village ou d'antichambre, que si j'eusse été tenté d'elle, je ne l'aurais jamais prise au sérieux. Nous autres, qui avons beaucoup de domestiques et qui changeons souvent de résidence, nous ne pouvons ni ne voulons surveiller des mœurs dont nous n'endossons pas la responsabilité. Voilà tout ce que j'avais à vous dire.

— Absolument tout?

— Sur l'honneur!

Il était six heures : lady Harriet voulait me garder à dîner pour que je pusse voir ensuite l'illumination de Saint-Pierre. J'avais bien autre chose en tête que des lampions. Je prétendis avoir donné ma parole de dîner avec Brumières, lequel me démentit avec étourderie ou avec malice. Dans les deux cas, je lui en sus mauvais gré et lui témoignai de l'humeur.

— Vous êtes un drôle de corps, me dit-il en *aparte*, comme je lui reprochais sa désobligeance; vous êtes méfiant comme un Italien et mystérieux comme l'amant d'une princesse. Tout cela pour cette petite fille de Frascati! Vous pouviez bien me dire que vous vouliez retourner passer la nuit auprès d'elle, et je vous aurais aidé à vous esquiver. Que diable ! je comprends qu'il y aurait mauvais goût de votre part à laisser pressentir à nos Anglaises une aventure si naturelle ; mais, avec moi, pourquoi vous cacher comme s'il s'agissait d'une madone ?

J'étais blessé, et il me fallait paraître indifférent. Mon rôle était de nier mes relations avec la Daniella, et pourtant j'avais envie de chercher querelle à Brumières pour la façon dont il me parlait d'elle. De quel droit outrageait-il la femme objet de mes désirs ? Quelle que fût cette femme, je sentais le besoin et comme le devoir de la défendre ; mais céder à ce besoin, c'était avouer des droits que je n'avais pas encore.

Ma colère tomba sur Tartaglia, qui me poursuivait dans ma chambre avec sa rengaîne accoutumée sur l'amour de Medora pour moi, et sur l'indignité relative de la petite Frascatane, *cette fille de rien,* qui n'était pas digne d'un *mossiou* comme moi. A mon impatience se mêlait je ne sais quelle sourde fureur devant l'idée humiliante que ce drôle, objet des premières pensées de la Daniella, avait dû abuser de son innocence. Je sentis que je perdais la tête et qu'il s'apercevait de ma ridicule jalousie.

— Allons, allons, *mossiou,* me dit-il en prenant vivement la porte, dont il mit le battant entre lui et moi fort à propos, vous pouvez bien vous passer la fantaisie de cette petite fille, il n'y a pas de mal ; mais il ne faut pas que cela vous empêche de viser plus haut. Vous pensez bien que ce que je vous en dis, ce n'est pas par jalousie, moi ! Je ne prétends plus rien sur la Daniella ; il y a longtemps que...

Il s'enfuit en achevant sa phrase, que le bruit de la porte, refermée en même temps par lui, m'empêcha d'entendre.

Je restai en proie à une agitation que je sentais déraisonnable, et que je ne pouvais cependant pas vaincre.

— Mon Dieu, mon Dieu, me disais-je, suis-je donc amoureux à ce point-là? Amoureux de qui? D'une courtisane de bas étage, peut-être! Peut-être ont-ils tous raison de se moquer de moi! Depuis quand donc un garçon de mon âge, doit-il rougir de sentir ses sens émus par une fille qui a appartenu à cent autres? Et pourquoi ne pas avouer ingénûment que je la désire quand même? Je sais bien qu'il faut savoir gouverner la brutalité de pareilles convoitises, et, en homme du monde, remettre au lendemain, des plaisirs dont on ne peut pas seulement évoquer la pensée devant des femmes honnêtes. Mais pourquoi diable cette Medora, qui s'est si follement jetée dans mes bras, ose-t-elle me parler de mes sens, puisque c'est m'en parler que de nommer cette Daniella?

Et, en songeant ainsi, j'avais quitté le palais, je traversais la foule bruyante rassemblée autour des *frittorie* pavoisées, et j'étais devant Saint-Jean de Latran, sans avoir songé à me précautionner d'un moyen de transport pour Frascati, mais résolu à m'y rendre le soir même, dussé-je faire la route à pied.

J'arrivai à la porte Saint-Jean, me souvenant qu'il y avait par là, hors les murs, des cabarets où j'avais vu des chevaux de louage; mais quand je parlai de me faire conduire à Frascati à huit heures du soir, un cri de surprise et presque d'ironie indignée s'éleva autour de moi.

— Oui, oui, la *malaria* et les brigands! répondis-je en toute hâte, je sais tout cela! mais il y a aussi de l'argent à gagner. Combien me demandez-vous pour me conduire?

— Ah! excellence, à l'heure qu'il est, vous n'auriez pas un cheval et un homme pour quatre écus romains.

— Mais pour cinq?

— Pour cinq, un jour de la semaine, peut-être ; mais aujourd'hui, la fête de Pâques ! Non, non, pas pour six !

— J'allais en offrir sept, quelque chose comme quarante francs. Pour un gueux comme moi, c'est vous dire combien la fantaisie de tenir parole à ma conquête me gouvernait en ce moment-là. Lord B*** offrant 500 livres sterling n'aurait pas été plus prodigue.

Heureusement pour mon humble bourse, je sentis une main toucher furtivement mon coude, et, me retournant, je vis Tartaglia.

— Que faites-vous ici, excellence ? me dit-il en italien. Les chevaux que vous avez demandés sont là. C'est mylord qui vous les envoie, et j'ai ordre de vous accompagner.

Excellent lord B*** ! pensais-je en suivant Tartaglia jusqu'aux chevaux, qui étaient effectivement à dix pas de là, tenus par un mendiant ; il me blâme, et pourtant il se prête à mon indomptable caprice !

M'élancer sur le magnifique cheval anglais qui piaffait, impatient de dévorer l'espace, fut pour moi l'affaire d'un instant. Je ne me demandai même pas s'il ne me casserait pas le cou, car je suis le plus ignorant des écuyers, et il y a bien quatre ans que je n'ai enfourché une monture quelconque ; mais j'ai monté sans selle et sans bride tant de poulains farouches dans les prairies où j'ai passé mon enfance, que j'ai l'instinct nécessaire pour rester solide sans faire de maladresse qui exaspère l'animal le plus irritable t le plus chatouilleux. Les choses se passèrent donc très-bien, et quand j'eus fait une lieue au grand trot pour satisfaire la première ardeur de mon cheval, je sentis que j'en étais maître et que je pourrais, à mon gré, ralentir son allure.

Je me retournai alors vers Tartaglia, qui montait aussi une magnifique bête, et qui, cavalier à ma manière, se tenait victorieusement en selle, malgré ses jambes courtes et l'énorme manteau dont il s'était affublé.

—Ah çà, lui dis-je, tu as été assez loin. Il n'est pas nécessaire que tu t'exposes, pour moi, à la fièvre et aux bandits. Retourne au palais, et dis à lord B*** que je n'ai pas besoin de toi. Demain, je lui ramènerai son cheval.

—Non pas, non pas, *mossiou!* je ne vous quitterai pas. Je ne crains pas la fièvre avec ce bon manteau, et, quant aux bandits, que voulez-vous qu'ils fassent à un pauvre homme qui n'a pas dix baïoques dans sa poche?

—Mais ce bon manteau pourrait les tenter, d'autant plus que tu l'étales avec une majesté...

— Croyez-moi, excellence, avec des chevaux qui courent comme ceux-ci, on ne craint guère les voleurs. Tout ce que je vous demande, c'est de ne pas être fier, et de jouer des talons si nous faisons quelque mauvaise rencontre.

—Daniella, je te le promets! m'écriai-je intérieurement. Puis, je ne pus résister au désir de savoir comment les choses s'étaient passées au palais ***, pour que lord B*** eût deviné que je m'échappais encore une fois, et, malgré ma répugnance à causer avec Tartaglia, je l'interrogeai; mais il éluda mes questions.

—Non, non, *mossiou,* répondit-il, pas à présent. Je vous dirai tout ce que vous voudrez, quand nous verrons les premières maisons de Frascati; mais, croyez-moi, *c'est moi que je vous dis* qu'il ne fait pas bon aller au pas et causer dans la Campagne de Rome quand le jour est fini. Marchons, et si vous voyez du monde sur le chemin, ne vous gênez pas pour prendre un joli petit galop.

J'insistai pour le renvoyer :

—C'est impossible, reprit-il, ne parlez pas de cela. Mylord me mettrait à la porte si je lui manquais de parole.

Nous reprîmes donc le trot. La journée avait été magnifique et le ciel était clair. Nous avions dépassé *Tor di mezza via,* grande tour isolée au milieu des champs, qui marque la moitié du chemin entre Rome et Frascati, lorsque Tartaglia, qui avait jusque-là trotté respectueusement derrière moi, me dépassa au galop, en me criant de ne pas le suivre de trop près, mais de maintenir mon allure.

Ceci me donna à penser qu'il avait accointance avec quelques rôdeurs de nuit, et qu'il avait été averti de leur présence par un signe insaisissable à ma vue ou à mon oreille. Je ne doutai plus du fait lorsque, l'ayant rejoint au trot, je le vis remonter précipitamment sur son cheval et prendre congé d'un groupe d'hommes, parmi lesquels j'en remarquai un de haute taille, qu'il ne me sembla pas voir pour la première fois, et qui parut éviter mes regards en se tournant vers le fossé de la route. Les autres avaient l'air misérable de tous les gens du pays.

— Coquin, dis-je à Tartaglia, quand nous les eûmes dépassés, tu as tes raisons, je crois, pour ne pas craindre les bandits.

—*Mossiou! mossiou!* fit-il en mettant le doigt sur ses lèvres, ne parlez pas de ce que vous ne savez pas! Il y a de mauvaises gens dans la Campagne de Rome; mais il y en a aussi d'honnêtes, et il est bon d'avoir un ami comme moi, qui sais comment il faut parler aux uns et aux autres.

— Puis-je te demander, au moins, si ceux, dont tu prétends me préserver en ce moment sont de mauvais ou d'honnêtes bandits?

— Vous demandez ce qu'il ne vous servirait à rien de savoir, et je ne prétends rien, puisque je ne vous demande rien ni pour eux ni pour moi. Marchons, marchons, je vous prie : je ne crains que les surprises.

Nous arrivâmes sans encombre au pied de la montagne.

Je voulus mettre mon cheval au pas pour le ménager. Tartaglia s'y opposa énergiquement.

— Eh! *mossiou,* vous n'y songez pas! La nuit est tout à fait tombée, et c'est ici le plus mauvais endroit, à cause de la montée. Tenez, voilà une fontaine où bien des gens sont restés pour avoir voulu y faire boire leurs chevaux; et là, tout le long de ce petit mur, est-ce que vous n'avez pas remarqué, dans le jour, les têtes de mort et les ossements en croix, qui parlent assez clairement?

Enfin nous arrivâmes à la porte de la ville, et Tartaglia consentit à me parler de lord B***.

— Voyons, *mossiou,* dit-il, ne vous fâchez pas! Lord B*** ne sait probablement pas que vous êtes à Frascati. Il s'imagine que vous courez la ville de Rome pour voir les illuminations. Et tenez, nous voici sur une hauteur d'où vous pouvez juger de la beauté du spectacle que vous avez perdu. Retournez-vous, et arrêtez-vous un moment.

Je m'arrêtai. Le spectacle était splendide. Rome brillait dans la nuit comme une pléiade d'étoiles. Dix heures sonnaient à la cathédrale de Frascati.

— Attention! s'écria Tartaglia enthousiasmé: regardez bien le dôme de Saint-Pierre; le *changement* va se faire! Ah! l'horloge de Frascati avance d'une minute... de deux... Attendez! voilà! Est-ce beau?

En effet, toutes les lumières qui, à cette distance de treize milles, éclataient de blancheur, changèrent subitement de ton et devinrent d'un rouge étincelant. L'énorme fanal placé au sommet du dôme rayonnait dans une brume couleur d'incendie. Les Romains sont très-friands de ce coup d'œil. Cinq cents ouvriers sont employés, ce jour-là, à le leur procurer; et quand le *changement* n'est pas général et instantané sur tous les points de l'immense édifice, basilique, dôme, colonnades et fontaines, la population siffle à ou-

trance les machinistes. Aussi ces derniers y mettent-ils tout leur amour-propre, et Tartaglia s'écria philosophiquement:
— A l'heure qu'il est, cinq ou six de ces pauvres diables dégringolent de là-haut, pour s'être pressés comme il convenait, car le *changement* me paraît très-bien réussi, et le public doit être content. Bah! il n'y a point de beau *changement* sans cela! Le dôme est si dangereux!

— A présent, j'ai assez vu les lampions. Dis-moi comment il se fait que je sois ici sur le cheval de lord B***, sans que lord B*** me l'ait envoyé?

— C'est que vous n'êtes point sur le cheval de lord B***, mais bien sur celui de la Medora. Quant à moi, j'ai choisi le mien parmi ceux des domestiques. J'ai pris celui dont je savais l'allure douce et les jambes sûres.

Pendant quelques instants, Tartaglia me laissa croire que Medora l'avait envoyé courir après moi avec ces chevaux. Enfin, quand j'eus mis pied à terre, il m'avoua la vérité :

— *C'est moi que j'ai pris sur moi,* dit-il, de seller ces chevaux et de leur mettre, aller et retour, une petite douzaine de lieues dans les jarrets. Bah! de si bonnes jambes! ajouta, en riant, l'effronté bohémien. Miss Medora trouvera peut-être que son *Otello* a un peu moins d'ardeur que de coutume; elle fera un peu moins de folies, voilà tout! D'ailleurs, il pleuvra, le temps se brouille : Miss ne sortira pas, et *Otello* se reposera. Allons, *mossiou*, ne soyez pas fâché. J'ai tout fait pour le mieux : quand j'ai vu qu'au lieu de vous calmer, je vous rendais plus volontaire, et que vous preniez votre portemanteau pour sortir du palais sans rien dire à personne, je me suis dit, moi : Ce pauvre garçon ne va pas trouver de voiture, et s'il en trouve une, ce sera pire que d'aller à pied; il sera arrêté sur le chemin; il est fou, il voudra se défendre; on me le tuera.

— Mais quel diable d'intérêt prends-tu à moi? lui criai-je en lui jetant vingt francs qu'il refusa obstinément.

— Je prends intérêt au futur mari de la Medora, répondit-il, au futur héritier de lady B***; car, voyez-vous, *c'est moi que je vous le dis,* vous serez ce mari et cet héritier. Pour le moment, vous êtes coiffé de cette brunette de Frascati; mais, avant huit jours, vous en serez las, et vous reviendrez à Rome. La signorina n'aime pas son cousin Richard. Elle l'aime d'autant moins qu'elle fait son possible pour l'aimer; mais il est sot, et elle s'en aperçoit bien. Bonsoir, excellence; gardez votre argent; vous êtes généreux, je le sais : c'est pour cela que j'attends, pour accepter, que vous soyez riche. En faisant votre fortune, je fais la mienne.

En parlant ainsi, il sauta à cheval et prit Otello par la bride. Je voulais qu'il entrât dans la ville pour laisser reposer ces deux braves bêtes.

— Non, non, dit-il, les domestiques courent les rues de Rome, cette nuit; ils m'ont confié le soin des écuries; mais, au point du jour, ils y donneront un coup d'œil, et il faut que ces deux bêtes-ci soient séchées et pansées, pour qu'ils ne se doutent de rien.

Il partit au galop, et je me mis à gravir la via Piccolomini, un peu honteux de penser que le cheval favori de Medora m'avait porté à ce rendez-vous, cause indubitable de son éternel mépris. Je voyais aussi se réaliser la prédiction de Brumières relativement à Tartaglia : « En quelque lieu et à quelque heure que ce soit, vous le verrez apparaître au moment où ses services vous seront indispensables, et il saura être l'homme nécessaire dans vos plaisirs ou dans vos dangers. »

Pendant que je faisais ces réflexions, la grille ne s'ouvrait pas; et la cloche placée en dehors de la maison fait un tel bruit que je n'osais la secouer trop fort. *Elle* est là, sans doute, me disais-je. C'est elle qui va m'ouvrir furtivement la porte.

XXV

9 avril.

Comme j'étais là, attendant avec le plus de patience possible, il m'arriva une aventure énigmatique dont je n'ai pas encore, dont je n'aurai peut-être jamais le mot. Un moine sortait de la via Piccolomini, c'est-à-dire de l'extrémité de la ville, et semblait se diriger vers la villa Falconieri, un de ces petits chemins enfoncés qui circulent entre les parcs et qui portent le nom de celui auquel ils aboutissent. Cet homme passa si près de moi, que je pensai qu'il ne me voyait pas, et que je fis un mouvement pour n'en être pas heurté; mais il me voyait, et, en m'effleurant, il me mit rapidement dans la main un objet qui me parut être une petite plaque de métal carré; puis aussitôt, sans attendre la moindre question, il s'enfonça dans le chemin creux et disparut. Ce n'était pas le capucin oncle de la Daniella; c'était un grand moine noir et blanc, qui me rappela celui que j'avais rencontré dans les ruines du théâtre de Tusculum, et qui m'avait semblé vouloir éviter mes regards. Pourtant celui-ci me parut beaucoup plus mince.

Je m'assurai que l'objet mystérieux était une tablette de fer battu de la grandeur d'une carte de visite et percée de plusieurs trous incompréhensibles au toucher. Je me demandai si c'était quelque symbole de dévotion distribué aux passants, ou un avis quelconque donné par Daniella. Mais comment et pourquoi ce moine serait-il intervenu dans une histoire d'amour ?

Averti pourtant comme je l'avais été par Brumières et par lord B*** que, dans ce pays-ci, il faut s'attendre aux choses les plus surprenantes, je crus devoir ne pas m'obstiner à secouer la cloche de Piccolomini, et je m'enfonçai, à mon tour, dans la villa Falconieri, sans dessein d'y suivre les traces du moine, mais de manière à dérouter les espions, si espions il y avait, en me perdant dans l'obscurité.

Quand j'eus atteint un endroit complétement ombragé par les grands arbres des deux parcs limitrophes, je me hasardai à frotter une allumette comme pour allumer mon cigare, mais, en effet, pour constater que j'étais bien seul, et pour regarder le talisman du moine. Ce ne peut être qu'un talisman, en effet, mais à quelle religion il peut appartenir, voilà ce qu'il m'est impossible de présumer. Les jours percés dans le métal n'ont aucune signification que je sois capable de traduire. Après les avoir bien examinés, je mis, à tout événement, l'amulette dans ma poche, et, poursuivant mon chemin, je pénétrai dans l'enclos de Piccolomini par un des talus qui bordent le plant d'oliviers, au-delà de la petite porte qui fait face à la grille de la villa Falconieri. La nuit était chaude et sombre, et de Frascati partaient mille bruits joyeux qui étaient une nouveauté pour mon oreille. Pendant le carême, et pendant la semaine sainte surtout, sauf la voix des cloches et des horloges, c'est un silence de mort. Quiconque ferait entendre le son d'un instrument ou d'une chanson indiquant la pensée de boire ou de danser, risquerait de *cadere in pena*, c'est-à-dire de subir l'amende ou la prison. Aussi, dès le jour de Pâques, tout ressuscite, tout chante, tout crie, tout danse dans les États du pape. Les cabarets sont rouverts, les lumières brillent, tout hangar devient salle de bal, et on s'étonne de voir ce pauvre peuple condamné, de par le sbire et le geôlier, à une austérité toujours abrutissante quand elle n'est pas volontaire, reprendre, avec tant d'énergie et de naïveté, sa gaieté d'oiseau, ses gambades et ses cris d'enfant en récréation.

Quand je fus dans le palais, je reconnus que j'aurais eu beau sonner. Il était complétement désert, et je sentis quelque dépit de voir que ma résolution désespérée d'arriver là à l'heure dite n'aboutissait qu'à une déception. J'attendis en vain un quart d'heure; puis, l'impatience et l'humeur me gagnant, je pris le parti de ressortir pour aller voir la physionomie de Frascati en fête, et probablement la Daniella en danse, oubliant le rendez-vous qu'elle m'avait donné; mais je fis en vain le tour de la ville et du faubourg, jetant un regard furtif sur toutes les guinguettes, je n'aperçus que la Mariuccia, qui prenait grand plaisir à voir sauter les jeunes filles, et qui ne fit pas la moindre attention à moi.

Je rentrai, en proie à une véritable colère, une mauvaise et honteuse colère, en vérité, et je trouvai la Daniella, dans ma chambre, à genoux contre un fauteuil et disant sa prière, qu'elle n'interrompit nullement en me voyant entrer; ce qui me donna le temps de me repentir, de me calmer, et enfin de m'émerveiller du sang-froid héroïque avec lequel cette étrange fille, murmurant un reste de patenôtres et se signant dévotement, alla retirer la clef de ma porte et pousser le verrou.

Alors seulement elle me regarda, et pâlit tout à coup.

— Qu'est-ce que vous avez? me dit-elle; vous m'examinez d'un air moqueur et froid!

— Et vous, qui ne me regardez pas du tout depuis cinq minutes que je suis là, vous que j'attends et que je cherche depuis une grande heure...

— Ah! c'est là ce qui vous a fâché? Vous croyez donc

que c'est une chose bien facile pour moi de me trouver ici à l'heure qu'il est, quand mon frère est à Frascati et quand tout Frascati est debout? Allons, sachez comment j'ai pu arranger les choses sans que ma tante se doutât de rien, car il ne faut pas vous imaginer qu'elle m'approuverait de venir vous trouver sans avoir exigé de vous une promesse de fidélité. Je suis censée passer cette nuit à la villa Taverna-Borghèse, à un quart de lieue d'ici, dans les jardins. Je me suis engagée à y travailler pendant un mois, et, sous prétexte que la course est longue quand il pleut, j'ai demandé à la femme de charge Olivia de me loger pour tout ce temps. C'est une affaire arrangée. Cette femme-là est de mes amies; elle m'a donné une chambre placée de manière à ce que je puisse sortir et rentrer sans que les autres gardiens du palais Taverna s'en aperçoivent. Ainsi, je suis partie, ce soir, avec elle, en présence de mon frère et de ma tante, et j'ai attendu le moment de pouvoir me glisser de Villa-Taverna dans la villa Falconieri, et de la villa Falconieri jusqu'ici, tout cela par les petits sentiers que je connais, et me voilà.

Ce dernier mot *me voilà*, fut dit avec un charme inexprimable. Il y avait, dans la belle voix et dans le beau regard de cette fille, je ne sais quelle candeur angélique dont j'aurais dû être frappé, mais dont je subis l'entraînement sans réflexion. Je la pris dans mes bras, et tout aussitôt je m'arrêtai, étonné et inquiet : mes lèvres avaient senti de grosses larmes sur ses joues.

— Qu'est-ce donc, *Daniella mia?* lui dis-je. Est-ce à regret que tu te livres à mon amour?

— Tais-toi, dit-elle; ne mens pas! Tu n'as pas d'amour pour moi!

Ce reproche m'irrita.

— Eh! mon Dieu! allons-nous recommencer à dire des subtilités et à faire des conditions?...

— Des conditions !... M'avez-vous promis seulement deux jours d'attachement? Et pourtant, je suis là !

— Tu es là tout en larmes, c'est comme si tu n'y étais pas; car je te jure que je ne veux rien devoir à une résolution que tu regrettes. Si je te déplais, ou si tu te repens de ta confiance, va-t'en donc !

— Non, je suis venue et je reste; car je vous aime, moi ! C'est la seule chose dont je sois sûre. Et, là-dessus, elle cacha sa figure dans ses mains, et pleura avec tant d'effusion que mes premiers transports firent place à de secrètes angoisses.

— Voyons, Daniella, repris-je, si vous êtes une fille sérieuse et passionnée, quittons-nous; car je suis un homme d'honneur, et je ne peux ni rester dans votre pays ni vous emmener dans le mien; et si vous êtes encore pure, comme vous avez voulu me le faire entendre, sortez, sortez ! Je ne veux pas vous séduire et me créer un devoir au-dessus de mes forces. Je suis pauvre et ne peux vivre honorablement que dans une situation indépendante, je vous l'ai dit. Adieu donc. Allons, partez, pendant que j'ai encore le courage de le vouloir.

— Vous vous feriez donc un grand crime de séduire une fille dont vous seriez le premier amant?

— Oui, si elle avait, comme vos larmes me le font croire, la conscience de son sacrifice. Or, je ne veux pas accepter de sacrifice, n'en pouvant offrir aucun en échange.

— Vous dites cela bien sérieusement?

— Je vous le dis sur mon honneur.

— Rien en échange ! répéta-t-elle en se dirigeant vers la porte. Pas un jour, pas une heure de fidélité, peut-être !

Elle ouvrit la porte et sortit lentement, comme pour me donner le temps de la rappeler; mais j'eus la force de n'en rien faire, car je m'étais senti, et je me sentais encore si étrangement ému, que je me voyais perdu, dominé à jamais, si j'acceptais le plaisir d'une nuit à titre d'immolation de toute une vie de chasteté.

Quelques instants de silence me firent croire qu'elle était partie, en effet. J'avais les nerfs si excités, la tête si malade, que je sentis des larmes de dépit ou de regret couler aussi sur mon visage. J'en fus indigné contre moi-même; je me trouvais absurde et stupide. Je pris mon chapeau et j'allais sortir.

— Où allez-vous? me dit-elle impétueusement en me barrant le passage dans le grenier qui précède ma chambre.

— Je vas courir les guinguettes de Frascati, et comme, tout à l'heure, j'ai vu là beaucoup de jolies figures très-agaçantes, j'espère rencontrer facilement une conquête à qui je ne ferai pas verser de pleurs.

— Ainsi, reprit-elle, voilà tout ce que vous voulez? Une nuit d'amour sans lendemain?

— Sans lendemain, je n'en sais rien; mais sans conditions et sans regrets, à coup sûr, voilà tout ce que je veux!

— Allez! dit-elle, je ne vous retiens pas!

Et elle s'assit sur la première marche de l'escalier, lequel est si étroit dans ce taudis, que, pour le descendre, il me fallait la repousser de propos délibéré et l'obliger à me faire place. Elle ne pleurait plus, elle avait la voix sèche et l'attitude dédaigneuse.

— Daniella, lui dis-je en la relevant, à quel jeu puéril et douloureux perdons-nous des heures qui nous sont comptées et qui ne reviendront peut-être plus? S'il est vrai que vous m'aimiez, pourquoi ne pas prendre l'amour que je peux vous donner et qu'il dépend de vous de rendre d'un poids si léger dans votre vie? Soyez sincère si vous êtes folle, et soyez forte si vous êtes sage. Partez ou restez; mais ne me faites pas souffrir et divaguer plus longtemps.

— Tu as raison, me cria-t-elle en me jetant ses bras autour du cou. Il vaut mieux être sincère. Eh bien, oui, je suis une folle, et mes sens me gouvernent!

— A la bonne heure! J'en remercie ma bonne destinée. Donc, je ne suis pas ton premier amour?

— Non, non! je mentais! Ne te reproche rien, et aime-moi comme je suis, comme tu peux, n'importe comment! Mais silence! Éteins cette bougie, j'entends la Mariuccia qui rentre. Elle va venir voir si tu es rentré aussi; fais semblant d'être endormi; ne bouge pas; si elle parle, ne réponds pas.

Quand le jour parut, je n'étais plus dans les bras de Daniella, j'étais à ses pieds. Ah! mon ami, je pleurais comme un enfant, et ce n'était plus de dépit, ce n'était plus de crispation nerveuse, c'était des larmes du fond de mon cœur, des larmes de reconnaissance et de repentir surtout. Chère et charmante jeune fille! Elle m'avait trompé; elle avait voulu être à moi à tout prix, méconnue, calomniée, avilie par ma méfiance, par ma passion égoïste et brutale. Et j'étais châtié comme j'avais craint de l'être : une fille pure avait assouvi ma soif de voluptés, et j'avais été le possesseur inepte et indigne d'un trésor d'amour et de candeur!

— Oh! pardonne-moi, pardonne-moi! lui disais-je. Je t'ai désirée comme on désire une chose de peu de prix; j'ai rougi en moi-même du sentiment qui me poussait vers toi; je l'ai combattu, je l'ai souillé tant que j'ai pu dans ma pensée. J'ai fait comme les enfants qui ne voient que l'éclat des fleurs, et qui les brisent sans se douter de leur parfum. J'ai été indigne de mon bonheur, de ton dévouement, de ton sacrifice, et me voilà à tes pieds, rougissant de moi, car tu méritais des hommages, des prières, de longues aspirations, et j'ai profané l'amour pur que je te devais avant de te posséder; mais va, je réparerai mon crime; je t'aimerai aujourd'hui comme j'aurais dû t'aimer hier, et je serai ton adorateur, ton cavalier servant, ton esclave aussi longtemps que tu le voudras, avant de redevenir ton amant. Commande-moi ce que tu veux, éprouve-moi, punis-moi, venge ta fierté outragée ; car je t'aime, oh ! oui, je t'aime, à présent, mille fois plus que tu ne peux et ne dois m'aimer !

Et puis, je tombais dans le silence et dans une enivrante rêverie, en contemplant cette créature si séduisante et si naïve, si coquette et si chaste, si impétueuse et si humble, assez fière pour avoir pleuré en se livrant, assez dévouée et assez passionnée pour s'être livrée quand même. Une vierge sage calomniant sa pureté, éteignant sa lampe comme une vierge folle, pour rassurer la mauvaise et lâche conscience de celui qu'elle aime et qui la méconnaît ! Mais c'est le monde renversé, pensai-je ; c'est un bonheur invraisemblable qui m'arrive ; c'est un rêve que je fais ! Et je pressais ses genoux contre ma poitrine soulagée et purifiée. Je me prosternais devant elle ; je me donnais corps et âme. J'offrais mon cœur sans réserve et ma vie pour toujours. J'étais exalté, j'étais fou ; et, à l'heure où je vous écris, je le suis encore. Bien que seul dans des ruines, depuis cinq ou six heures, j'éprouve toujours la même ivresse et je ne sais quelle joie intérieure, mêlée de repentir et d'attendrissement qui est, certainement, ce que j'ai ressenti de plus énergique et en même temps de plus doux, depuis que j'existe.

O Daniella, Daniella ! devrais-je dire que ceci est une folie ? Devrais-je dire que j'ai existé avant aujourd'hui ? Non, certes, car j'aime pour la première fois, et je sens que, dussé-je payer ce jour-là de ma vie, ou, ce qui est pire, des souffrances d'une longue vie, je remercierais Dieu avec enthousiasme de me l'avoir donné ! Oh ! vivre de toute la puissance de son être ! se sentir inondé de voluptés, esprit et matière; ne plus compter pour rien ces misérables préoccupations, ces montagnes et ces abîmes de *si* et de *mais* qui se dressent et se creusent autour des plus vulgaires existences, pour les tourmenter bêtement de rêves sinistres et vains! se sentir fort, à soulever le monde sur son épaule; calme, à défier la chute des étoiles; ardent, à escalader le ciel! tendre comme une mère et faible comme une femme; ému comme une eau qui frissonne au moindre souffle, jaloux comme un tigre, confiant comme un petit enfant, orgueilleux devant tout ce qui est, humble devant le seul être qui compte désormais pour quelque chose; agité de transports inconnus, apaisé par une langueur délicieuse... et tout cela à la fois! toutes les situations, toutes les sensations, toutes les forces morales et physiques se révélant avec une intensité, une clarté et une plénitude suprêmes!

C'est donc là l'amour! Ah! j'avais bien raison d'y aspirer comme au souverain bien, dans mes premières heures de jeunesse! Mais que j'étais loin de savoir ce qu'un pareil sentiment, quand il se révèle tout entier, renferme de joies et de puissance! Il me semble que, d'aujourd'hui, je suis un homme. Hier, je n'étais qu'un fantôme. Un voile est tombé de devant mes yeux. Toutes choses m'apparaissaient troubles et fantasques. J'attribuais à la solitude et à la liberté une valeur qu'elles n'ont pas. J'avais, de mon repos, de mon indépendance, de mon avenir, des convenances de ma situation, de mon petit bien-être intellectuel, de ma raison vaine et vulgaire, un soin ridicule. Je voyais faux. C'est tout simple : j'étais seul dans la vie! Quiconque est seul est fou, et cette sagesse qui se préserve et se défend de la vie complète est un véritable état d'aliénation.

Mais vivre à deux, sentir qu'il y a sous le ciel un être qui vous préfère à lui-même et qui vous force à lui rendre tout ce qu'il se retire pour vous le donner; sortir absolument de ce triste *moi* pour vivre dans une autre âme, pour s'isoler avec elle de tout ce qui n'est pas l'amour, mon Dieu! quelle étrange et mystérieuse félicité!

Et pourquoi est-ce ainsi? Autre mystère! Pourquoi cette femme, et non pas toute autre plus belle peut-être et meilleure, ou plus éprise encore? La raison, la fausse raison d'hier s'efforcerait vainement de rabaisser mon choix et de me montrer l'image d'une maîtresse plus désirable. La raison souveraine d'aujourd'hui, cette extase, cette vision du vrai absolu répondrait victorieusement que la seule maîtresse qu'on puisse désirer est celle qu'on a, et que la seule femme qu'on puisse adorer est celle qui vous a jeté dans l'état surnaturel où me voici.

Oui, je me sens, en ce moment, au-dessus de la nature humaine; c'est-à-dire hors de moi, et plus grand, et plus fort, et plus jeune que moi-même. Je m'estime plus que je ne croyais pouvoir m'estimer jamais; car mes préjugés et mes méfiances, mon aveuglement et mon ingratitude ne me semblent plus venir de moi, mais d'un rôle que j'étais forcé de jouer dans la comédie sociale. J'ai dépouillé ce costume d'emprunt; j'ai oublié ces paroles de routine et ces raisonnements de commande. Je me trouve tel que Dieu m'a fait. L'amour primordial, la principale effluve de la divinité, s'est répandu dans l'air que je respire; ma poitrine s'en est remplie. C'est comme un fluide nouveau qui me pénètre et me vivifie. Le temps, l'espace, les besoins, les usages, les dangers, les ennuis, l'opinion, tous ces liens où je me débattais sans pouvoir faire un pas, sont maintenant des notions erronées, des songes qui fuient dans le vide. Je suis éveillé, je ne rêve plus; j'aime et je suis aimé. Je vis! je vis dans cette région que je prenais pour un idéal nuageux, pour une création de ma fantaisie, et que je touche, respire et possède comme une réalité! Je vis par tous mes organes, et surtout par ce sixième sens qui résume et dépasse tous les autres, ce sens intellectuel qui voit, entend et comprend un ordre de choses immuable, qui coopère sciemment à l'œuvre sans fin et sans limites de la vie supérieure, de la vie en Dieu !

Ah ! le positivisme, le convenu, le prouvé, le prétendu réalisme de la vie humaine dans la société ! Quel entassement de sophismes qui, à notre réveil dans la vie éternelle, nous paraîtront risibles et bizarres, si nous daignons alors nous en souvenir ! Mais j'espère que cette mémoire sera confuse, car elle nous pèserait comme un flux de divagations notées pendant la fièvre. J'espère que les seuls jours, les seules heures de cette courte et trompeuse existence dont il nous sera possible de nous souvenir, seront les jours et les heures où nous aurons ressenti l'extase de l'amour dans tout son rayonnement divin ! O mon Dieu ! je vous demande de me laisser, dans l'éternité, le souvenir de l'heure où je suis !

XXVI

Villa Mondragone, 10 avril.

Je reviens vous écrire aujourd'hui dans la même solitude où j'ai passé la journée d'hier à vous raconter l'événement de ma vie, la transformation de mon être. Seulement, hier il faisait un temps affreux, et je vous écrivais assis sur des décombres, dans une des salles désertes et délabrées de ce noble manoir. Aujourd'hui, je suis en plein air, par un temps délicieux, dans un jardin abandonné, où de magnifiques asphodèles croissent librement sur les margelles disjointes des bassins taris et ensablés. Je suis encore plus heureux qu'hier, bien qu'hier cela ne me parût pas possible, bien que je n'eusse pas conscience, et cela pour la première fois de ma vie, de l'absence du soleil. Je ne m'en suis aperçu qu'en revenant à Frascati, en voyant l'herbe mouillée et le ciel noir. Ah! qu'est-ce que cela me fait, à présent, qu'il y ait de la lumière et de la chaleur sur la terre? J'ai mon soleil dans l'âme, mon foyer de vie est dans l'amour qui brûle en moi.

Ne soyons pas ingrat pourtant : le soleil de là-haut est un bel éclairage pour le splendide décor qui m'environne, et je vais chérir exclusivement cet endroit-ci, parce que je suis aussi près d'*elle* que possible. Je rêve à trouver le moyen de m'y établir le jour et la nuit. Comment cela se pourra-t-il? Je ne sais. C'est, comme je vous l'ai dit, une ruine abandonnée; mais il faudra réussir à m'y faire un nid.

C'est que, voyez-vous, la villa Taverna et la villa Mondragone sont situées dans le même parc. Toutes deux appartiennent à une princesse Borghèse qui ne songe pas à en faire deux lots séparés. De la villa Taverna, belle maison de plaisance à mi-côte, on suit un *stradone,* c'est-à-dire une vaste allée couverte d'arbres séculaires, si longue et si rapide, qu'il ne faut pas moins de vingt minutes pour la monter. Enfin, tout en haut et tout à coup, en tournant dans des bosquets sur la gauche, on se trouve devant une masse de constructions incompréhensibles: c'est Mondragone, villa immense et pleine de caractère, bien qu'elle n'ait rien d'imposant. Le style italien des derniers temps de la Renaissance est toujours petit de proportion, quelle que soit sa dimension réelle, et l'œil s'y trompe absolument au premier aspect.

C'est dans cette vaste résidence déserte que je peux pénétrer et m'enfermer, sous prétexte de faire des études de dessin. La femme de charge de la villa Taverna, cette Olivia, amie de ma Daniella, qui me connaît déjà depuis quelques jours, me confie une clef qui ne pèse guère moins d'un kilo, et que je dois rapporter à six heures. Cela me permet d'échanger deux fois par jour, en passant à Taverna, quelques regards avec Daniella, qui, dans une salle basse des communs, travaille à une formidable lessive ; mais j'ai tant de respect pour elle, à présent, qu'afin de ne pas l'exposer aux plaisanteries des gens de la maison, je fais semblant de ne pas la connaître. La nuit elle se glisse furtivement dans les sentiers couverts et vient me trouver à Piccolomini ; mais il lui faut traverser Falconieri, où elle risque de rencontrer des gardiens mal disposés, ou bien descendre de Taverna à Frascati, et se faire voir aux gens du faubourg. En outre, nous ne pourrons plus tromper longtemps la Mariuccia. C'est par miracle que, depuis deux nuits, nous échappons à sa clairvoyance, et nous ne savons pas encore si, au point où nous en sommes, elle nous sera favorable.

Ici, dans cette résidence déserte, entourée de grandes constructions dont le faîte s'écroule, mais dont toutes les issues extérieures sont bien closes, je pourrais voir ma chère compagne à toute heure si j'avais un logement quelconque, et je me suis mis aujourd'hui à tout explorer dans le plus grand détail. Il me semble que quelque bonne idée va me venir en vous faisant part de mes découvertes.

Imaginez-vous un château qui a trois cent soixante-quatorze fenêtres[1], un château compliqué comme ceux d'Anne Radcliffe, un monde d'énigmes à débrouiller, un enchaîne-

---

[1] Nombre qui, dans l'architecture de cette époque, représente une étendue immense de constructions.

ment de surprises, un rêve de Piranèse ; mais d'abord il faut que je vous fasse succinctement l'historique de la villa Mondragone, pour que vous compreniez quelque chose à ce mélange d'abandon misérable et de luxe princier où je cherche un gîte.

Ce palais fut bâti par Grégoire XIII, au seizième siècle. On y entre par un vaste corps de logis, sorte de caserne destinée à la suite armée du pontife. Lorsque, plus tard, le pape Paul V en fit une simple *villégiature,* il relia un des côtés de ce corps de garde au palais par une longue galerie de plainpied avec la cour intérieure, dont les arcades élégantes s'ouvrent, au couchant, sur un escarpement assez considérable, et laissent aujourd'hui passer le vent et la pluie. Les voûtes suintent, la fresque est devenue une croûte de stalactites bigarrées ; des ronces et des orties poussent dans le pavé disjoint ; les deux étages superposés au-dessus de cette galerie s'écroulent tranquillement. Il n'y a plus de toiture ; les entablements du dernier étage se penchent et s'affaissent aux risques et périls des passants, quand passants il y a, autour de cette thébaïde.

Cependant, la villa Mondragone, restée dans la famille Borghèse, à laquelle appartenait Paul V, était encore une demeure splendide, il y a une cinquantaine d'années, et elle revêt aujourd'hui un caractère de désolation riante, tout à fait particulier à ces ruines prématurées. C'est durant nos guerres d'Italie, au commencement du siècle, que les Autrichiens l'ont ravagée, bombardée et pillée. Il en est résulté ce qui arrive toujours en ce pays-ci après une secousse politique : le dégoût et l'abandon. Pourtant la majeure partie du corps de logis principal, la *parte media,* est assez saine pour qu'en supprimant les dépendances inutiles, on puisse encore trouver de quoi restaurer une délicieuse *villégiature.* C'est le parti que voulait prendre et que prendra peut-être la princesse propriétaire actuelle. Des réparations avaient même été entreprises sur un pied de luxe qui peint très-bien l'esprit local. On a commencé par l'inutile, comme toujours. Sans se préoccuper de la couverture à jour, ni des brèches faites par le canon aux étages supérieurs, on a fait des parquets, des peintures et des volets richement montés aux premiers étages. Ces volets, par parenthèse, m'ont frappé comme une chose charmante que je n'ai encore vue nulle part. Ils sont d'un bois résineux veiné de rouge vif qui laisse passer l'éclat du soleil au travers. Cela remplit l'appartement d'un ton rose très-gai. J'ai pu en juger, cette partie du local n'étant pas si bien fermée, qu'en cherchant un peu je n'aie trouvé moyen d'y pénétrer.

Au-dessus, s'étendent des salles magnifiques encombrées de poutres et de décombres, et, un détail bien caractéristique, c'est une sorte de boudoir ou chapelle dont le plafond est fraîchement peint, et assez joliment peint par un artiste indigène, dans le goût traditionnel du pays. Ce sont des personnages tout roses nageant dans un ciel bleu turquin, d'un propre et d'un gracieux à donner des idées de bal; mais, dans le mur latéral, une grande fente que l'on n'a pas encore songé à fermer, bien qu'elle menace d'emporter un pan de l'édifice, sert de passage à une famille d'oiseaux de proie qui ont trouvé là, pour perchoir, un bout de solive sortant à l'intérieur. Ils s'y établissent paisiblement chaque nuit, ainsi que l'atteste un monceau de traces toutes récentes. Les amours du vautour ou de l'orfraie sont donc encore abrités par un ciel de chérubins ou de cupidons enguirlandés tout flambant neufs.

C'est que les embellissements, précurseurs accoutumés des réparations urgentes, sont restés en route. A la dernière révolution, ce palais a été, encore une fois, occupé militairement, et les énormes tas de litière qui jonchèrent les terrasses n'ont pas encore disparu. Était-ce un poste de cavalerie française ou italienne? Les nombreuses sentences, d'un patriotisme ardent et naïf, charbonnéés sur les murs, me font pencher pour la dernière hypothèse.

Va-t-on, comme on le dit aux environs, reprendre les travaux abandonnés? Là, pour moi, est la question pressante. Si on ne les reprenait pas, la solitude durerait ici, et j'y pourrais peut-être louer un coin où je vivrais inaperçu. Il y a une portion très-bizarre qui semble la plus moderne et la moins endommagée, dans laquelle il m'a été impossible de me glisser. C'est comme une petite villa mystérieuse perchée sur un des côtés de la villa principale. C'est probablement le logement de caprice personnel que, dans ces palais italiens, qu'il soit en haut ou en bas, caché ou apparent, on appelle le Casino. Ici, c'est un assemblage de petits pavillons dont les ouvertures annoncent des appartements lilliputiens. C'est assez laid, mais curieusement agencé autour d'une toute petite terrasse, d'où la vue domine une étendue prodigieuse à travers des balustres massifs dont la destination semble être de cacher ce sanctuaire aux regards du dehors. Était-ce une fantaisie de retraite cénobitique? Un campanile à jour, planté sur cette terrasse, semble avoir été une chapelle, ou une sorte d'oratoire aérien, propre à stimuler le bien-être moral par le bien-être physique du beau site et du vent frais. Mais on peut, tout aussi bien, se représenter, dans ce Casino, de mystérieuses amours, retranchées en toute sécurité contre la curiosité d'une suite nombreuse ou de visiteurs inattendus.

Quoi qu'il en soit, cela fait une demeure réservée que l'on n'aperçoit de nulle part, si ce n'est par son entrée principale qui donne sur l'ancien parterre clos de murs festonnés et ornés de boules. Cette entrée est masquée par un beau portique attribué au Vignole, où l'on peut se promener dans un isolement complet.

J'aime beaucoup cet abri élégant avec ses arcades ornées de dragons, ses degrés de marbre brisés, et son fond percé de portes et de fenêtres mystérieuses barricadées solidement. C'est au travers des fentes de ces huis jaloux, qui semblent vouloir garder les secrets du passé, que je vois la petite terrasse, les petits pavillons et le clocheton arrondi du Casino. De superbes graminées poussent entre les dalles, et des moineaux, aussi sauvages que ceux de nos villes sont familiers, y prennent leurs ébats, sans se douter que, séparé d'eux par une cloison de planches, j'écoute et commente leur caquet. Si je pouvais pénétrer dans cette villa secrète, il me semble que j'y trouverais une demeure close et habitable, car j'y vois des portes et des fenêtres en bon état; mais il faudrait y entrer par effraction, et je ne dois pas abuser de la confiance des gardiens.

. . . .

En cherchant un passage vers ce Casino, je viens de faire une autre découverte : c'est un recoin encore plus bizarre, encore plus caché, et beaucoup plus joli. Après avoir erré dans je ne sais combien d'églises souterraines, de salles aux gardes ou d'écuries situées beaucoup plus bas que le niveau de la cour, et d'une si puissante architecture, qu'on ne sait ce que font là, dans les ténèbres, ces belles et vastes salles, je me suis trouvé en face d'un escalier tournant que j'ai descendu.

C'est là que le château, creusé dans le cœur de la montagne, devient singulièrement fantastique; c'est encore une autre résidence qui ne peut pas avoir servi à loger des domestiques, ils eussent été par trop loin de leurs maîtres. Cela ressemble à un quartier réservé à quelque pénitent volontaire, ou à quelque prisonnier d'État. Figurez-vous un tout petit préau profond, à ciel ouvert, avec des constructions situées autour comme les parois d'un puits, et, sous les arcades de ce préau, un autre escalier rapide qui s'enfonce à perte de vue, on ne sait où.

Je l'ai descendu, et je me croyais bien, cette fois, dans les entrailles de la terre: aussi ai-je été encore plus surpris que je ne l'avais été dans le préau, en voyant entrer l'éclat du soleil à cette profondeur. Probablement, j'étais tout simplement arrivé au niveau de la base de ce massif de rocher où Mondragone est assis en face de Rome, au-dessus d'elle de toute la région des premiers étages de la chaîne tusculane. Une sortie doit avoir existé au bas de cet escalier profond où j'étais parvenu; mais elle a été murée apparemment, car je ne recevais que par une petite fente, à laquelle je ne pouvais atteindre, les bouffées d'un air frais et l'éblouissement d'un brillant rayon de lumière.

Une nouvelle série de salles souterraines s'ouvrait à ma gauche. Je m'y hasardai dans les ténèbres. Je manquais d'allumettes pour me diriger, et je dus renoncer à cette dangereuse exploration au milieu des décombres, des excavations imprévues et des casse-cous de toutes sortes.

Je suis donc remonté au petit cloître que je venais de découvrir, et, dans ma fantaisie, j'ai donné à cet endroit un nom quelconque. Je vous le désignerai sous celui de cloître *del pianto*, ou, si vous voulez, du *pianto* tout court. Ce nom me vient de l'idée que ce lieu isolé, et invisible du dehors, a dû servir à quelque longue et douloureuse expiation.

Le casino aérien dont je vous ai parlé auparavant, et qui est à l'autre extrémité du grand pavillon, gardera son nom de *casino*. Je devrais l'appeler la damnation, *perdizione*. Je ne sais pourquoi cette petite terrasse retranchée, d'où l'on voit sans être vu; ses clochetons païens et ses petites fenêtres qui regardent dans les yeux les unes des autres, ont l'air de raconter une aventure galante, cachée là sous prétexte de bréviaire.

Si ces vieux murs pouvaient parler, ils révéleraient peut-être bien plus d'intrigues que je ne leur en attribue. Dans tous les cas, ils ont un air de chronique à la fois sinistre et licencieuse, et il m'est bien permis d'en faire, dans ma pensée, le théâtre de romans quelconques.

Le *pianto* a cela de particulier qu'il est difficile, à première vue, de fixer, sur un plan imaginaire, le point exact où il est situé. C'est peut-être le noyau primitif de toute la construction. C'est peut-être tout uniment une petite cour intérieure nécessaire pour aérer les appartements, qui ne remplissent pas, comme ceux du milieu, tout l'énorme vaisseau du pavillon central. Des fenêtres d'un style plus ancien que le reste, et en partie murées, remplissent ses parois supérieures. Celles qui s'enfoncent sous la galerie du cloître sont mystérieusement closes, et j'ai eu beau chercher, je n'ai pas trouvé l'entrée des appartements qu'elles éclairaient. On n'arrive à ce cloître que par des détours dont je ne me rends pas encore un compte exact.

J'ai trouvé, malgré l'obscurité, car la plupart des ouvertures extérieures sont murées au nord, le milieu de l'édifice. C'est une salle d'entrée, ou plutôt une cour voûtée, dans laquelle pénétraient, je crois, les voitures et les cavaliers. L'immense porte est murée également. Je l'ai cherchée au dehors et retrouvée au milieu de la plus belle terrasse qu'il soit possible d'imaginer.

Je dis belle quant à la situation et à l'étendue. C'est un immense hémicycle dentelé d'un parapet de marbre et d'une riche balustrade en partie rompue aujourd'hui. Au milieu s'élève, en champignon, une lourde fontaine dont la vasque brisée est à sec ; une partie des eaux errantes se perdent au hasard dans les fondations ; le reste s'échappe en dehors, dans une grande niche située au bas du talus monumental de la terrasse.

Mais l'ornement le plus bizarre de cette terrasse, que, pour me conformer à l'usage de la localité, j'appellerai le *terrazzone* (la grande terrasse), consiste en quatre colonnes gigantesques, déjetées par les boulets et surmontées de girouettes et de croix papales brisées ou tordues. Ces colonnes, qui sont les tuyaux des cheminées de cuisines pantagruélesques situées sous la terrasse même, et probablement de plain-pied avec le bas de l'escalier du *pianto,* ont la forme de télescopes démesurés et portent, en guise de couronnements, des masques grimaçants qui vomissaient la fumée des festins, bien loin au-dessus des cimes des arbres du parc.

Tout cela est d'un goût par trop italien de la décadence; mais c'est d'un fastueux étrange, et la situation est splendide. C'est la même vue découverte et incommensurable que j'ai de ma fenêtre à Piccolomini; mais l'œil va plus loin encore, parce qu'on est à un mille plus haut, et c'est plus beau, parce qu'au lieu des masures de Frascati pour repoussoir de premier plan, on a une riche étendue de jardins plantureux d'un grand style. L'allée de cyprès, en pente rapide, qui, du bas du *Terrazzone,* traverse tout ce domaine, parallèlement au *stradone* de chênes verts en berceaux qui descend à Villa-Taverna, est véritablement monumentale. Ces arbres ont quelque chose comme quatre-vingts ou cent pieds de haut. Leur tige est un faisceau de colonnettes grêles autour d'un pivot central. C'est bizarre, c'est humide, noir et sépulcral, au milieu du paysage, je ne dirai pas le plus riant, car la steppe de Rome n'est jamais gaie, mais le plus étincelant qu'il soit possible d'imaginer.

Mais le *pianto,* avec ses festons de ronces et de vignes sauvages qui pendent des crevasses ou qui se traînent sur les débris de sculptures entassés en désordre, est mon petit coin de prédilection. Les étroites dimensions du tableau assez théâtral qu'il présente donnent le sentiment d'une sécurité profonde. Il me semble, seul comme je suis, et enterré vivant dans ces massifs d'architecture où ne pénètre pas le moindre bruit du dehors, que l'on pourrait vivre et mourir là, de bonheur ou de désespoir, sans que personne s'en inquiétât. Certes, à l'heure qu'il est, quelque isolé que vous me supposiez, vous ne pouvez vous représenter une cachette aussi secrète et une solitude aussi absolue que celle d'où je vous écris, au crayon, sur un album *ad hoc*.

A Tivoli, j'avais déjà rêvé une solitude à deux, une retraite à jamais cachée, dans la galerie taillée au cœur du roc qui domine la cascade. Certes, c'était mille fois plus beau que la ruine muette et sourde où me voilà enfoui; mais je ne désire plus Tivoli : la folle Medora et la fièvre m'en ont fait un souvenir pénible ; et, d'ailleurs, l'amour vrai n'a pas tant besoin des splendeurs de la nature. Il aime l'ombre et le silence. Le chant terrible des cataractes me gênerait aujourd'hui, s'il me dérobait une des paroles de ma bienaimée.

Puisque je suis là à vous parler d'elle, il faut que je vous raconte qu'hier soir, m'en retournant par la pluie à Piccolomini, pluie que, du reste, je ne recevais guère, car ces *stradoni* d'yeuses antiques sont de véritables voûtes de feuilles persistantes et de monstrueuses branches entrelacées, j'entendis partir, de la villa Taverna, un bruit de voix et de rires où il me semblait reconnaître le rire et la voix de Daniella. J'avais à remettre à Olivia la majestueuse clef de Mondragone, et je vis cette aimable femme à une fenêtre de rez-de-chaussée des bâtiments de service qu'elle occupe avec sa famille. Elle me fit signe d'approcher, et me montra, dans la grande salle où Daniella a établi son atelier de *stiratura*, un bal improvisé. A la fin de leur journée de travail, les ouvrières qu'elle emploie et les autres jeunes filles de la ferme et de la maison se livraient entre elles à la danse, en attendant qu'on leur servît le souper.

— C'est tous les jours ainsi, me dit Olivia, qui tenait le tambour de basque, unique orchestre de cette bande joyeuse, et qui le passa à une autre pour me parler; — la Daniella est folle de la danse, et, quand elle vient travailler ici, il faut, bon gré mal gré, que toutes nos filles sautent, ne fût-ce qu'un quart d'heure. Est-ce que vous n'avez pas encore vu danser la Daniella?

— Une seule fois et un seul instant!

— Oh! alors, vous ne savez pas que c'est la plus belle danseuse du pays. Dans le temps, on venait de Gensano, et de plus loin encore, pour la voir au bal, et, quoiqu'elle nous ait quittés pendant deux ans, elle n'a rien oublié et rien perdu. Tenez, la voilà qui va reprendre; regardez-la!

Je montai sur une borne et regardai dans l'intérieur, qu'éclairait une de ces hautes lampes romaines à trois becs, exactement pareilles à celles des anciens et très élégantes de formes, mais qui donnent une très-médiocre lumière. D'abord je ne vis qu'un pêle-mêle de jeunes filles ébouriffées qui se livraient à une sorte de valse effrénée; mais l'une d'elles cria: *La fraschetana!* C'est la danse de caractère, et comme qui dirait la gavotte de Frascati. Toutes s'arrêtèrent et firent cercle pour voir Daniella ouvrir cette danse avec une vieille femme de la campagne, qui passe pour avoir gardé la véritable tradition. Olivia me fit signe d'entrer par la fenêtre: je ne me fis pas prier, et me mêlai à l'assistance sans éveiller la moindre surprise; toutes ces fillettes étaient absorbées par les deux grands modèles de l'art chorégraphique indigène qu'elles avaient à contempler.

Cette danse est charmante: les femmes tiennent leur tablier, et le balancent gracieusement devant elles en minaudant vis-à-vis l'une de l'autre. La vieille matrone, à figure austère, se livrant à ces chatteries d'enfant, était d'un comique achevé, qui ne faisait pourtant rire personne et qui ne déconcertait nullement Daniella. En regardant celle-ci, je ne sais quel frisson de jalousie me passa dans tout le sang. Je crois que s'il y avait eu là quelque autre homme que moi, je lui aurais cherché querelle. Je ne sais pas si je pourrai jamais me résoudre à la voir danser ailleurs que dans son cénacle de petites filles. Elle est trop belle quand elle s'anime ainsi. Elle avait retroussé sa longue jupe brune, qui se drapait tout naturellement sur un court jupon de flanelle rouge assez rustique, mais d'un ton de coquelicot éblouissant. Le fichu blanc qui couvre ordinairement ses cheveux était relevé carrément, comme le capulet de linge des paysannes romaines, et les grandes pendeloques d'or de ses boucles d'oreilles sautillaient comme des feux follets sur les ondes lustrées de ses cheveux noirs.

Je ne vous dirai pas que sa danse est de l'art et de la grâce : c'est de l'inspiration et du délire; mais un délire sacré comme celui qu'éprouverait une sibylle; c'est une verve et une énergie à faire trembler; c'est un regard qui brûle, un sourire qui éblouit, et tout à coup, des langueurs qui énervent. Quand elle eut dansé dix minutes, elle céda généreusement la place. « *Aux autres!* » s'écria-t-elle en prenant le *tamburello*, qu'elle se mit à faire résonner avec une vigueur étrange. Il n'y a rien de joli au monde comme le toucher rapide de ces petits doigts sur la peau rebondissante de l'instrument rustique. Elle ne le tient pas élevé au-dessus de sa tête et ne le frappe pas du dos de la main, comme on le fait ailleurs. Ici, les femmes tiennent le tambourin ferme, et le touchent comme si c'était un clavier. Le bruit qu'elles en tirent, en ayant l'air de l'effleurer, est formidable et marque un rhythme si accusé et si accentué que rien n'y résiste, et que la plus médiocre danseuse prend de l'élan et comme de la fureur.

Pourtant, la danse n'était pas enlevée au gré de Daniella, et, pour lui imprimer plus de feu, elle se mit à chanter l'air à pleine voix, avec un accent de colère, des paroles de reproche et d'excitation à ses compagnes endormies, et cette facilité d'improvisation à laquelle se prête la langue italienne, dont toutes les classes de la population manient le mètre et la rime presque aussi aisément que la prose. Toute parole chantée de cette façon a le privilége de produire une grande animation ou une grande gaieté sur les auditeurs. On cessa de danser pour écouter Daniella, qui, au milieu des rires de ses compagnes et des siens propres, débitait une kyrielle de couplets mordants et plaisants. On lui criait, dès qu'elle voulait s'arrêter : *Encore, encore!* L'air qu'elle chantait est sauvage et original. Elle a une voix admirable, la plus puissante, et, en même temps, la plus douce et la plus suave que j'aie jamais entendue, quelque chose qui va au cœur et aux sens, même en jetant follement des badinages enfantins et en effectant un accent courroucé. Mon Dieu ! pensai-je, qu'elle est belle et complète, cette organisation méridionale qui se joue de toutes les choses enseignées, et qui trouve en elle-même le sens vivant du beau dans toutes ses manifestations ! J'étais comme honteux, comme effrayé de posséder cette femme que la foule couronnerait et acclamerait, si elle était en ce moment sur un théâtre avec cet abandon et cet inspiration qui n'ont vraiment ici que moi pour public.

Elle était si enivrée de sa danse, de son chant et de son tambour de basque, qu'elle semblait ne pas m'avoir aperçu encore. J'en fus piqué, et, m'approchant d'elle, je lui dis un mot à l'oreille. Elle jeta en l'air le *tamburello*, et, abaissant sur moi ses beaux yeux humides de plaisir, elle étendit les bras comme si elle allait m'embrasser devant tout le monde. Je m'échappai pour l'empêcher de se trahir, et courus pour l'attendre à Piccolomini, où je la trouvai dans ma chambre. Elle était arrivée avant moi, et la Mariuccia ne l'avait pas vue entrer. Je suis tenté de croire qu'elle a des ailes, ou qu'elle parvient à se rendre invisible quand il lui plaît.

XXVII

Villa Mondragone, 12 avril.

J'ai bien des choses nouvelles à vous raconter. Après vous avoir quitté avant-hier, vers cinq heures de l'après-midi, c'est-à-dire après avoir fermé mon album, comme je me disposais à partir, j'ai vu apparaître ma chère maîtresse à l'entrée supérieure du Pianto. Elle était très-émue.

— Je vous cherche partout, me dit-elle; il y a une grande heure que je cours dans ces ruines sans oser vous appeler!

— Eh quoi! une heure que j'aurais pu passer à tes genoux, une heure de délices que j'ai perdue! Il fallait m'appeler!

— Non! il faut plus de prudence que jamais. Mon frère...

— Ah! s'il ne s'agit que de ton frère, moquons-nous de lui! Que peut-il vouloir de moi?

— De l'argent, probablement.

— Je n'en ai pas pour lui.

— Ou le mariage, peut-être!

— Eh bien, soit; si c'est là ce que tu veux, toi, nous serons vite d'accord.

Daniella se jeta à mon cou en fondant en larmes.

— Eh quoi! lui dis-je, es-tu étonnée d'une chose si simple?

Ne te l'ai-je pas dit, que j'étais à toi, corps et âme, pour toujours?

— Non! tu ne me l'avais pas dit!

— Je t'ai dit : *je t'aime!* et je te l'ai dit du fond de l'âme. Pour moi, toute ma vie est dans ce mot-là. S'il te faut d'autres serments, des témoins et des écritures, tout cela est si peu de chose en comparaison de ce que je sens en moi de force et de passion, que je ne veux même pas que tu m'en saches gré. Dis un mot, et je t'épouse demain, si c'est possible demain.

— Ce serait possible demain; mais je ne le veux pas. Nous reparlerons peut-être de cela plus tard ; mais, maintenant, je veux avoir le mérite d'une confiance aveugle. Ne m'ôte pas l'orgueil de ma faute! Nous avons fait un péché en nous passant de prêtre pour nous unir. Je le sais, et j'accepte pour pénitence le mal qui pourra m'en arriver de la part des hommes. Ce sera bien peu de chose, et je méritais d'être punie par ton mépris. Puisqu'au lieu de ce que j'attendais de toi, il arrive que tu m'estimes et me chéris pour ma faiblesse, je suis mille fois trop heureuse, et les *autres* peuvent bien me couper par morceaux sans que je m'en plaigne et sans que je fasse entendre un seul cri. La faute est commise, et ce n'est pas d'être mariée un jour ou l'autre qui m'empêchera d'être notée au livre de Dieu.

— Eh quoi! ma bien-aimée; des terreurs et des remords!

— Non, non! j'ai trop de bonheur pour sentir l'épine du repentir, et dusses-tu me repousser ou me fuir demain, je ne pourrais pas regretter les deux jours qui viennent de m'être donnés. Qu'importe que l'on pleure dix ans si, en quelques heures, on a goûté plus de joies que toute une vie de malheur ne peut nous donner de souffrances?

— Ah! tu as raison, fille du ciel! la souffrance est un fait humain qui peut s'évaluer et se mesurer : la joie, comme nous l'avons savourée, est au-dessus de tous les calculs, puisqu'elle vient de Dieu.

— Elle vient de Dieu, c'est vrai ! L'amour est comme le soleil, qui luit pour les coupables aussi beau que pour les justes. Je ne peux donc pas rougir de t'aimer, ni m'en repentir en aucune façon. Seulement, je compte avec mon juge, et je sais qu'il me fera expier mon ivresse. J'attends donc quelque grand châtiment en cette vie ou en l'autre, et, puisque je l'accepte d'avance, nous sommes quittes, lui et moi ! — C'est-à-dire, ajouta-t-elle après m'avoir embrassé avec ardeur, nous sommes quittes, si c'est moi seule qui ai à souffrir en ce monde ou en l'autre ; car si c'était toi, si tu devais être puni à ma place..., je me révolterais, je maudirais le ciel, qui m'aurait envoyé une punition cent fois plus grande que mon péché. Voilà pourquoi je viens te trouver et te dire qu'il faut de la prudence, car c'est toi qu'on menace en ce moment à cause de moi.

— Qui me menace ?

— La police pontificale a été saisie d'une plainte contre toi, déposée par mon frère, à propos de ces maudites fleurs que tu as ôtées du grillage de la madone. En éteignant la petite lampe, il paraît que tu as fait tomber d'abord le grillage, et puis de l'huile sur la fresque ; et ensuite mon frère, frappé et jeté à terre par toi, ivre comme il l'était, a promené, en se relevant et en tâtant la muraille, ses mains remplies de fange sur la sainte image. Voilà comment je peux expliquer les taches et les souillures qu'elle portait le lendemain de cette aventure, car, quelque méchant homme que soit Masolino, je ne veux pas l'accuser d'avoir fait exprès une profanation aussi abominable. Il t'en accuse, lui, et il prétend t'avoir surpris occupé à cette scélératesse. Il ne sait certainement pas quelle personne il a vue ; mais ayant entendu dire que tu es entré une fois dans la maison que j'habite à Frascati, il te soupçonne et te désigne. On ne le croit pas dans la ville ; mais les autorités, qui devraient bien savoir, comme tout le monde, à quoi s'en tenir sur le compte d'un ivrogne comme lui, le protégent singulièrement et ont commencé une espèce d'enquête. On a été aujourd'hui à Piccolomini pour t'interroger et pour interroger ma tante Mariuccia, qui a tout nié, la chère brave femme, et qui est venue tout de suite me trouver. « Si tu sais où il est, m'a-t-elle dit, fais-le vite avertir de ne pas rentrer ce soir à la maison ; car mon frère le capucin, qui est toujours bien informé, m'a dit en confidence qu'il allait être arrêté et emprisonné. Or, vois-tu, dans notre pays, il n'y a pas de petites affaires dès que le saint-office s'en mêle, si l'on n'a pas la protection particulière de quelque personnage d'Église. Avec cela, le malheur veut que tu ne sois pas très-pieux. Interrogé, tu te défendras de manière à te perdre...

— Je ne me défendrai pas du tout ; car rien au monde ne me fera dire dans quelle intention j'ai volé tes jonquilles. Je me bornerai à dire qu'il n'entre pas dans mes idées de profaner une image, fût-elle païenne, et je réclamerai la protection de mon gouvernement.

—Quand tu seras dans un cachot sans communiquer avec personne pendant plusieurs semaines, plusieurs mois peut-être, ton gouvernement aura l'oreille fine s'il entend tes plaintes. Si tu dis que tu respectes les images païennes à l'égal de celles de la vraie religion, on te fera tout le mal possible, avec ou sans jugement, et si tu caches la circonstance qui te rend innocent, le vol des fleurs de ta maîtresse, ta maîtresse ira elle-même raconter la vérité et te réclamer comme elle pourra, au risque du scandale. Ne t'imagine pas que je te laisserai mettre dans ces affreuses prisons d'où l'on ne sait jamais quand et comment on sortira. La seule idée de t'y voir conduire me rend furieuse, et je serais prête à m'en aller criant par les rues : « Rendez-moi celui que j'aime et à qui j'appartiens sans condition ! » Tout le monde dirait : Elle est folle, et mon frère me tuerait. Peu importe ! Voilà ce qui arrivera si tu t'exposes à être pris.

Je combattis en vain les appréhensions probablement chimériques et les résolutions extrêmes de cette chère fille. Elle était si désolée et si agitée, que je dus céder à ses prières et lui promettre de passer la nuit à Mondragone.

— Puisque c'est un si grand tourment pour toi, lui dis-je, de me voir retourner à Piccolomini, je me soumets, dussé-je périr ici de froid et de faim.

— Il n'en sera pas ainsi, me dit-elle : j'ai songé à tout. Puisque tu promets de m'obéir, viens avec moi.

Elle me conduisit, par un dédale d'escaliers et de couloirs dont elle avait les clefs, au casino dont je vous parlais hier, et me fit entrer dans un petit appartement, peint d'une vieille fresque assez galante et meublé d'un grabat, de quelques chaises boiteuses et de deux ou trois cruches égueulées.

— Ceci est misérable, me dit-elle ; c'est là que couchait le gardien, quand il y avait des ouvriers travaillant aux réparations ; mais, avec de l'eau saine et de la paille fraîche, on est bien partout, parce qu'on peut y être proprement. Prends patience ici pendant deux heures, et, dès qu'il fera nuit, je t'apporterai de quoi te réchauffer et de quoi dîner.

— Tu reviendras donc ce soir ?...

— Certainement, et je n'aurais pas pu retourner à Piccolomini, qui doit être surveillé par mon frère en personne.

— Oh ! alors ! que ne le disais-tu tout de suite ? Tâche que mon danger et ma captivité ne finissent pas de sitôt ; car voilà mon rêve réalisé ! J'aime tant la sécurité et le mystère de ces ruines, que je me creusais la tête pour trouver le moyen d'y transporter nos rendez-vous. Tu vois que le ciel ne nous est pas si contraire, puisqu'il fait de ma fantaisie une sorte de nécessité.

— Une nécessité très-réelle ! Mais voyons ! il y a de la poussière ici... je sais où trouver un balai. Promène-toi sur la terrasse ; personne ne peut te voir d'en bas si tu ne penches pas la tête en dehors des balustrades. J'irai laver et remplir ces cruches dans la belle eau de la fontaine qui est au bout du parterre. Quant à la paille, tu viendras tout à l'heure la chercher avec moi dans un cellier où je sais que le fermier met le trop-plein de ses greniers.

Tout cela était très-bien combiné, sauf l'article du balayage et des cruches portées à la fontaine, et il me fallut entrer en révolte pour que ma maîtresse renonçât à être ma servante. Elle l'avait été à Rome, à Piccolomini dans les premiers jours, et c'était son plaisir, disait-elle, de l'être toute sa vie; mais voilà ce qu'il m'est impossible d'admettre. La jeune fille chaste qui s'est donnée à moi doit me commander et non m'obéir. Je comprends de reste, aujourd'hui, que l'on aime et que l'on épouse sa ménagère ; mais à la condition que, si elle est digne de cette union, on la traitera désormais comme son égale.

— Ah ! je le vois bien, dit-elle en me laissant arracher le balai de ses jolies petites mains brunes et rondelettes, tu ne me traites pas comme ta femme !

— Je te demande pardon ! Ma femme fera le ménage quand je travaillerai dehors pour la famille; mais quand j'aurai, comme aujourd'hui, les bras croisés, elle ne fera que ce que je ne saurai pas faire pour l'empêcher de se fatiguer.

— Mais justement, tu ne sais pas balayer ! tu balayes très-mal.

— J'apprendrai ! Sors d'ici, car je ne veux pas que tes beaux cheveux récoltent ces nuages de poussière.

Quand le ménage fut fini, je lui demandai si le fermier dont elle m'avait parlé, et à qui nous venions de dérober deux bottes de paille pour me faire un lit, ne venait jamais dans le palais. J'appris qu'il demeurait dans les constructions semi-rustiques que j'apercevais au bout de la grande allée de cyprès. C'est l'usage, dans les anciennes propriétés italiennes, de planter une vraie ferme et de vrais bestiaux tout au beau milieu des jardins. C'est la véritable *villeggiatura*, et c'est très-bien vu. Les bœufs avec leurs chars passant dans les allées, les chevaux et les vaches broutant les tapis verts des pelouses ne gâtent rien dans ces paysages arrangés, qui ont leur place dans l'ensemble, comme la rocaille dans les parterres et la girande sur les terrasses. Ces fermes choisies n'affectent pas des airs suisses comme la laiterie de Trianon. Ce sont de jolies fabriques d'un goût bien local, où l'on a incrusté tous les débris de marbres antiques que l'on a eus de reste après avoir bâti les palais. Ces marbres blancs, irrégulièrement encadrés dans la brique rose, sont d'un très-joli effet.

Le fermier de la laiterie ou ferme-jardinière de Mondragone est un beau paysan que j'ai rencontré quelquefois dans le *stradone*, et qui a toute la confiance des gens d'affaires de la propriété. Mais il ne vit pas en très-bonne intelligence avec Olivia, qui voulait avoir le monopole des *bonnes-mains* des promeneurs et des touristes. Elle a réclamé; il y a eu de graves contestations, et le jugement souverain de l'intendant a partagé les intérêts en tranchant ainsi la question: « Tout ce qui est en dehors du palais, annexes, terrasses extérieures, jardins et bâtiments d'exploitation, est placé sous la gouverne et responsabilité du fermier Felipone; tout ce qui est château, cours ceintes de murs, pavillons, galeries et corps de logis attenant au palais est du ressort d'Olivia. Chacune des parties a son trousseau de clefs et réclame aux curieux une *mancia* particulière. » La paix s'est faite, mais une paix armée, où chacun, jaloux de ses droits, observe son adversaire et surveille les libéralités de la clientèle, clientèle nulle en ce temps-ci, mais assez fructueuse quand Frascati se remplit d'étrangers.

Je m'intéressai à ce détail par la crainte d'être dérangé, rançonné ou trahi par Felipone. Daniella m'assura que, ne pénétrant jamais dans l'enceinte, dont il n'a pas les clefs, il ne se douterait seulement pas de ma présence.

— Mais ces deux bottes de paille que nous venons de lui prendre, et qui se trouvaient en nombreuse compagnie dans une des salles du manoir?

— Ceci est une tolérance d'Olivia, à qui il paye quelque chose comme loyer de ce fourrage. Il le retirera quand la consommation de ses bêtes aura fait de la place dans sa grange; mais, pour cela, il faudra qu'Olivia s'y prête en ouvrant elle-même la porte à ses chariots. Donc, tu es seul ici comme le pape sur sa chaise *gestatoria*, et tu pourras y dormir, cette nuit, sur les deux oreilles.

Elle partit pour me chercher à manger. Je ne voulais qu'un morceau de pain caché dans sa poche, pourvu qu'elle revînt bien vite. Elle me promit de ne pas perdre le temps en inutiles gâteries.

Pendant son absence, j'explorai attentivement mon domicile. Il y faisait passablement froid; mais il y a une cheminée, et le bois ne manque pas dans les appartements en réparation. J'allai chercher une provision de copeaux, après m'être assuré qu'il y avait chez moi des volets pleins qui me permettaient d'éclairer l'appartement sans que cette clarté fût aperçue du dehors. La nuit s'annonçait noire et pluvieuse comme celle d'hier. Quand elle sera tout à fait venue, me disais-je, les nuages qui rasent cette cime où me voilà niché me permettront d'allumer mon feu sans crainte d'être trahi par la fumée.

J'étais devenu d'une extrême méfiance. Dès qu'il s'agissait de recevoir là ma chère compagne, je voulais qu'elle y fût en sûreté. Je me mis donc à faire le tour de ma forteresse, examinant les issues avec un soin minutieux. Il y en a deux principales au midi, tout près l'une de l'autre : celle de la grande cour et celle du parterre qui lui est parallèle ; toutes deux sont en bois de charpente, traversées de lourds madriers et ferrées solidement. Sous les bâtiments de la cour, à l'ouest, et sur le *terrazzone* au nord, plusieurs ouvertures manquent de portes, et beaucoup de fenêtres sont sans menuiserie ; en outre, toute la grande galerie de l'ouest est complétement à jour ; mais toutes ces ouvertures sont situées à une hauteur considérable au-dessus du sol extérieur, à cause des gradins de la montagne, et toutes les portes de dégagement sont bouchées par des tas de moellons ou par des piles de bois de charpente qui braveraient un assaut. Tout cela est au moins à l'abri d'une surprise. Il n'y a pas une seule brèche qui ne soit hors de portée, à moins d'échelles de siége, dont je ne présume pas que Frascati soit bien riche. A supposer que l'on envoyât de la gendarmerie pour abattre une de ces clôtures, cela ne pourrait pas se passer sans un grand bruit ; les assiégés auraient tout le temps de déguerpir d'un autre côté et de se cacher dans une de ces mille retraites qu'offrent les montagnes, les ruines, les couvents et les bois voisins. Ce pays semble disposé tout exprès pour que jamais le pouvoir officiel ne puisse avoir raison de ceux qui veulent se soustraire à ses volontés, et la preuve, c'est que le brigandage y règne en tout temps et y semble indestructible.

Je faisais ces réflexions en traversant la petite galerie sombre du *pianto*. La nuit était venue, et je m'arrêtais de temps en temps pour étudier tous les bruits étranges de ces ruines. Tantôt, c'était les cris aigus des oiseaux de proie cherchant un abri, tantôt des rafales de vent engouffrées sous les voûtes; mais, dans le *pianto*, c'était un silence de mort, tant cette construction est isolée dans un épais massif d'architecture.

J'eus donc un tressaillement de joie en croyant entendre des pas sur l'escalier supérieur. Ce ne pouvait être que Daniella dont le pied léger faisait crier le gravier sur les dalles. Je m'élançai à sa rencontre; mais, en remontant à la salle du grand arceau (je donne des noms à tous ces lieux dont j'ignore l'histoire), je me trouvai seul dans les ténèbres. J'appelai à voix basse : ma voix se perdit comme dans une tombe. J'avançai en tâtonnant; je m'arrêtai au moment de passer dans une autre salle; j'écoutai encore : il me semblait que l'on marchait derrière moi et que l'on descendait l'escalier du *pianto*, que je venais de remonter. Quelqu'un s'était croisé avec moi dans l'obscurité; quelqu'un qui m'avait entendu appeler, sans nul doute, et qui n'avait pas voulu me répondre; quelqu'un enfin qui marchait furtivement, mais dont le pas, plus accusé que celui d'une femme, ne pouvait plus être attribué à Daniella.

Voilà, du moins, ce que je me persuadai un instant. J'écoutai attentivement. Je me figurai entendre sous mes pieds le grincement d'une porte qui se ferme. Je retournai au *pianto*. Tout était morne et sombre, et je n'entendais que l'écho de mes pas sous les voûtes du petit cloître. J'avais pris pour des pas humains un de ces bruits de la nuit qui restent souvent à l'état d'énigme, bien que la cause en soit des plus simples et fasse sourire quand, par hasard, on la découvre. J'avais eu peur, la peur d'un avare qui a un trésor à enfouir.

Je trouvai Daniella installée dans le casino, et mettant

mon couvert aussi tranquillement et aussi gaiement que si c'eût été là une demeure comme une autre. Elle avait trouvé une table, elle avait apporté des bougies, du pain, du jambon, du fromage, des châtaignes, du linge et une couverture de laine. Le feu brillait dans la cheminée et faisait danser follement les fleurs et les oiseaux de la fresque. Le taudis avait un air de fête et un fond de propreté réjouissante. Je sentis une joie rendue plus vive par le moment de terreur que je venais d'éprouver; émotions charmantes qui redoublez en nous l'intensité de la vie, je ne vous connaissais pas avant d'aimer! Je ne songeai plus qu'à m'enfermer avec ma Daniella et à souper avec elle pour la première fois, en lui disant mille fois pour une: Je t'aime, et je suis heureux !

Il était déjà sept heures, et, tous deux, nous mourions de faim. Jamais chère ne me parut plus délicieuse que ce modeste souper.

— Laisse faire, disait Daniella, ceci n'est qu'un repas improvisé. Demain je veux que tu sois mieux que tu ne l'étais chez lord B***, à Rome.

— Dieu me garde de ce bien-être qui te fait arriver ici embarrassée et chargée comme un *facchino*, et qui attirera l'attention sur ces allées et venues.

— Non, non; dès que la nuit se fait, les grilles des deux parcs sont fermées, et aucun étranger n'y pénètre. Les fermiers et les gardiens rentrent chez eux pour souper, dormir ou causer. D'ailleurs, je ne m'amuse pas à suivre le *stradone*. Je me glisse par des taillis de buis et de lauriers où il est impossible d'être vu, et je pourrais même venir par là en plein jour sans aucun risque, comme je l'ai fait tantôt, comme je le ferai demain matin pour t'apporter des nouvelles de ton affaire, et un déjeuner, avec du café !

Cette idée de café dans les ruines de Mondragone me fit

rire, et la sécurité de ma compagne me rappela les pas que j'avais cru entendre. Je songeai alors à lui en faire part.

— C'est quelque rat, me dit-elle en riant. Il est impossible que, sans les clefs, personne entre dans l'endroit que tu appelles le *pianto*.

— Il y a pourtant là, sous les arcades, un appartement clos de volets et de grilles où je n'ai jamais pu entrer ce matin, et où quelqu'un pourrait s'être installé comme je le suis ici.

— Et Olivia ne le saurait pas? A d'autres! Olivia fait sa tournée trop souvent pour qu'on la trompe; et d'ailleurs ses clefs ne la quittent jamais. Je suis la seule personne au monde à qui elle les ait jamais confiées. Quant à ce qu'il te plaît d'appeler un appartement, c'est-à-dire aux caves qui sont au-dessous du petit cloître, et qui communiquaient autrefois avec les grandes cuisines situées sous le *terrazzone*, précisément Olivia m'en parlait ce matin. « Ne va pas là sans lumière, me disait-elle, car il y a des chambres souterraines dont les escaliers sont complétement rompus, et, si tu te souviens, il y a de quoi se tuer. » Moi, je connais très-bien tous les coins et recoins de ce palais. J'y venais autrefois avec Olivia tous les dimanches, et je peux te dire que ces fenêtres qui t'intriguent donnent sur une galerie située beaucoup plus bas que le cloître, et dont on ne sortirait pas sans échelle si l'on y tombait, car il n'y a plus d'autre issue que ces mêmes fenêtres. Je ne sais même pas s'il y en a jamais eu.

— C'était donc une prison?

— Peut-être! je n'en sais rien; mais crois bien que, si je ne te savais pas en sûreté ici, je ne serais pas si gaie, si heureuse de t'y voir seul avec moi.

Elle ranima le feu, et un grillon, apporté par moi sans doute avec les copeaux, se mit à chanter d'une voix délirante.

— Oh ! c'est signe de bonheur ! s'écria Daniella; c'est signe que le foyer allumé par nous ici est béni et consacré !

XXVIII

Mondragone, 12 avril.

Cette veillée s'écoula comme un instant, et pourtant elle renferma pour nous un siècle de bonheur, car, à un certain degré d'épanouissement, l'âme perd la véritable notion du temps. Et ne croyez pas, mon ami, qu'un amour sensuel et aveugle fasse de mon existence actuelle une pure débauche de jeunesse. Certes, Daniella est un trésor de voluptés, mais c'est dans toute l'acception de ce mot divin qu'il faut l'entendre. Elle n'a, il est vrai, en dehors de la passion, qu'un esprit enjoué, prompt à la riposte dans une guerre de paroles taquines, et des notions assez fausses sur toutes les choses sociales, malgré ses excursions en France et en Angleterre, qui l'ont rendue beaucoup plus intelligente que la plupart de ses compagnes ; mais tout cela m'importe peu, et je ne vois plus en elle que cet être intérieur que moi seul connais et savoure, cette âme ardente jusqu'à la folie dans le dévouement exclusif, dans l'abandon fougueux et absolu de tout intérêt personnel, dans l'adoration naïve et généreuse de l'objet de son choix. C'est à la fois mon enfant et ma mère, ma femme et ma sœur. Elle est tout pour moi, et quelque chose de plus encore que tout. Elle a vraiment le génie de l'amour, et parmi des préjugés, des enfantillages et des inconséquences qui tiennent à son éducation, à sa race et à son milieu, elle élève tout à coup son sentiment aux plus sublimes régions que l'âme humaine puisse aborder.

Quand elle s'abandonne ainsi à son inspiration passionnée, elle se transfigure. Je ne sais quelle pâleur extatique se répand sur tous ses traits. Émue et surexcitée, elle blanchit subitement comme les autres rougissent. Ses yeux noirs, si francs et d'un regard si ferme, deviennent vagues et semblent nager dans un fluide mystérieux; ses narines exquises se dilatent; un étrange sourire qui n'exprime plus rien des plaisirs matériels de ce monde et qui se mêle aux larmes comme par une harmonie naturelle dans ses pensées, la fait ressembler à ces saintes des peintures italiennes, qui, blêmies et contractées par le martyre, ont, en regardant le ciel, une expression d'ineffable volupté.

Qu'elle est belle dans ces moments-là! Qu'elle était belle assise près de moi, les mains dans les miennes, la tête tantôt penchée vers moi pour me parler d'amour, tantôt renversée sur le marbre de la cheminée comme pour parler d'elle et de moi à quelque esprit supérieur planant au-dessus de nous deux! La flamme vacillante dessinait les fins contours de cette bouche où l'expression du plaisir arrive à quelque chose d'austère, et se reflétait dans ces yeux dont l'éclat s'éteint parfois dans une fixité redoutable, comme si la vie humaine faisait place à un mode d'existence où je ne puis pénétrer.

Oui, elle est encore pour moi toute surprise et tout mystère. Je la possède tout entière sans la connaître entièrement, et, en la contemplant, je l'étudie comme une abstraction. Elle a des divagations où je l'écoute sans la comprendre, jusqu'à ce qu'un grand trait de lumière jaillisse de ses paroles confuses, moitié italiennes et moitié françaises, auxquelles, pour trouver une nuance qu'elle ne sait comment exprimer, elle mêle des mots d'anglais prononcés avec un effort enfantin et sauvage. Mais quand elle a réussi à formuler sa pensée brûlante, elle se tait, elle pleure d'enthousiasme et tombe à mes pieds comme devant une idole, pour prier mentalement. Et moi, je n'ose enchaîner cette fougue qui me gagne, et je parle aussi cette langue du délire qui n'aurait plus aucun sens si nous nous la rappelions de sang-froid.

Ne vous moquez pas de moi ; cet amour, qui s'est révélé à moi par une rage brutale, m'emporte à présent dans des régions que j'appellerais métaphysiques, si je savais bien ce que c'est que la métaphysique ; mais je ne le sais guère ; je sens seulement que, dans les bras de cette puissante maîtresse, mon âme quitte les sens et aspire à quelque chose d'inconnu qui n'est plus de leur domaine. Quand je l'ai embrassée sur la terre, loin d'être assouvi et calmé, je voudrais l'embrasser dans le ciel, et je ne trouve plus ni caresses ni paroles suffisantes pour lui exprimer cet insatiable désir de l'esprit et du cœur, qu'elle partage et que nous ne savons nous dire que par des larmes de douleur et de joie.

Après ces expansions insensées, je reste un peu ivre, et il me faut un certain effort pour me rappeler qui je suis, où je suis, ce qui m'intéressait hier, ce qui pourra me préoccuper demain. Il y eut un moment, cette nuit, où j'avais si complétement oublié toute réalité, que je n'étais plus nulle part. La pluie tombait par torrents, droite, lourde, retentissante, sur les toits très-bas qui nous environnent, et notre petite terrasse écoulait sur le *terrazzone*, en cascade continue et monotone, son trop-plein par les gargouilles brisées. Tout autre bruit avait cessé : plus de vent dans les girouettes, plus de vol ni de cris d'oiseaux de nuit. Le feu ne pétillait plus dans l'âtre, le grillon s'était endormi. C'était un silence absolu, au milieu d'un bruissement soutenu comme celui d'une pluie de sable. Et j'avais une sensation de bien-être extraordinaire, à comparer machinalement la douce chaleur de la chambre où j'étais, avec l'idée du froid humide et noir qui régnait dehors. Mais dire sur quelle campagne tombait cette averse opiniâtre, et dans quelle retraite je me trouvais si bien abrité, avec mon trésor le plus cher, voilà ce qu'il n'eût pas fallu me demander, ce que j'étais heureux de ne plus savoir. C'était le déluge, et nous étions dans l'arche, flottant sur des mers inconnues, dans l'immensité des ténèbres, ignorant sur quels sommets de montagnes ou sur quels profonds abîmes nous poursuivions au hasard notre voyage dans l'inconnu. Cela était terrible et délicieux. La nature se dérobait à notre appréciation comme à notre action; mais l'ange du salut poussait notre lit tranquille sur les eaux déchaînées, et tenait le gouvernail en nous disant : Dormez ! Et je me rendormis sans bien savoir si je m'étais éveillé.

Vers deux heures du matin, je me réveillai tout à fait, saisi par le froid. Je fis sonner la vieille montre à répétition que mon oncle le curé me donna jadis pour étrennes. Je ne touche jamais cette respectable bassinoire sans qu'elle me rappelle un de ces jours d'orgueil et d'ivresse qui comptent dans la vie des enfants. Tout mon passé et tout mon présent me revinrent en mémoire, et je recouvrai ma lucidité. Daniella dormait sans paraître souffrir du froid; ses mains étaient tièdes. Pourtant je craignis qu'elle n'éprouvât les effets de l'humidité, et je me levai pour rallumer le feu.

La pluie tombait toujours avec la même persistance. Je souffris à l'idée que ma chère compagne se lèverait avant le jour et traverserait ce déluge pour retourner à la villa Taverna. Il faut absolument changer cette manière de vivre, me disais-je ; voilà la troisième matinée qui me brise le cœur en exposant la santé et la vie de ma bien-aimée. Il est impossible que je continue à l'attendre quand c'est moi qui devrais l'aller trouver, me mouiller, marcher dans les ténèbres, affronter les mauvaises rencontres; et, puisqu'en me recevant chez elle ou chez Olivia, il est impossible qu'elle ne soit pas diffamée ou menacée, il faut que je l'emmène ou que je l'épouse. Ce mystère était plein de charmes, mais il a de trop graves inconvénients, il me coûte trop d'inquiétudes et de remords.

J'oubliais que j'étais sous le coup d'une arrestation, et que mon emprisonnement devant faire le désespoir de Daniella, je lui avais donné ma parole de ne rien négliger pour m'y soustraire. Je me rappelai cette circonstance; mais n'était-il pas plus facile de fuir ensemble que de se cacher à deux pas de nos ennemis, dans les ruines de Mondragone?

Oui, oui, il faut fuir, me disais-je, et fuir dès demain. Il faut que cette soirée charmante et cette nuit poétique ne me portent pas à m'endormir dans les délices de l'égoïsme. Eh bien! ce souvenir restera en nous comme une date romanesque dans l'histoire de nos amours; mais, la nuit prochaine, il faut, à tout prix, sortir des États du pape.

M'étant arrêté à cette résolution, je restai près du feu, absorbé dans une douce rêverie, voulant savourer toutes les impressions de cette nuit d'aventures à laquelle je ne devais pas vouloir de lendemain. La flamme montait dans l'âtre et projetait une vive clarté sur Daniella endormie. Quel beau sommeil que le sien! Je n'en ai jamais vu de semblable; c'est un des contrastes de cette organisation en qui toute chose touche à l'extrême. Autant elle est agissante et d'une vie énergique dans la veille, autant elle est calme et comme ensevelie dans le repos. Elle ne rêve pas; on l'entend à peine respirer. Elle est comme changée en statue dans sa pose simple et chaste. Sa physionomie est grave, impassible, recueillie comme dans une contemplation sereine du monde supérieur.

Pourtant ces formes gracieuses et délicates n'annoncent extérieurement ni l'énergie dont elle est douée, ni le sang-froid dont elle est capable. Il faut toucher son poignet fin et sa jambe déliée pour sentir la force de ces muscles qui ne reculent devant aucun effort de travail. Elle a tant de souplesse dans les mouvements qu'on la croirait frêle; mais en réalité, soit volonté, soit race, soit habitude, elle a, pour marcher, pour courir, pour porter des fardeaux, une aisance et une vigueur peu communes chez une femme. Elle dit avoir été si passionnée pour la danse, avant de quitter Frascati, qu'elle dansait six heures de suite sans respirer, et s'en allait, en sortant du bal, se mettre à l'ouvrage au point du jour, sans qu'il lui en coûtât le moindre effort. Aussi se moque-t-elle de moi quand je la plains de ne pouvoir rester près de moi à dormir pendant que le soleil commence à luire. Elle dit que, si elle vivait sans fatigue et sans émotion, elle serait bientôt morte.

Qu'y a-t-il donc en elle de si solide comme force physique que l'exubérance de la force morale ne l'ait pas déjà usée? Quand elle est forcée de reprendre le soin de la vie matérielle, c'est une agilité, une gaieté, une présence d'esprit, une netteté de vouloir et une promptitude d'action qui font d'elle une ménagère, une servante et une ouvrière modèles. Qui croirait, à la voir se livrer avec *maestria* aux occupations les plus vulgaires, qu'elle a ces extases de colombe mystique?

J'étais heureux de ne pas dormir et de regarder son front pur, inondé de cheveux noirs, et ses longs cils fins projetant des ombres si douces sur ses joues veloutées. Comment ne l'ai-je remarquée, cette beauté pénétrante, à nulle autre comparable, le premier jour où elle m'est apparue ? Comment, lorsque je l'ai regardée pour la première fois, l'ai-je trouvée seulement singulière et agréable? Comment, lorsque, me me sentant vaguement épris d'elle, je vous traçai son portrai à Rome, n'osais-je pas prononcer qu'elle était jolie? Comment, dans ce temps-là, pouvais-je dire que Medora était remarquablement belle? Dans mon souvenir, à présent, Medora est laide et ne peut être que laide, puisqu'en elle tout est l'opposé de ce chef-d'œuvre de l'art divin que j'ai là dans le cœur et dans les yeux.

Ma montre marqua trois heures. Son vieux bruit sec était le seul bruit saisissable autour de moi. La sonorité s'était faite au dehors, la pluie avait cessé. Quel fut donc mon étonnement d'entendre, comme une mélodie aérienne passant dans l'air, au-dessus du tuyau de la cheminée, le son d'un instrument qui me parut être celui d'un piano? Je prêtai l'oreille, et je reconnus une étude de Bertini que l'on sabrait avec un aplomb révoltant. Cela avait quelque chose de si étrange et de si follement invraisemblable à pareille heure et en pareil lieu, que je crus être halluciné. D'où diable pouvait venir cette musique? Elle m'arrivait trop nette pour être supposée partir du dehors; et d'ailleurs, à un mille à la ronde, il n'y a pas une habitation que l'on puisse supposer en possession d'un piano et d'un pianiste.

Étais-je trompé par le son de l'instrument? Celui-ci provenait-il d'un de ces petits *cembali* portatifs que les artistes bohémiens promènent sur leur dos de porte en porte? Mais si cela venait du dehors, à qui donnait-on cette aubade par un temps pareil et en plein désert? D'ailleurs, c'était un piano un véritable piano, assez faux et assez sec, mais piano s'il en fut, avec toutes ses octaves et ses deux pédales.

— Il y a de quoi devenir fou ici, dis-je à Daniella, que l'agitation de ma surprise avait éveillée. Écoute, et dis-moi si cela est concevable!

— Cela ne peut venir, dit-elle après avoir écouté, que du

couvent des Camaldules, qui est à un quart de lieue d'ici. Je ne sache pas qu'il y ait là d'autre instrument que l'orgue de l'église : il faut que quelque moine artiste soit en train d'étudier une messe pour dimanche prochain.

— Une messe sur une étude de Bertini !

— Pourquoi non ?

— Mais ce n'est pas plus là le son de l'orgue qu'une crécelle n'est une cloche.

— Eh ! mon Dieu, la nuit, et quand l'air est détendu par la pluie, les sons lointains nous arrivent quelquefois si déguisés, que l'on jurerait entendre tout autre chose que ce qui est.

Il fallut nous arrêter à cette supposition. Il n'y en a pas d'autre admissible. Nous nous rendormîmes au son du piano fantastique, dans cette masure, que l'on pourrait appeler le château du diable.

A mon tour, je fus vaincu par le sommeil, à tel point que Daniella, craignant mon chagrin et mon inquiétude ordinaires, se leva sans bruit, au point du jour, et s'échappa furtivement, après m'avoir bien enfermé dans le casino, car elle craignait qu'étant libre d'errer dans les ruines, je ne me fisse voir par quelque ouverture.

Elle ne fut pas plutôt partie, qu'une sollicitude instinctive m'éveilla, et que je voulus courir après elle pour lui dire mon projet d'évasion ; mais j'étais sous clef et je me résignai à reprendre mon somme. Le temps s'annonçait magnifique, et le soleil envoyait déjà une lueur rose derrière les montagnes bleuâtres. Sur ces terrains inclinés, où la roche volcanique s'égrène en sable doré à la surface, la pluie ne laisse ni fange ni humidité, et, une heure après la plus forte averse, on n'en retrouve la trace que sur les herbes plus vertes et les fleurs plus riantes. Je me consolai donc un peu, en pensant que ma chère Daniella n'avait à faire, ce matin-là, qu'une promenade agréable à travers le parc.

Ce fut elle qui m'éveilla à neuf heures. Elle avait couru pour moi toute la matinée. Elle avait été à Frascati comme pour acheter du fil, mais, en fait, pour savoir ce qui se passait à propos de moi. Elle avait causé avec la Mariuccia, et m'apportait, de Piccolomini, ma valise, mon nécessaire de toilette, mes albums et mon argent. Ceci me parut très-bien vu ; nous étions libres de partir. En outre, elle apportait des provisions de bouche pour deux jours, de la bougie, des cigares, et ce fameux café dont elle tenait tant à ne pas me sevrer.

Elle avait trouvé moyen de faire grimper tout ce fardeau, dans une brouette poussée par un des journaliers de Piccolomini, jusqu'au haut du *stradone,* le tout recouvert de pois secs que la Mariuccia était censée vendre à Olivia, et que celle-ci faisait remiser dans un de ses *fourre-tout* de Mondragone, où, selon elle, on allait envoyer encore une fois des ouvriers pour réparer le château. Le paysan avait laissé la brouette à l'entrée de la cour, et, renvoyé de suite, il n'avait rien vu déballer.

Quoique ma chère maîtresse fût tout essoufflée de cette expédition, je me réjouis de la bonne idée qu'elle avait eue.
— Il faut maintenant, lui dis-je, puisque tu es si ingénieuse et si active, que tu arranges toutes choses pour notre fuite. Je t'enlève, à moins que tu ne me dises que mon affaire avec le saint-office n'aura pas de suites et que je peux t'épouser dans ce pays-ci, sans trop de retard.

— Tu songes à l'impossible, répondit-elle en secouant la tête. Ton affaire prend une mauvaise tournure. Mon frère, qui, par bonheur, ne te soupçonne pas du tout d'être mon amant, a conçu pourtant contre toi une haine effroyable, à cause des coups que tu lui as donnés. Il prétend maintenant qu'en le frappant, tu l'as traité d'espion et que tu as injurié et maudit, en termes révolutionnaires, le gouvernement de l'Église. Il dit t'avoir reconnu, et il produit un témoin qui serait accouru trop tard pour le secourir, mais qui aurait entendu tes paroles et vu ta figure. Ce témoin n'a jamais été vu à Frascati, et pourtant la police paraît le connaître et a pris acte de sa déposition. On a été encore hier soir à Piccolomini, probablement pour t'arrêter, et, ne te trouvant pas, on a fait ouvrir ta chambre pour s'emparer de tes papiers, car on assure maintenant que tu es affilié à l'éternelle conspiration que l'on découvre toutes les semaines contre le pouvoir temporel du saint-père. Heureusement, ma tante avait prévu le cas : elle avait retiré de ta chambre tous tes effets, et jusqu'au moindre bout de papier chiffonné. Tout cela était bien caché dans la maison. Elle a dit que tu étais parti la veille pour Tivoli, à pied, avec ton attirail de peintre, et que tes autres effets étaient restés à Rome le jour de Pâques. Aussitôt qu'elle s'est vue débarrassée de ces inquisiteurs, elle est partie elle-même pour Rome, où elle va consulter lord B*** sur ce qu'il y a à faire pour te tirer de là. Il faut donc que tu attendes patiemment ici le résultat de ses démarches; car de songer à voyager, de jour ou de nuit, sans tes passe-ports qui sont à la police française à Rome, c'est impossible. Tu serais arrêté à la première ville, et, vouloir passer la frontière par les sentiers, comme font les brigands et les déserteurs, en supposant que je pusse te servir de guide, ce qui n'est pas, c'est mille fois plus pénible et plus dangereux que de rester ici, où, lors même qu'on te soupçonnerait d'y être, on ne se déciderait pas aisément à venir te prendre.

— Et pourquoi cela ?

— Parce que ceci est une ancienne résidence papale et qu'il y avait autrefois droit d'asile. Les Borghèse avaient hérité de ce droit, et, bien que tout cela soit aboli, la coutume et le respect des anciens droits subsistent encore. Pour se faire ouvrir ces portes qui te défendent, il faudrait que l'autorité locale se décidât à faire une grave injure à la princesse, et on ne l'osera jamais sans sa permission.

— Mais pourquoi n'obtiendrait-on pas cette permission ?

— Parce que Olivia aussi est partie pour Rome, et qu'elle va tout confier à sa maîtresse, laquelle est généreuse et s'intéressera à nous. Tu vois que les femmes sont bonnes à quelque chose, et je crois même que, dans notre pays romain, il n'y a que nous qui valions quelque chose en effet.

J'étais bien de cet avis, et, me rappelant que, sans passeport, il n'y avait moyen de s'embarquer sur aucune rive d'Italie, à moins de se lancer dans des aventures trop pénibles ou trop périlleuses pour la chère compagne que je ne veux pas laisser derrière moi, je me suis résigné à suivre son conseil et à m'abandonner à la protection des femmes ; car je suis profondément touché du dévouement de la Mariuccia et d'Olivia. J'admire la prévoyance et l'activité de ce sexe généreux et intelligent, qui, en tout temps et en tout pays, mais en Italie surtout, a été la providence des persécutés.

— Prends-en donc ton parti, disait Daniella en rangeant la chambre et en plaçant un petit crucifix à mon chevet et un vase à fleurs sur ma cheminée, comme s'il se fût agi d'installer là un ménage dans les conditions les plus régulières et les plus naturelles : tu en seras quitte pour t'ennuyer ici huit jours au plus. Il est impossible que milord et la princesse ne trouvent pas le moyen de te délivrer avant une semaine.

— M'ennuyer? tu ne viendras donc plus me voir?

— Et comment vivrais-je si je ne venais pas? Oh! si tu voyais un jour s'écouler sans moi, tu pourrais bien dire: La Daniella est morte!

— Mais la Daniella ne peut pas mourir!

— Non, puisque tu l'aimes!... Donc, tu te soumets?

— Avec une joie dont tu n'as pas d'idée, car je me suis tourmenté tout un jour du désir d'être enfermé ici avec toi. Une seule chose me gâte mon rêve, c'est le métier que tu fais pour venir et t'en aller. Cela est un vrai supplice pour moi.

— Et tu as tort. Voilà le beau temps; le vent souffle de l'Apennin, tous les nuages s'en vont à la mer. Nous avons du soleil au moins pour huit jours; mes promenades seront donc très-jolies, et, puisque nous avons inventé, Olivia et moi, l'arrivée prochaine d'ouvriers dans ce château, nous aurons mille prétextes pour qu'elle m'y envoie avec des paquets. D'ailleurs, le plus lourd est transporté; je n'ai plus qu'à m'occuper de te nourrir. Si ce beau temps nous amène quelques étrangers à Frascati, les soirées sont encore trop fraîches pour qu'ils ne retournent pas à Rome avant la nuit. Or, comme la journée suffit à peine pour leur faire voir les villas qui touchent à la ville, et Tusculum, qui attire plus que tout le reste, tu ne seras pas dérangé ici. Mondragone est toujours ce que l'on visite le moins, et s'il arrivait que, pour ne pas éveiller les soupçons, Olivia fût forcée d'amener ici quelque promeneur, souviens-toi de ce que je vais te dire de sa part. Elle aurait le soin de frapper très-longtemps et très-fort à la grande porte avant d'ouvrir elle-même. Elle ferait semblant de compter sur un ouvrier occupé dans la cour, et, ne le voyant pas venir, elle essayerait une prétendue *autre* clef, qui serait la véritable et qui ouvrirait comme par hasard. Tu aurais eu tout le temps de rentrer dans ton casino et de t'y enfermer. On n'est forcé d'y conduire personne, puisque les étrangers ne savent pas qu'il existe, et on peut toujours dire qu'il tombe et qu'on n'y va plus.

— Ah çà, mon Dieu ! ne tombera-t-il pas, pendant que tu es avec moi ? Je deviens bête et peureux comme un enfant. Je suis si heureux que je me demande si le ciel ne va pas s'écrouler sur nos têtes, ou si la terre ne va pas fuir sous nos pieds.

— Rien ne tombera, rien ne bougera, nous nous aimons !

— Tu as raison ! Il doit y avoir pour les vrais amants une Providence particulière.

— Il y a plus que cela : il y a en eux une vertu magique et une force surnaturelle qui vaincraient le diable, si le diable s'attaquait à eux.

Elle déjeuna avec moi, et me quitta pour aller travailler à la villa Taverna, car il faut qu'elle soit vue faisant sa besogne, et nous décidâmes qu'à partir du lendemain, elle ne reviendrait plus dans la journée, à moins de quelque événement imprévu. Elle m'arriverait tous les jours, à six heures du soir, et ne partirait plus qu'à huit heures du matin. Il lui était indifférent de rencontrer des ouvriers dans le parc à cette heure-là. Elle serait censée avoir été faire pour Olivia une commission au couvent des Camaldules, et, quant à la course du soir, elle trouverait des raisons non moins plausibles.

— De quoi t'inquiètes-tu ? disait-elle. Les raisons ne manquent jamais. Cela se trouve, juste au moment où l'on en a besoin, et celle qui reste court, ou qui fait un mensonge invraisemblable, n'est pas digne d'être femme et d'avoir un amant.

Je m'étais souvent imaginé, moi, que quand une femme

me dirait si ingénument sa supériorité en fait de ruse, je me méfierais d'elle pour mon compte ; mais, depuis que j'aime celle-ci, tout est changé en moi, tout est renversé dans mon esprit. Du moment que c'est elle qui ment, je trouve que le mensonge est une des grâces de son sexe.

Toutes choses réglées ainsi, je l'ai vue partir sans angoisse. Il me semblait que je ne la quittais pas : j'allais penser à elle tout le jour en travaillant.

XXIX

Mondragone, 12 avril.

Car il est bien temps de travailler, n'est-ce pas ? Depuis que j'ai mis le pied en Italie, je me délie les jambes et je me croise les bras. Il est temps aussi, non plus de savoir si j'aurai du talent, mais de songer à en acquérir. En tout cas, il faut que j'aie une industrie qui m'aide à me constituer une sécurité, un intérieur, une famille. Cette industrie pourra toujours être un gagne-pain, sans aucun honneur artistique; c'est le pis-aller de la situation; mais on doit se dégoûter d'un métier où l'on ne met pas tout l'effort de son être moral, et je veux, puisque la question de métier est jugée et acceptée par ma conscience, porter dans le mien tout l'idéal dont je suis capable, tout le feu que je dois puiser dans l'amour. Allons, allons ! oui : je dois à la femme qui m'a initié à la vie supérieure, de manifester cette vie par une distinction et une valeur quelconques. J'aurai donc du talent, il le faut, et ce problème de ma destinée et de ma pensée, qui me paraissait si effrayant à sonder, c'est une chose claire comme le jour, à présent. *Vouloir, espérer, tenter!* Non! Quelque chose de plus encore; quelque chose comme ce qui fait la grandeur et la beauté de ma maîtresse: *Croire et pouvoir!* Je commençai donc sur-le-champ à déballer et à préparer mon sac d'étude; après quoi, je cherchai un sujet pour commencer quelque chose. J'avais si bien juré d'être prudent, que Daniella m'avait laissé la liberté de me promener dans mon vaste domaine.

Il y a là, quand le soleil brille, dans ces accidents d'architecture disloquée, dans cette végétation folle qui a tout envahi, dans ce contraste d'un reste d'opulence souriante avec la solennité de l'abandon, des motifs pour toute la vie d'un peintre. Ces ruines n'ont rien qui rappelle celles de nos manoirs féodaux. Il n'y faudrait chercher ni les grandes lignes austères, ni la sombre couleur, ni le caractère effrayant. Le *pianto* lui-même n'a rien de lugubre. C'est toujours l'Italie qui rit et chante jusque sous l'herbe du tombeau. Mais, par cela même que de telles ruines ont une physionomie que les littérateurs et les peintres n'ont pas usée, soient qu'ils ne l'aient pas regardée, soient qu'ils ne l'aient pas comprise, elles sont pour moi une trouvaille. Ce n'est pas seulement un fait à étudier, c'est un certain aspect à rendre, un sentiment particulier à exprimer; c'est une interprétation originale d'objets qui ont leur manière d'exister.

J'ai appris avec soin la perspective et j'ai étudié l'architecture, ne voulant pas être arrêté par des obstacles matériels qui gênent même les maîtres aujourd'hui. On s'est moqué de moi à l'atelier, et je me suis obstiné à croire qu'en attendant la révélation de la syntaxe des choses, il était bon d'en connaître la grammaire élémentaire. Nous n'avons pas toujours à notre service les conditions de l'inspiration, et les tons froids dominent dans le tableau de la vie; c'est donc une immense perte de temps que d'attendre les beaux jours de l'exubérance. Si nous n'avons qu'accidentellement du soleil dans l'âme, nous avons toujours, quand nous la cultivons un peu, cette tranquille et laborieuse petite volonté dont vous aussi, mon ami, vous m'avez raillé quelquefois. Tant il y a qu'aujourd'hui me voilà prisonnier dans des murailles, c'est-à-dire dans des lignes, des aplombs, des angles et des parallèles ; que tout cela produit, dans l'ombre et dans la lumière, des effets magiques, et que je suis bien content d'être *adroit* et *habile*, en attendant mieux.

J'ai donc passé deux heures à me promener dans tous les sens et à contempler les effets. Je n'avais que l'embarras du choix. Il s'agit de commencer par quelque chose, et je suis fixé pour demain ; mais vous savez, mon ami, que l'on ne peut pas travailler exclusivement devant la nature. Elle ne pose pas toujours devant nous, et même elle pose si peu qu'elle nous désespère. C'est un modèle qui ne reste pas un instant éclairé comme l'instant d'auparavant. Il faut prendre l'effet au vol, et interpréter ensuite avec le sentiment. J'avais donc besoin d'un atelier pour travailler *da me*, comme on dit ici, et je me suis mis à le chercher.

Certes le local ne manque pas, et, pour cela aussi, je n'avais que l'embarras du choix. Je me suis décidé pour une salle immense et d'une fort belle coupe, située au premier, du côté sud ; au troisième, du côté nord, tout au beau milieu du grand pavillon. Ce doit avoir été là, jadis, la chapelle papale. Elle n'a plus que les quatre murs, et pas mal de trous que je suis occupé à boucher avec des planches, laissant à découvert les ouvertures qui me donnent un beau jour et qui sont placées trop haut pour inquiéter ma Daniella. Il y a ici, à discrétion, du bois de travail en partie débité, des échelles, des planches et des tréteaux de toutes dimensions. J'ai trouvé même quelques vieux outils élémentaires laissés par les ouvriers, une scie, un marteau, des tenailles, etc., et j'ai choisi, dans le bois dépecé pour la menuiserie, les matériaux au moyen desquels je pourrai me fabriquer, tant bien que mal, une espèce de chevalet. Élevé à la campagne, je ne suis pas plus maladroit qu'un autre, et il ne me faudra pas beaucoup de temps pour devenir le Robinson de ma solitude.

Je suis sûr, pourtant, que vous riez de mes préoccupations d'installation et d'outillement dans mes ruines. Moi aussi, j'en ris, ce qui ne m'empêche pas de m'en amuser sérieusement. Daniella songe bien à mon café! Je trouve charmant de m'établir comme un artiste paisible et bourgeois, dans les conditions qui semblent le plus exclure le bien-être du corps et de l'esprit. Et si vous y réfléchissez, vous verrez combien ce sentiment-là est naturel, et comme l'idée d'un certain arrangement des choses, fût-ce dans une grotte de rochers, égaye la vie et provoque l'activité humaine.

Quand je me suis vu muni de tout ce qui m'était nécessaire, j'ai songé au moyen de scier et de clouer sans faire de bruit. J'ai essayé mon marteau enveloppé d'un lambeau de tablier de cuir abandonné par les charpentiers; mais, de mon atelier, je domine tous les environs, et, bien que les jardins soient presque toujours déserts autour de Mondragone, la petite ferme située tout au bas de l'allée de cyprès, c'est-à-dire à un quart de lieue environ, doit entendre chanter les grandes girouettes de la terrasse. Donc je dois renoncer au marteau, et demander à Daniella de m'apporter des clous à vis et des vrilles. Quant au bruit moins retentissant de la scie, j'irai me servir de cet outil dans le *pianto*, où j'ai remarqué qu'aucun bruit du dehors ne pénètre ; d'où je conclus qu'aucun bruit n'en doit sortir.

Ne pouvant rien commencer aujourd'hui, j'ai fait une nouvelle tournée à un autre point de vue. Il s'agit de savoir si, en collant l'œil aux fentes des huis ou en grimpant aux murs d'enceinte, on peut m'apercevoir du dehors quand je ne suis pas dans mon casino. Je me suis assuré que les portes sont neuves et bien jointes ; que les murs, qui me paraissaient médiocrement élevés, dominent, à l'extérieur, des escarpements formidables ; enfin que ma forteresse, avec son air bénin, est très-difficile à escalader.

Pourtant, je dois regarder le casino comme une citadelle de réserve en cas d'envahissement des autres parties de mon domaine par les curieux, et j'ai avisé à boucher les fentes des portes et fenêtres qui relient ma petite terrasse avec le fond du portique de Vignole, lequel sera mon promenoir, les jours de pluie, et mon chemin de retraite rapide en cas d'alerte. Me voilà donc à l'abri de tout espionnage et de toute surprise. Il ne reste plus à redouter que le cas de sommation légale à la bonne Olivia, et le casino n'est garanti, du côté des appartements, que par des portes assez minces. En outre, il n'y a aucun moyen de s'en échapper sans courir grand risque de se casser le cou, et cette idée me fait frémir quand je songe que je peux être surpris avec Daniella, et qu'elle tenterait probablement de s'échapper avec moi.

Pourtant, tous ces palais italiens ont quelque ingénieuse cachette ou quelque issue mystérieuse, et je serais bien étonné si je ne découvrais pas l'une ou l'autre quelque part.

C'est toujours vers le *pianto* que mon esprit va cherchant le mystère de Mondragone. Il est évident qu'Olivia et Daniella l'ignorent ; mais si l'écroulement de quelque passage secret a effacé le souvenir de la tradition, est-il impossible d'en retrouver la trace ?

Je suis donc retourné au *pianto*, et j'ai vainement tâché d'explorer les cuisines, sous le *terrazzone*. Après quelques pièces insignifiantes, j'ai trouvé des murs et des amas de moellons placés récemment pour soutenir les voûtes qui menaçaient ruine. Cette partie est condamnée absolument. Remontant alors au cloître, je suis venu à bout, avec mon ciseau, de forcer le volet d'une de ces petites fenêtres plus larges que hautes, sortes de soupiraux qui me tourmentaient. J'ai lancé par là, d'abord de petites pierres que j'ai entendues tomber assez profondément, et puis des morceaux de papier enflammés que j'ai pu suivre de l'œil. Le premier que j'ai risqué a été le seul qui menaçât d'incendier le château. En le regardant descendre lentement et brûler à terre, je me suis assuré qu'il n'y avait là aucun amas de bois et aucun débris combustible ; rien que le sol, semé de pierres et briques cassées. Les autres papiers enflammés m'ont permis de distinguer parfaitement le local. C'est une cave assez spacieuse, bien voûtée, très-sèche, et qui communiquait à une cave contiguë par une arcade maintenant comblée de débris jusqu'au cintre.

Tout cela me serait bien facile à explorer au moyen d'une corde à nœuds fixée au soupirail, si ce soupirail n'était défendu par des barres de fer très-rapprochées et très-bien scellées dans la pierre. Il faudrait donc arracher cette grille, ce qui ne serait pas impossible avec les outils convenables ; mais le bruit ! Il ne m'est pas bien prouvé qu'il soit absolument étouffé dans cet entonnoir. Au premier ouragan, je profiterai du vacarme général pour risquer ce travail.

N'ayant plus rien à tenter aujourd'hui, je suis revenu sur ma petite terrasse pour vous écrire tout ce qui précède. J'ai, de là, cette magnifique vue dont je vous ai parlé, et, avec la jouissance des yeux, celle de l'ouïe, car, excepté le berger qui garde ses moutons sur les sommets de Tusculum, je suis l'habitant le plus haut perché de tout ce massif de montagnes. Tous les bruits des collines et des vallées montent donc jusqu'à moi, et j'ai eu le loisir, en vous écrivant, d'étudier cette musique produite par la rencontre fortuite des sons épars qui constitue, en chaque pays, ce que l'on pourrait appeler la musique naturelle locale.

Il y a des endroits comme cela qui chantent toujours, et celui-ci est le plus mélodieux où je me sois jamais trouvé. En première ligne, il faut mettre la chanson des grandes girouettes de la terrasse extérieure. Il est si régulièrement phrasé à son début, que j'ai pu écrire six mesures parfaitement musicales, lesquelles reviennent invariablement à chaque souffle du vent d'est, qui règne depuis ce matin. Ce vent procède, sur la première girouette, par une phrase de deux mesures plaintives à laquelle répond la seconde girouette par une phrase pareille de forme, mais d'une modulation plus triste; la troisième continue le même motif, en le modifiant par un changement de ton très-heureux.

La quatrième girouette est cassée, par conséquent muette, ce qui est fort à propos, vu que son silence permet à la première de reprendre son thème dans le ton où il vient d'être porté par l'augmentation du vent; alors, pour peu que la bouffée continue, les trois girouettes chantent une sorte de canon à trois voix qui est fort étrange et fort pénétrant, jusqu'à ce que le souffle qui les pousse tombe peu à peu et les ramène, par des intervalles inappréciables à nos conventions musicales, c'est-à-dire plus ou moins faux, à leur justesse première.

Ces girouettes pleurardes et radoteuses, avec leurs notes d'une ténuité impossible, sont comme les ténors aigus qui dominent l'ensemble. Je ne sais quel esprit de l'air les met d'accord avec le son des cloches des Camaldules, mais il arrive, à chaque instant, que ces cloches leur font une très-belle harmonie. J'entends aussi, par moments, les phrases entrecoupées des orgues de ce couvent, ou de l'église de Monte-Porzio, village que j'aperçois sur ma droite, au delà des Camaldules. Est-ce de l'une ou de l'autre église que partaient, cette nuit, des sons que j'ai cru être ceux d'un piano ? En ce moment, rien n'y ressemble, rien ne m'explique ce phénomène d'acoutisque.

D'autres chants se mêlent encore à ceux des girouettes : ce sont les refrains des paysans épars dans la campagne. Ils chantent fort mal ; ils crient du nez, et je n'en entends pas un sur cent qui me paraisse tant soit peu bien organisé pour la musique. Ils semblent avoir beaucoup moins conscience de ce qu'ils chantent que les girouettes de Mondragone. Néanmoins, je saisis parfois des phrases d'un caractère sauvage qui ne déparent pas le sentiment répandu dans l'ensemble.

Les basses continues sont dans le bruissement lourd des pins démesurés qui se dressent du côté de la villa Taverna comme des parasols ouverts au-dessus du *stradone* de chênes, et dans une cascade que je ne puis apercevoir, mais que je me rappelle avoir remarquée le long de l'énorme massif de maçonnerie qui soutient le *terrazzone*. Ces eaux perdues des ruines sont très-mystérieuses. Les fontaines d'où elles jaillissaient étant brisées et taries, elles se sont frayé des passages inconnus dans les fondations et s'échappent par les fissures qu'elles rencontrent, au milieu de rideaux de plantes pariétaires qui font des cheveux et de la barbe aux grands mascarons béants au fond des niches.

Et puis, il y a les cris des oiseaux, bien que les oiseaux soient beaucoup plus rares ici que dans nos climats. Ce sont les vautours et les aigles qui dominent. Le menu peuple des petits chanteurs mystérieux des buissons me paraît en minorité. Il y a donc peu de doux gazouillements dans l'air, mais de grandes voix aigres qui semblent chanter une messe des morts, en se moquant de ce qu'elles disent.

En écoutant tout cela, je poursuis et tourmente une idée qui m'a bien souvent frappé dans ces harmonies naturelles que produit le hasard. Le vent, l'eau courante, les portes qui grincent sur leurs gonds, les chiens qui hurlent et les enfants qui crient, toutes ces voix qui sont censées chanter faux, produisent quelquefois, par cela même qu'elles échappent aux règles tracées, des effets d'une puissance et d'une signification extraordinaires. C'est peut-être bien à tort que les musiciens s'en offensent. Dans le faux, il y aurait à choisir, et si nous n'avions le sens de l'ouïe oblitéré par la convention de la méthode, nous découvririons des beautés inconnues, des expressions souverainement vraies et nécessaires dans des dissonances réputées inadmissibles. Dans ce nombre il faudrait ranger surtout la fantaisie éolique que ces girouettes rouillées me font entendre en ce moment. Elles pleurent et soupirent, dans leurs folles discordances, avec une énergie dont aucune définition musicale ne saurait rendre le déchirement. C'est quand elles sortent de leurs thèmes *possibles*, c'est quand je ne trouve plus le moyen de noter leurs vibrations délirantes avec des signes convenus, qu'elles remplissent l'air d'une symphonie fantastique qui ressemble à la langue mystérieuse de l'infini.

Et nous, hélas ! dans tous nos arts comme dans toutes nos manifestations de sentiment, nous touchons à la limite du possible avec une effrayante rapidité. Oh ! comme je sens cela, maintenant que le sens de l'infini est entré avec l'amour dans mon âme! Comme je sens que les paroles sont vaines et les expansions bornées! Je n'ose relire ce que je vous écrivais il y a une heure, dans la crainte d'être indigné d'avoir osé tenter de l'écrire! Et pourtant mon cœur déborde, et j'ai comme un besoin de crier ma joie aux hirondelles qui passent sur ma tête et aux brises qui couchent les herbes sur les flancs des ruines. Mais je m'arrête, parce que je ne la sais pas, cette langue de l'infini qui me mettrait en rapport avec tout ce qui aime et respire dans l'univers. Le langage humain est court et grossier. Plus il s'alambique, plus il est cynique quand il veut raconter l'amour. L'amour! Il n'a qu'un mot, *j'aime!* et quand il ajoute *j'adore!* il ne sait déjà plus ce qu'il dit. Aimer est tout; et ce qu'il y a de divin et d'ineffable dans cet acte immatériel de l'union des âmes, rien ne peut l'exprimer en plus ou en moins.

C'est qu'à un certain degré d'intensité de l'émotion, l'esprit rencontre un obstacle qui est comme le seuil du sanctuaire de la vie divine. *Tu n'iras pas plus loin!* voilà ce qui a été dit au flot de notre passion terrestre; au delà de certains cris de la céleste volupté, tu ne pourras plus rien dire, car tu serais Dieu si tu savais manifester le sixième sens, et il faut rester ce que tu es.

Le soleil baisse, et je n'ai d'ailleurs plus le cœur à écrire. Quand l'heure approche où je vais la revoir, je ne me rends plus compte que d'une impatience dévorante. Mais la voilà, je l'entends ouvrir la porte de la cour. . . . .

. . . .

Ce n'était pas elle! C'était un de ces bruits qu'il me faut étudier un à un avec soin pour en découvrir la cause. La grande caserne du fond de la cour laisse pleuvoir ses ardoises, qui, en se détachant avec leurs clous du bois pourri, grattent le toit avant de tomber. — Elle est venue tard: j'ai été bien inquiet. Enfin, la voilà, et, pendant qu'elle met notre couvert, je veux vous dire ce qui se passe dehors à propos de moi.

Olivia et Mariuccia sont revenues de Rome; c'est pour

les attendre et pour me rapporter le résultat de leur voyage que Daniella n'est venue qu'à sept heures. Lord B*** et sa famille sont à Florence et ne rentreront à Rome que la semaine prochaine. La princesse Borghèse est absente aussi ; mais son intendant général, sûr des sentiments généreux de sa maîtresse, a parlé à un personnage puissant qui s'est engagé à paralyser les poursuites en ce qui concerne l'intégrité de mon asile, à la condition que je n'en sortirai pas sans sa permission écrite. Voilà donc un protecteur qui se constitue mon geôlier, et, pour un peu, je serais ici prisonnier sur parole. Mais c'est ma Daniella qui seule exige de moi ce serment. Le cardinal *** se contente de me faire savoir qu'en me tenant caché à Mondragone, je ne cours aucun danger. Il ne répond de rien si j'en sors seulement une heure.

Tout cela m'arrange on ne peut mieux, et je crois bien que, dans l'état des choses, il faudrait beaucoup de sbires et de gendarmes pour me faire quitter ma chère prison.

XXX

Mondragone, 18 avril.

Je suis vraiment ici le plus heureux des hommes, et je sens bien que ce sont là les plus beaux jours de ma vie. Chaque moment augmente ma passion pour cette adorable femme qui, bien réellement, ne respire que pour moi. Cette ivresse d'amour ne sera-t-elle qu'une lune de miel ?

Non, c'est impossible, car je ne comprends plus comment j'accepterais la vie si cette ferveur se refroidissait de part ou d'autre. Elle me semble inépuisable. Ce qui est grand et beau peut-il donc nous lasser? On dit pourtant qu'il faut un miracle pour que l'amour dure; je crois plutôt qu'il en faut un bien terrible pour qu'il finisse.

C'est une existence bizarre, mais délicieuse pour moi que celle que je mène ici. Mes dix heures de solitude absolue sur vingt-quatre s'envolent comme un instant, et, loin de m'inquiéter de ce dicton vulgaire que le temps paraît long quand on s'ennuie, je m'aperçois que c'est le contraire absolument qui m'arrive. Les heures que la Daniella passe auprès de moi me semblent longues comme des siècles, parce qu'elles sont remplies d'émotions et de joies indicibles. Je remercie Dieu de l'illusion où je suis que j'ai vécu déjà, avec cette compagne venue du ciel, une éternité de bonheur.

Quand je suis seul, je m'occupe et me rends compte des heures qui fuient trop vite pour mes besoins de travail. Quand *elle* est là, j'entre dans une phase sur laquelle il me semble que la course du temps n'a pas de prise, puisque chaque instant me rend plus vivant, plus épris, plus naïf, plus jeune que je ne l'étais l'instant d'auparavant. Oh! oui, oui, nous sommes immortels : l'amour nous en donne la claire révélation!

J'ai mis de l'ordre dans mes journées pour les rendre aussi profitables que possible. Nous nous levons à cinq heures, nous déjeunons ensemble, je *la* reconduis jusqu'à la porte du parterre, et je m'enferme; nous avons chacun une clef de cette porte-là. Je cours à mon atelier faire ma palette et peindre, car j'ai esquissé mon tableau, et j'y travaille assidûment. A midi, je prends, sur ma terrasse du casino, ma très-frugale collation. Je fume et lis un peu dans les livres classiques que Daniella m'apporte de la villa Taverna, où il y a un reste de bibliothèque dans les greniers. Quelques pages chaque jour me suffisent pour retremper ce coin du cerveau qu'il ne faut pas laisser atrophier. Les choses écrites, bonnes ou médiocres, vraies ou fausses, entretiennent toujours un lien de souvenir ou de raisonnement entre nous et ce *non-moi* des métaphysiciens qui est encore *nous*, quoi qu'ils en disent. Je fais ma promenade en continuant mon cigare et mes réflexions sur ma lecture; puis, je travaille d'après nature, jusqu'au moment où le soleil m'avertit qu'il faut rentrer au casino pour faire le ménage avec un soin extrême, en attendant ma Daniella.

J'ai déjà ici toutes mes habitudes et toutes mes aises. J'ai trouvé, dans un coin noir, sous des copeaux, deux fauteuils dorés très-misérables, que j'ai recloués et solidifiés, car la *surdité* du *pianto* me permet décidément de me servir du marteau, avec un peu de précaution seulement. J'ai rétabli l'équilibre de la table, et je l'ai frottée et cirée pour la rendre appétissante. J'ai rendu les vitres claires, et, pour entretenir les fleurs dans le vase de la cheminée, je sais dans quels coins humides fleurissent les iris de velours noir à cœur jaune, et le long de quels murs poussent encore des giroflées d'un beau ton de carmin. Il y a bien cinquante ans que ces plantes n'ont reçu aucune culture; elles sont devenues simples, de doubles qu'elles étaient; mais elles n'en sont ni plus tristes ni moins parfumées. Le réséda de nos jardins pousse ici sur les vieux murs comme l'ortie chez nous. L'asphodèle blanc doublé de vert, qui pousse en quantité dans le parterre, est une espèce magnifique que je n'ai pas rencontrée ailleurs, et que je crois exotique. Elle serait aussi un vestige de l'ancienne culture de ce terrain, maintenant abandonné à lui-même. Le cyclamen, qui ne se plaît que sous les arbres, est plus rare dans ces ruines. Pourtant j'en ai découvert *un nid* dans la rocaille de la fontaine qui est au bout du parterre, et je les ménage religieusement ; j'en sais le compte.

Cette fontaine, la seule qui ait conservé de l'eau vive dans l'intérieur du château, est l'objet divertissant de mon enclos. Elle est placée sur une sorte de théâtre où l'on monte par un perron à bas-reliefs de mosaïques représentant des dragons, et surmonté de vases ventrus, qui nourrissent une végétation de plantes sauvages assez semblables à des artichauts. Ces vilaines plantes sont tout à fait en harmonie avec ces vilains pots. La fontaine est une grande coupe posée sur un gros piédestal et garnie des mêmes gros vases de marbre blanc. Un lit d'herbes aquatiques surmontées de petites étoiles blanches d'une fraîcheur exquise s'est installé au fond de cette vasque, qui occupe le milieu d'une espèce de proscénium d'un faux goût antique. Tout autour sont des niches vides de leurs personnages mythologiques, et dans l'une desquelles l'eau arrive du dehors et remplit un bassin assez vaste, au ras du pavé de mosaïques. Car tout est marbre précieux dans cette futile décoration, et les échantillons de lapis, de porphyre, de jaspes, de vert et de rouge antiques craquent partout sous les pieds. Il y en a, près de la porte, un grand tas destiné à sabler le *stradone,* et sur ce tas, dans un coin du mur, la tête à moitié cachée par les bardanes et les chardons, gît une pauvre bacchante rococo couronnée de raisins. Elle est là, avec son rire pétrifié sur une bouche en cœur, étalant au soleil ses seins nus, tandis que ses jambes, plantées debout à côté d'elle, semblent attendre qu'elle se relève.

Je goûte dans cette captivité, dans cette solitude absolue, des plaisirs que je ne connaissais pas. Ce matin, je regardais au-dessous de moi, par les balustres de ma terrasse, les enfants de la ferme jouer sur la grande terrasse aux girouettes (le *terrazzone*), dont l'enceinte ne fait pas partie de mon domaine. J'écoutais leurs discours, et je me plaisais à l'emphase toute romaine avec laquelle un petit garçon maigre à figure de singe racontait qu'une fois en sa vie il avait mangé la *cioccolata* chez le curé de Monte-Porzio. L'histoire de ce chocolat ne finissait pas, et, pour en raviver le doux souvenir, il invitait ses camarades à en prendre fictivement dans des coquilles que l'on arrangeait en *dînette* sur une grande ardoise. Il imitait alors les manières accortes et majestueuses du curé, et, pendant une grande heure, au milieu d'un bavardage impossible à suivre, j'entendais le mot de *cioccolata* revenir avec une intonation de volupté indéfinissable, les autres marmots savourant, en imagination, cette ambroisie inconnue, vantée par leur camarade.

Je me rappelai que j'avais quelques tablettes de chocolat apportées par Daniella, et il me fallut un grand effort de prudence pour ne pas les leur jeter à travers les balustres. Quelle eût été leur surprise et leur joie de voir tomber à leurs pieds cette tuile précieuse, envoyée, certes, par la fée des girouettes! Je crois que j'allais succomber à la tentation, lorsqu'une jeune femme, que je crois être la femme de Felipone, arriva et les gronda beaucoup d'être si près du château, exposés, disait-elle, à recevoir sur la tête les pierres et les ardoises qui pleuvaient incessamment. Cette crainte m'étonna un peu, car, de ce côté-là, rien ne s'écroule quand le temps est calme, et l'empressement qu'elle mit à emmener sa marmaille me fit penser qu'elle me savait là, et qu'elle protégeait le mystère qui m'abrite. Pourtant Daniella assure qu'elle ne peut se douter de ma présence.

J'ai compris, en voyant partir ces enfants qui m'amusaient, les joies mélancoliques des prisonniers, le besoin d'entendre le son de la voix humaine et de contempler les ébats des êtres libres; mais j'ai compris cela seulement par la réflexion, car je suis le captif le plus docile et le plus satisfait qui existe. Je resterais certes ici toute ma vie avec joie dans les conditions où je m'y trouve. La pensée que Daniella doit infailliblement arriver à une heure fixe fait pour moi de l'isolement une volupté perpétuelle. Je suis là, du matin au soir, dans l'attente d'un rendez-vous d'amour dont je savoure le souvenir en même temps que l'espérance. Ma passion a ses heures de profond recueillement. C'est comme une idée religieuse méditée dans la solennité d'une vie d'anachorète.

J'écoute aussi avec plaisir des paroles lointaines que m'apportent les bouffées du vent, et j'aime à interpréter les situations auxquelles ces lambeaux de conversation peuvent se rapporter. Le chemin des Camaldules à Frascati passe très-près d'ici, et j'entends les bouviers crier après leurs bœufs, et les paysans s'entretenir ensemble à voix haute sur leurs chars à quatre roues. C'est, chaque fois, un petit événement pour moi, car ces chemins sont peu fréquentés, et ces bruits rares rompent la monotonie des bruits continus de la cascade et des girouettes.

Mais ce qui m'intéresse davantage, c'est ce qui peut arriver à mon oreille et à ma vue du côté de la villa Taverna. La végétation est si épaisse autour de cette résidence, que je n'en aperçois que les toits. Aussi Daniella a-t-elle imaginé de monter à une fenêtre en mansarde d'où je peux voir le point blanc de son fichu de tête, et distinguer le signe qu'elle me fait à midi, en allant sonner le goûter des gens de la maison. Elle a cassé exprès la corde pour avoir le prétexte d'aller dans ce grenier secouer la cloche. Elle aime à pouvoir m'avertir elle-même de l'heure de ma collation.

Quelquefois aussi, en allant et venant sous les yeux de ses ouvrières, elle agite et frappe son tambour de basque, comme prise d'un vertige de gaieté. Quand le vent vient du couchant, il m'apporte cet appel amoureux qui me fait tressaillir et trembler de bonheur.

Le temps se maintient magnifique, et ce climat est délicieux au moment où nous sommes. Pourtant, il ne faut pas se faire trop d'illusion : c'est, à peu de chose près, quant à présent, la température du centre de la France; il y a tout au plus huit jours d'avance sur la floraison des arbres fruitiers, et j'ai laissé la Provence plus avancée, sous ce rapport, que ne l'est la Campagne de Rome aujourd'hui. Ce qui trompe la sensation dans ce pays-ci, c'est l'éternelle verdure des arbres à feuilles persistantes. Dans l'immense parc que j'ai sous les yeux, tout est chênes verts, pins, oliviers, buis et myrtes. Les âcres parfums des diverses espèces de lauriers qui abondent à l'état d'arbres en fleur montent jusqu'à moi au point d'être quelquefois incommodes. C'est une très bonne senteur d'amande amère, mais trop violente. Des milliers d'abeilles bourdonnent au soleil. Le ciel est d'un bleu étincelant. A midi, on se croirait en plein été; mais la mer et les montagnes amènent incessamment des nuages superbes, qui, tout à coup, rendent l'air très-frais. Les oiseaux ne songent pas encore à bâtir leurs nids; les papillons de ces climats ne sont pas en avance et ne font pas leur apparition plus tôt que chez nous. Les châtaigniers et les platanes ne font que bourgeonner; les taillis de chênes ne songent pas encore à dépouiller leur feuillage sec de l'année dernière. Mon oncle le curé avait donc raison en me disant qu'à Rome les arbres ne *poussaient pas les racines en l'air*, et que notre pays en valait bien un autre. Mais, fût-il ici, il ne pourrait comprendre combien la physionomie du moindre caillou diffère de celle d'un caillou de chez nous. Toute chose a son air particulier, son expression, son accent, sa gamme pour ainsi dire, et je me sens réellement bien loin de la France, bien absent du milieu qui faisait comme partie de moi-même, bien voyageur, bien surpris, bien badaud et bien intéressé par le moindre brin d'herbe que je rencontre.

Les nuits sont excessivement froides. Heureusement, nous avons découvert, dans certaines salles basses, des lits de charbon, provenant de l'incendie des boiseries ou des meubles du château, lors de l'occupation par les Autrichiens. Nous pouvons donc réchauffer nos petites chambres du casino sans produire de fumée dans les cheminées, et nous avons, dans l'appartement complet dont nous nous sommes emparés, une petite cuisine avec des fourneaux où un foyer de braise, constamment allumé sous la cendre, nous permet de puiser à toute heure.

Tout cet appartement s'est rempli et meublé, comme par magie, des ustensiles nécessaires à une véritable installation. Daniella trouve moyen d'apporter tous les jours quelque chose, et moi, en furetant dans les appartements du château, je découvre des vases brisés, des meubles écloppés ou des débris d'objets d'art, qu'avec quelque réparation, je fais servir au confort ou à l'ornement de notre intérieur.

Je n'ai qu'un souci en tête, c'est la crainte que cette douce existence ne prenne fin trop vite. On n'a aucune nouvelle certaine de mon affaire. Le capucin Cyprien, oncle de Daniella, qui va la voir tous les jours à la villa Taverna, lui dit que l'on me cherche, et que les *carabinieri* (ce sont les gendarmes du pays) s'informent de moi dans tous les environs. On sait que, malgré l'assertion de la Mariuccia, je n'ai pas paru à Tivoli. On a parlé de fouiller les villas, mais on y a renoncé, ce qui ferait croire que mon mystérieux protecteur a agi. Dans tout ceci, j'ignore si la police française a reçu avis de ce qui me concerne. Si cela est, elle me cherche peut-être à Rome pour me donner mes passe-ports et l'ordre de quitter les États romains. J'imagine que ce serait là le parti qu'elle croirait devoir prendre à mon égard : aussi je me garderai bien de réclamer la protection de mon gouvernement en cette circonstance.

Un fait bizarre complique ma situation. Frère Cyprien a ouï dire que les agents de police, en furetant dans ma chambre de Piccolomini, d'où la Mariuccia s'était très-prudemment empressée de retirer mes bagages, avaient trouvé par terre un petit carré de métal percé de signes cabalistiques. On a demandé à la Mariuccia si cet objet m'appartenait. Elle n'en savait rien ; mais, à tout hasard, elle a répondu que cela avait été laissé dans cette chambre par un voyageur qui m'y avait précédé de quelques mois, et dont elle a feint de ne pouvoir retrouver le nom. On n'a pas ajouté tout à fait foi à cette réponse, et on s'est emparé de l'objet mystérieux, que l'on paraît reconnaître pour un signe de ralliement révolutionnaire. S'il en est ainsi, j'ai reçu ce signe de la main d'un agent provocateur déguisé en capucin ou capucin pour tout de bon, et je n'aurais pas beau jeu devant le saint-office contre un mouchard de cette espèce.

Ce qui me confirme dans cette pensée, c'est que, deux fois déjà, depuis huit jours que je suis caché ici, j'ai vu ce même moine noir et blanc, que j'avais remarqué dans les ruines de Tusculum, rôder sur le *terrazzone*. Ces gens-là entrent partout, et je ne serais pas étonné qu'il eût fait part de ses méfiances au fermier Felipone, car celui-ci passe de temps en temps sous le casino d'un air inquiet et les yeux attachés sur les balustres, d'où je puis suivre tous ses mouvements. Quant au moine, qui est, je crois, un dominicain ou un individu caché sous le costume de cet ordre, il ne m'a même pas paru examiner le palais. Le plus souvent, il me tournait le dos et semblait contempler le paysage immense que domine la terrasse. Mais peut-être observait-il avec l'oreille, et moi, instinctivement, malgré la hauteur d'où je plongeais sur lui, je retenais ma respiration. J'ai demandé à Daniella si elle l'avait quelquefois rencontré dans les environs. Elle m'a dit ne connaître et n'avoir jamais remarqué aucun dominicain en particulier dans les environs.

Je suis environné ici d'êtres beaucoup moins inquiétants que ce moine. Ce sont de petits serpents qui ont des pattes, mais si peu de pattes que je ne puis me décider à les ranger parmi les lézards. Ils courraient mal avec ces rudiments de jambes, s'ils ne rampaient en même temps avec beaucoup de prestesse et de grâce. Ce sont de charmants petits animaux, tout à fait inoffensifs. J'avais fait connaissance avec eux le jour où j'ai été à Tusculum ; le berger Onofrio m'avait appris à les toucher sans crainte. J'ai eu la tentation d'essayer d'en apprivoiser un qui me semblait d'un naturel moins poltron que les autres; mais Daniella, voyant mon goût pour les bêtes, m'en a amené une plus aimable et plus utile. C'est une belle chèvre blanche qui me donne d'excellent lait et qui me tient compagnie en broutant à mes côtés pendant que je dessine. Je la soigne comme une personne, et elle paraît se plaire ici, où elle entre jusqu'au ventre dans l'herbe et les fleurs. J'ai, en outre, quatre lapins domestiques dans le parterre, et il est question de m'apporter des oiseaux en cage. Il ne faut pas songer à un chien, cela aboie; ni à des poules, leur voix nous attirerait des amateurs qui monteraient à l'assaut pour les voler.

Les scorpions abondent. Dès qu'on soulève une pierre, on en trouve un ou deux, blottis et engourdis dessous. Ils ne sont pas dangereux en ce temps-ci, et on peut les tuer par milliers ; mais personne ne s'occupe de les détruire. Ils ne piquent que lorsqu'on les irrite, et les accidents sont rares, à ce que l'on m'a dit.

Du reste, la rareté des insectes me frappe dans ce pays de jardins. Aujourd'hui, pour la première fois, je vois voler, autour du casino, un papillon qui n'est pas de nos climats. Il est extrêmement joli. Je crois qu'on l'appelle thaïs ; mais je n'en suis pas sûr. Je n'ai que la mémoire des yeux. Je connais de vue tout ce qui fleurit ou voltige dans les endroits que j'ai habités quelque temps ; je ne retiens aucun nom...

J'en étais là de mon journal lorsque... Mais je suis encore interrompu, et ce qui m'arrive demande un autre chapitre que je vous écrirai demain, si je puis.

XXXI

Mondragone, 20 avril.

Tout en écrivant, avant-hier, je regardais tranquillement le vol mou et comme indécis du papillon thaïs égaré sur les herbes inodores de la muraille. J'étais sur la terrasse du casino, le dos tourné au portique de Vignole, lorsqu'un léger bruit me fit tressaillir et tourner la tête : Tartaglia était debout derrière moi.

O Brumières, Brumières, pensai-je, vous me l'aviez prédit ! nulle part je ne serai à l'abri de l'espionnage de cet homme ! Un instant, j'eus la pensée de le prendre à bras-le-corps, sans lui rien dire, et de le précipiter par-dessus la balustrade de la terrasse. Il vit le tremblement convulsif qui contractait mes lèvres, au point de m'empêcher de parler, et pâlit un instant ; mais, reprenant vite son audace habituelle : — N'ayez pas d'idées sinistres, excellence, me dit-il, vous n'êtes pas trahi ; je viens ici avec la clef, voyez, et de la part de la Daniella.

— Mon Dieu ! pourquoi ne vient-elle pas elle-même ? Il lui est arrivé malheur ? parle !

— Rien, presque rien, excellence ! Une entorse qu'elle a prise en descendant trop vite l'escalier du grenier de la villa Taverna, où elle va tous les jours sonner pour le dîner des gens de la maison et pour le vôtre surtout !

— Je veux aller la voir tout de suite, j'y cours !

— Non, non ! Il y a des espions dans le parc : vous seriez pris tout de suite. Masolino a des doutes sur sa sœur ; il la surveille depuis ce matin, il est à la villa Taverna. Le médecin est venu avec lui : il dit que l'accident de la Daniella n'est rien ; mais qu'il faut qu'elle reste huit jours sans bouger du lit où Olivia l'a mise et la soigne comme sa propre fille. Ne soyez donc pas inquiet ; patientez, ou vous vous perdrez en perdant la Daniella. Si on vous arrêtait, elle se lèverait, elle marcherait, elle courrait, dût-elle en mourir. Elle a une tête que vous ne connaissez pas ! Le bon Dieu a voulu que je fusse là quand la chose est arrivée, et que, voyant son chagrin, j'aie pu lui dire à l'oreille : Je sais tout. J'irai avertir *notre ami*, et je te promets de rester ici et d'être à ses ordres tout le temps que tu seras retenue par cet accident. Je ferai plus, *mossiou !* Bien que vous n'ayez pas en moi la confiance que je mérite, je vous garderai mieux que la pauvre fille ne pouvait le faire ; je dérouterai les espions ; j'enverrai les carabiniers où vous n'êtes pas. Je ferai en sorte que vous soyez ici aussi en sûreté que si vous étiez au château Saint-Ange.

Je n'écoutais plus Tartaglia que machinalement. Je songeais à Daniella souffrant au moral et au physique. Je craignais la brutalité de son frère envers elle ; je voyais les obstacles se dresser entre nous, et la première brèche se faire à notre inaccessible paradis. Je regardais, ébahi et consterné, l'insupportable figure du bohémien, que j'étais désormais condamné à attendre et à désirer, à la place de l'idéale apparition de ma maîtresse. Le serpent avait pénétré dans l'Eden.

Et, à ma douleur, se mêlait une secrète irritation. Pourquoi, au lieu d'Olivia, de Mariuccia ou du frère Cyprien, qui étaient tous trois dans sa confidence, Daniella m'envoyait-elle cette canaille de Tartaglia, qui m'a toujours fait l'effet de l'espion par excellence? Je ne pensais pas à lui demander comment, ainsi qu'il le prétendait, il avait pu, d'avance, savoir notre secret. Je pensais aux premières confessions de ma maîtresse, me racontant, avec une humble candeur, que le premier homme qui lui avait parlé d'amour et causé quelque vertige, c'était ce même bandit à figure de polichinelle. Elle ne le lui avait jamais avoué; il ne l'avait peut-être pas deviné. Elle avait rougi, elle avait ri de sa propre folie. Elle en riait encore, elle le trouvait affreux, elle le savait libertin; mais elle avait conservé pour lui de l'amitié, disait-elle, et une sorte d'estime relative que je ne comprenais pas et dont je lui aurais volontiers fait reproche, si, depuis les jours de notre ivresse, j'eusse pu me rappeler le nom et l'existence de ce drôle. Cette estime surprenante était donc bien plus grande que je ne m'en étais avisé, puisqu'elle allait jusqu'à la confiance la plus absolue, jusqu'au secret le plus intime.

Et voilà que notre bonheur idéal avait un confident, un commentateur, une sorte de témoin! Et quel témoin! le plus salissant de tous ceux qu'on pouvait choisir! Tout me semblait dévoilé et profané maintenant. Un flot d'amertume contre ma divine Daniella se mêlait donc à la douleur d'être si brusquement et si tristement séparé d'elle. Je sentais mon ciel s'obscurcir, mon enivrement se glacer, et des larmes, dont je n'avais pas conscience, couler sur mes joues, pendant que le Tartaglia-Benvenuto m'exposait, avec aplomb et volubilité, tous les motifs de consolation que je devais puiser en lui.

— Allons, dit-il en saisissant et en baisant la main dont j'étais tenté de le souffleter, voilà que le chagrin vous prend et que vous pleurez comme une femme ! Soyez un homme, *mossiou!* Ceci n'est rien et passera vite. Je vois que vous aimez follement cette petite fille. Vous avez bien tort, pouvant prétendre encore à un si beau mariage... Mais ne vous fâchez pas ! je ne dis rien. Il faut, quand le diable nous tient, le laisser faire, et je sais bien que si l'on contrariait votre opinion du moment, on la ferait durer plus qu'elle ne doit raisonnablement durer. Ne craignez donc pas que je vous dise du mal de la petite *stiratrice*. D'abord, il n'y a pas de mal à en dire : c'est une fille aimable et que j'ai failli aimer, moi qui vous parle...

Pour le coup, je perdis patience, et, sentant que j'allais me porter à quelque stupide fureur, je me levai et courus m'enfermer dans ma chambre. Là, je tâchai de sortir de l'étourdissement où tout ceci m'avait jeté. Je parvins à me calmer et à raisonner ma situation. La première pensée qui eût dû se présenter à moi, c'est que Tartaglia me trompait ; c'est qu'il avait dérobé la clef du parterre à Daniella évanouie. Je ne pouvais malheureusement pas douter d'un accident quelconque arrivé à cette chère créature, car l'heure du dîner était passée et elle n'était pas là. Donc Tartaglia était un espion chargé de découvrir le lieu de mon refuge ; il avait procédé par induction, le hasard avait pu l'aider. On allait venir m'arrêter, ou bien, si la protection d'un certain cardinal était réelle et souveraine à Mondragone *intra muros*, on avait déjà coupé les communications entre Daniella et moi, et on se proposait de me prendre par famine.

Eh bien ! cela ne sera pas nécessaire, pensai-je ; la chose impossible pour moi, c'est d'ignorer dans quelle situation est Daniella. A tout risque, j'irai à Taverna dès que la nuit sera sombre. Je viendrai à bout de la voir ; je lui laisserai tout ce que je possède, à l'exception de ce qu'il me faut pour fuir, et je fuirai. J'irai l'attendre hors des États de l'Église, pour l'épouser et l'emmener en France.

Je commençai donc par m'assurer de la solidité de ma canne à tête de plomb, car j'étais résolu à me défendre en cas de surprise. Je mis mon argent sur moi, dans une ceinture *ad hoc*. Je fis un petit paquet du linge le plus strictement nécessaire, et de l'album qui contient ce récit. Je pris en guise de passe-port, au besoin, divers papiers pouvant constater mon identité auprès des autorités françaises. Je m'enveloppai de mon caban qui est presque à l'épreuve de la balle, et, résolu à braver toutes choses, je me dirigeai vers la porte de mon appartement qui communique avec l'intérieur du palais.

Mais, au moment où je posais la main sur la serrure, on frappait à cette porte. Je m'arrêtai indécis. Si l'on vient me prendre, pensai-je, je sais le moyen de fuir, au moins de cette chambre ; et je me hâtai de sortir par l'autre porte et d'attacher, à un balustre de la petite terrasse, la corde à nœuds que j'ai faite avec celle qui liait ma malle, et qui peut, avec quelques chances de succès, me faire descendre jusqu'au *terrazzone*. Je me hâtais, pensant que l'on allait enfoncer la porte ; mais on se contentait de frapper doucement et discrètement. J'entendis même, en revenant au seuil de ma chambre, la voix piteuse de Tartaglia qui me disait :

— Eh ! *mossiou !* c'est votre dîner qui *va se refroidir*. Ne vous méfiez donc pas de moi !

Ce pouvait être un piége, mais la crainte du ridicule l'emporta sur ma prudence. Si Tartaglia ne me trahissait pas, mes précautions étaient absurdes ; s'il venait avec des estafiers, il y avait autant de chances de salut à me frayer résolûment un passage au milieu d'eux à coups de casse-tête, qu'à me risquer le long de la corde, exposé au feu de quelque ennemi caché sous ma terrasse.

J'ouvris donc, l'arme au poing, et ne pus m'empêcher d'avoir envie de rire en voyant Tartaglia assis par terre devant la porte, avec un plat couvert entre ses jambes, et attendant avec résignation mon bon plaisir.

— Je vois bien ce que c'est, dit-il en entrant courtoisement, sans oublier de jeter sous son bras son béret crasseux; vous croyez que je suis un coquin ? Allons, allons, vous en reviendrez sur mon compte, *mossiou l'ingrat !* Voilà du macaroni que j'ai préparé dans votre cuisine, car je connais les êtres de longue date, et je me pique de vous faire mieux dîner que jamais n'aurait su l'imaginer la Daniella. La pauvre fille ! elle n'a jamais eu le moindre goût pour la cuisine, tandis que moi, *mossiou*, j'ai le génie du vrai cuisinier, qui consiste à faire de rien quelque chose, et à trouver le moyen de bien nourrir ses maîtres au milieu d'un désert.

Le plat fumant qu'il posait sur la table donnait un tel démenti à mes suppositions que je me trouvai tout honteux. Certes, depuis une heure qu'il était au cœur de ma forteresse, il aurait eu mieux à faire, s'il eût voulu me livrer à mes ennemis, que de s'occuper à me préparer un macaroni au parmesan.

Je suis sobre comme un Bédouin ; je vivrais de dattes et d'une once de farine, et, depuis huit jours, je me nourris de pain, de viandes froides et de fruits secs, ne voulant pas souffrir que Daniella perde, à me faire des ragoûts et des soupes, le temps qu'elle peut passer à mes côtés. Pourtant la jeunesse a des instincts de voracité toujours prêts à se réveiller, et l'air vif de Mondragone aiguise terriblement l'appétit. Je ne saurais donc affirmer que, malgré mon chagrin, mes agitations et mes dangers, la vue et l'odeur de ce macaroni brûlant me fussent précisément désagréables.

— Mangez, disait Tartaglia, et ne craignez rien. La Daniella ne mourra pas pour une entorse. Quand je l'ai laissée, elle ne souffrait déjà plus que du chagrin d'être séparée de vous. La première chose qu'elle me demandera quand je la verrai, ce soir, c'est si vous avez consenti à dîner, à ne pas vous désoler et à prendre en patience son mal et votre ennui.

— Ah! mon ennui, qu'importe? Mais son mal! Et ce frère qui la menace! Est-ce vrai, tout ce que tu m'as dit?

— C'est vrai, excellence, vrai comme voilà un bon macaroni; mais les menaces de l'ivrogne Masolino, la Daniella y est habituée et s'en moque. Il a beau se douter de quelque chose, il ne sait rien, il ne peut rien savoir. Et, d'ailleurs, s'il voulait maltraiter la pauvrette, les gens de la villa Taverna ne le souffriraient pas. Il a beau rôder dans le parc, s'il ne vous rencontre pas, il ne peut rien prouver contre elle.

— Prouver! elle serait donc impliquée dans mes contrariantes affaires, si l'on supposait qu'elle a des rapports d'amitié avec moi?

— Eh! mais oui, excellence. Vous faites partie d'une société secrète...

— Cela est faux!

— Je le sais bien! mais on le croit; et Daniella, si son frère la dénonçait, comme votre complice, au provincial des dominicains, ou seulement au curé de sa paroisse, comme mauvaise chrétienne, amoureuse d'un hérétique et d'un *iconoclaste,* pourrait bien aussi tâter de la prison.

— Ah! ciel! je serai prudent, je me soumets! mais ne me trompes-tu pas?

— Et pourquoi vous tromperais-je, vous que je voudrais

conserver comme la prunelle de mes yeux pour de meilleures destinées ?

Je m'étais assis et me laissais servir par lui, lorsqu'au milieu de ses protestations de dévouement, j'entendis secouer à ma fenêtre le petit grelot de la chèvre, dont nous avions fait une espèce de sonnette, Daniella et moi, au moyen d'un système de ficelles qui longent le mur du parterre.

— Tiens ! m'écriai-je en me relevant, tu es un indigne coquin ! Tu as menti, grâce au ciel ! Voilà la Daniella !

— Eh non, *mossiou !* dit-il en se disposant à aller ouvrir ; c'est l'Olivia, ou bien c'est la Mariuccia qui vient vous donner des nouvelles de sa nièce.

J'étais si impatient d'en recevoir de vraies que, sans m'inquiéter davantage de Tartaglia, je m'élançai, je franchis comme une flèche la longueur du parterre, et ouvris la porte du dehors sans aucune précaution. Ce n'était ni Mariuccia ni Olivia, mais bien le frère Cyprien, qui se glissa rapidement par la fente de la porte avant que j'eusse eu le temps de l'ouvrir toute grande et qui la repoussa derrière lui en me faisant signe de tirer les gros verrous.

— Silence ! me dit-il à voix basse ; j'ai pu être suivi, malgré mes précautions !

Nous avançâmes dans le parterre, et il me parla d'une manière assez embrouillée : c'est sa manière. Ce que je compris clairement, c'est que le jardin était occupé, non pas ostensiblement, mais très-certainement par des gens de la police, et que le capucin courait des risques en venant me voir. — Allons chez vous, dit-il ; je vous parlerai plus librement.

Quand il fut seul avec moi dans le casino, il me confirma le récit de Tartaglia. L'entorse de Daniella n'avait rien d'inquiétant, mais exigeait le plus complet repos. Son frère, installé chez les fermiers de la villa Taverna, avait l'œil sur la porte et sur les fenêtres de sa chambre. Je devais renoncer à la voir jusqu'à nouvel ordre. Elle exigeait de nouveau ma parole d'honneur qu'à moins d'être poursuivi jusque dans l'intérieur de Mondragone, je m'y tinsse enfermé et tranquille.

— Donnez-moi cette parole, mon cher frère, dit le capucin, car elle est capable de tout risquer et de venir ici en se traînant sur les genoux.

— Je vous la donne, m'écriai-je ; mais ne peut-elle m'écrire ?

— Elle le voulait, j'ai refusé de me charger de sa lettre. Je pouvais être arrêté et fouillé. C'était nous perdre tous. Voyons, calmez-vous, et causons ; mais donnez-moi quelque chose à manger, car c'est l'heure de mon souper, et j'ai une belle trotte à faire pour regagner mon couvent.

Je me hâtai de servir le bonhomme, qui dégusta sa part de macaroni avec un appétit remarquable. Tout agité qu'il était, je vis qu'il prenait grand plaisir à manger, et cela me gênait beaucoup pour obtenir des réponses nettes aux mille questions que je lui adressais. Le pauvre homme n'est peut-être pas gourmand, mais il est affamé. Ce fut bien pis quand Tartaglia, que j'avais oublié, reparut avec un jeune esturgeon cuit au vin, et un plat d'artichauts frits dans la graisse. Il n'y eut plus moyen de tirer du moine un mot de bon sens, et, pendant plus d'une heure, il fallut me résigner à le voir engloutir ces mets, et à manger moi-même pour satisfaire Tartaglia, que je ne pouvais plus regarder comme un ennemi, et dont le dévouement méritait mieux de moi que des soupçons et des rebuffades.

Ma situation devenait de plus en plus étrange avec ces hôtes nouveaux. Mon chagrin et mon inquiétude se heurtaient aux contrastes d'un appétit de capucin qui profitait d'une rare circonstance pour s'assouvir, et d'une servilité de valet comique dont, en ce moment, l'unique préoccupation était de me prouver ses talents culinaires.

— Mangez, mangez, excellence, me disait-il ; vous aurez du café succulent pour digérer, car la Daniella m'a dit : Surtout, soigne-lui son café ; il n'a pas d'autre gourmandise.

Ce détail était si bien dans les habitudes de gâterie féminine de Daniella, que je me rendis tout à fait à la sincérité de Tartaglia, attestée d'ailleurs par la confiance et l'espèce d'amitié que le capucin lui témoignait. Il me restait bien une épine dans le cœur, en songeant que cette amitié était réelle et sérieuse chez Daniella, et je me sentais profondément humilié, non pas d'accepter les services de cet homme (je pouvais les payer un jour), mais de le voir immiscé dans les secrets de cœur de Daniella, et comme initié aux mystères de mon bonheur.

Je ne pus me retenir d'en témoigner quelque chose à frère Cyprien.

— Vous n'étiez donc pas là quand elle a fait cette chute? lui demandai-je pendant que Tartaglia allait chercher le café.

— Eh ! vraiment non, dit-il ; mais quand même j'y aurais été, ce n'est ni moi, ni Olivia, ni ma sœur Mariuccia qui aurions pu nous charger de veiller sur vous et de vous empêcher de mourir de faim. Ces deux femmes sont trop surveillées dans ce moment-ci ; et, quant à moi, je suis un pauvre homme trop assujetti à la règle de son ordre. Croyez-moi, Tartaglia est l'ami qu'il vous fallait, et il ne sera jamais arrêté en venant vous voir, lui !

— Ah ! ah ! et pourquoi cela?

— Je ne sais pas, mais c'est ainsi. Tout le monde le connaît, et il est bien avec tout le monde.

— Même avec la police ?

— Eh! *chi lo sa!* répondit le moine, du même ton que prenait sa sœur Mariuccia quand elle voulait dire : Ne m'en demandez pas davantage, je ne veux pas le savoir.

Tout en prenant le café, j'essayai de me distraire de mes préoccupations en faisant la conversation avec ce moine. Je fus surpris de sa nullité et même de sa stupidité. D'après les avertissements qu'il avait su donner à sa famille à propos de moi, et d'après la visite généreuse qu'il me faisait en ce moment, je devais le croire pénétrant, hardi et actif. Rien de tout cela! Il est ignorant, timide et paresseux. En outre, il est dépourvu de toute notion, même élémentaire, sur quoi que ce soit au monde, et complétement abruti par la règle de son ordre et par la mendicité. C'est pourtant une bonne et douce créature, qui n'a conservé de facultés aimantes que pour sa sœur et pour sa nièce, et qui, malgré la sincérité de sa dévotion, manquera tant qu'elles voudront à l'esprit de corps monastique pour les servir et les obliger ; mais son ineptie doit rendre son assistance à peu près nulle. Sa cervelle est une tête de pavot percée de trous, par où, depuis longtemps, le vent a fait tomber toute la graine. Il n'a ni ordre dans les idées, ni mémoire, ni lucidité sur aucun sujet. Il sait à peine le nom, l'âge et la profession des êtres avec lesquels il se trouve en relations fréquentes, et, quand par hasard il s'en souvient, il en est si enchanté qu'il répète son dire cinq ou six fois avec une complaisance hébétée. Quant à la nature qui l'environne et dont il vante, à tout propos, la beauté et la fertilité par une phrase banale stéréotypée, il les voit à travers un crêpe, et ne distinguerait pas, j'en réponds, un chardon d'avec une rose. Rien de particulier ne frappe cette organisation émoussée, très-inférieure à celle du paysan le plus fiévreux et le plus indolent de la Campagne de Rome. En fait de religion, il est impossible de savoir s'il a la notion de Dieu, à quelque degré que ce soit. Il parle chapelle, reliques, cierges, offices et chapelet; mais je ne crois pas qu'au-dessus du matériel du culte, il ait une idée, un sentiment religieux quelconques.

Quant à la société religieuse et politique de son pays, ce sont lettres closes pour lui. Il confond dans la même soumission béate et souriante tout ce qu'il peut avoir de respect et de foi pour le pape de 1848 et pour le pape d'aujourd'hui; et non-seulement il approuve et bénit le pape passant d'un système au système opposé, mais encore il admire et bénit, parmi les princes de l'Église, les plus ardents ennemis de tout système émanant du pape. Pourvu qu'on soit cardinal, évêque ou seulement *abbate*, on est un personnage nimbé, qui l'éblouit et le subjugue. Bref, on ne peut rien tirer de lui, et Dieu sait bien que je ne voulais en tirer autre chose que des renseignements à mon usage sur ma situation personnelle; mais cela même fut impossible : tout aboutissait à cet éternel *Chi lo sa?* qui est arrivé à me porter sur les nerfs. Mes questions l'effrayaient ; il ne les comprenait même pas. Il ne savait pas si le cardinal avait agi réellement ; il ne savait pas si mon affaire était poursuivie au civil ou au religieux, si j'avais affaire au *giudice processante*, juge d'instruction du pays, ou à l'*inquisiteur de droit*, président du tribunal ecclésiastique, ou enfin au saint-office proprement dit; car ces trois juridictions fonctionnent tour à tour et peut-être simultanément dans les poursuites politiques, civiles et religieuses. Or, dans ce pays-ci, l'accusation portée contre moi peut être envisagée sous ces trois faces.

Quand je vis que mes questions étaient superflues, j'engageai Tartaglia à reconduire le capucin à son couvent; mais celui-ci, pris de terreur, refusa de sortir avant deux heures du matin.

— A l'heure qu'il est, dit-il (il était dix heures), mon

couvent est fermé, et il ne sera rouvert que lorsqu'on sonnera matines. Ne vous inquiétez pas de moi; je m'éveillerai de moi-même à ce moment-là; je vas m'étendre sur votre lit et faire un somme.

Cette proposition me révolta, car le bonhomme était d'une malpropreté classique. Tartaglia m'en préserva en lui disant qu'il ne fallait pas risquer d'être surpris dans ma chambre, et il l'emmena coucher dans le cellier à la paille, où, en cas d'événement, il pourrait se tenir coi et n'être pas découvert.

FIN DU PREMIER VOLUME.

BIBLIOTHÈQUE NOUVELLE
à 1 franc le volume

FORMAT IN-18, IMPRIMÉ AVEC CARACTÈRES NEUFS SUR BEAU PAPIER SATINÉ, ÉDITION CONTENANT 500,000 LETTRES AU MOINS, VALEUR DE DEUX VOLUMES IN-OCTAVO

VOLUMES PARUS

H. DE BALZAC vol.
Scènes de la vie privée.
La Maison du Chat-qui-Pelote.
Le Bal de Sceaux. — La Bourse.
— La Vendetta. — Madame Firmiani. — Une Double Famille. 1
La Paix du Ménage. — La Fausse Maîtresse. — Étude de Femme.
— Autre Étude de Femme.
— La Grande-Bretèche. — Albert Savarus.
Mémoires de deux jeunes Mariées. — Une Fille d'Ève. 1
La Femme de trente ans. — La Femme abandonnée. — La Grenadière. — Le Message. — Gobseck. 1
Le Contrat de Mariage. — Un Début dans la Vie. 1
Modeste Mignon. 1
Honorine. — Le Colonel Chabert. — La Messe de l'Athée. — L'Interdiction. — Pierre Grassou. 1
Béatrix. 1
Scènes de la vie parisienne.
Histoire des Treize. — Ferragus. — La Duchesse de Langeais. — La Fille aux yeux d'or. 1
Le Père Goriot. 1
César Birotteau. 1
La Maison Nucingen. — Les Secrets de la princesse de Cadignan. — Les Employés. — Sarrasine. — Facino Cane. 1
Splendeurs et Misères des Courtisanes. — Esther heureuse. —
A combien l'amour revient aux vieillards. — Où mènent les mauvais chemins. 1
La Dernière Incarnation de Vautrin. — Un prince de la Bohème. — Un Homme d'affaires. — Gaudissart II. — Les Comédiens sans le savoir. 1
La Cousine Bette (Parents pauvres). 1
Le Cousin Pons (Parents pauvres). 1
Scènes de la vie de province.
Le Lys dans la vallée. 1
Ursule Mirouet. 1
Eugénie Grandet. 1
Illusions perdues. 2
Les Rivalités. 1
Les Célibataires. 2

A. DE LAMARTINE
Geneviève, Hist. d'une Servante 1

ÉMILE DE GIRARDIN
La Politique universelle.

GEORGE SAND
Mont-Revêche. 1
La Filleule. 1
Les Maîtres Sonneurs. 1
La Daniella. 2

JULES SANDEAU
Un Héritage. 1

ALPHONSE KARR vol.
Histoires normandes. 1
Devant les Tisons. 1

ALEX. DUMAS (publié par)
Impressions de Voyage : De Paris à Sébastopol, du docteur F. Maynard. 1

Mme ÉMILE DE GIRARDIN
Nouvelles. 1
Marguerite, ou Deux Amours. 1
M. le Marquis de Pontanges. 1
Poésies (complètes). 1
Le Vicomte de Launay (Lettres parisiennes). 3

FRÉDÉRIC SOULIÉ
La Lionne. 1
Julie. 1
Le Magnétiseur. 1
Le Maître d'école. 1
Les Drames inconnus. 5

ARNOULD FREMY
Les Maîtresses parisiennes. 1
Les Confessions d'un Bohémien. 1

LÉON GOZLAN
La Folle du logis. 1

LE Dr L. VÉRON
Mémoires d'un Bourgeois de Paris. (Nouvelle édition avec autographes, revue et augmentée par l'auteur. 5
Cinq cent mille francs de rente. 1

STENDHAL (BEYLE)
La Chartreuse de Parme. 1
Chroniques et Nouvelles. 1

PHILARÈTE CHASLES
Souvenirs d'un Médecin. 1

Mme DE GIRARDIN, T. GAUTIER, SANDEAU ET MÉRY
La Croix de Berny. 1

ALEXANDRE DUMAS FILS
Diane de Lys. 1
Le Roman d'une Femme. 1
La Dame aux Perles. 1
Trois Hommes forts. 1
Le Docteur Servans. 1
Le Régent Mustel. 1

AMÉDÉE ACHARD
La Robe de Nessus. 1
Belle-Rose. 1
Les Petits-Fils de Lovelace. 1

J. GÉRARD (le tueur de lions)
La Chasse au Lion, ornée de 12 magnifiques grav. par G. Doré 1

LE DOCTEUR F. MAYNARD
Souvenirs d'un Zouave devant Sébastopol. 1

CH. DE BOIGNE
Petits Mémoires de l'Opéra. 1

MÉRY vol.
Une Nuit du Midi (Scènes de 1815) 1

Mme MARIE DE GRANDFORT
L'Autre Monde. 1

LE Cte DE RAOUSSET-BOULBON
Une Conversion. 1

Mme LAFARGE (MARIE CAPELLE)
Heures de Prison. 1

MISS EDGEWORTH
Demain. 1

EUGÈNE CHAPUS
Les Soirées de Chantilly. 1

Mme ROGER DE BEAUVOIR
Confidences de Mlle Mars. 1
Sous le Masque. 1

CH. MASCOTTE DE QUIVIÈRE
Deux Ans en Afrique. 1

MAXIME DU CAMP
Mémoires d'un Suicidé. 1
Les Six Aventures. 1

FÉLIX MORNAND
La Vie de Paris. 1

HIPPOLYTE CASTILLE
Histoires de Ménage. 1

CHAMPFLEURY
Les Bourgeois de Molinchart. 1

Mme MOLINOS-LAFITTE
L'Éducation du Foyer. 1

LÉOUZON LE DUC
L'Empereur Alexandre II. 1

STERNE
Œuvres posthumes. 1

NESTOR ROQUEPLAN
Regain : la Vie parisienne. 1

THÉOPHILE GAUTIER
Salins de Nouvelles. 1

PIERRE BERNARD
La Bourse et la Vie. 1

CRÉTINEAU-JOLY
Scènes d'Italie et de Vendée. 1

DE LONL
Le Grand Monde russe. 1

ÉDOUARD DELESSERT
Voyage aux Villes maudites. 1

FRANCIS WEY
Le Bouquet de cerises. 1

HENRI MONNIER
Mémoires de M. J. Prudhomme. 1

L. LAURENT-PICHAT
La Païenne. 1

MOLIÈRE (œuvres complètes)
Nouvelle édition par Philarète Chasles.

Paris. — IMP. DE LA LIBRAIRIE NOUVELLE. — A. Delcambre, 15, rue Bréda.

www.ingramcontent.com/pod-product-compliance
Lightning Source LLC
Chambersburg PA
CBHW070906170426
43202CB00012B/2211